詩 창작을 위한 레시피

2014년 우수 출판콘텐츠 제작 지원 사업 당선작

詩 창작을 위한 레시피

박현수 지음

울력

울력에서 펴낸 지은이의 책
서정성과 정치적 상상력(2014)
시론(2판, 2015)

ⓒ 박현수, 2014

시창작을 위한 레시피

지은이 | 박현수
펴낸이 | 강동호
펴낸곳 | 도서출판 울력
1판 1쇄 | 2014년 9월 15일
1판 3쇄 | 2019년 9월 10일
등록번호 | 제10-1949호(2000. 4. 10)
주소 | 서울시 구로구 고척로4길 15-67 (오류동)
전화 | 02-2614-4054
팩스 | 02-2614-4055
E-mail | ulyuck@hanmail.net
가격 | 17,000원

ISBN | 979-11-85136-11-0 93800

이 도서의 국립중앙도서관 출판시도서목록(CIP)은
서지정보유통지원시스템 홈페이지(http://seoji.nl.go.kr)와
국가자료공동목록시스템(http://www.nl.go.kr/kolisnet)에서 이용하실 수 있습니다.
(CIP제어번호: CIP2014025506)

· 잘못된 책은 바꾸어 드립니다.
· 지은이와 협의하여 인지는 생략합니다.
· 저작권법에 의해 보호 받는 저작물이므로 무단 전재나 복제를 금합니다.

이 책은 한국출판문화산업진흥원의 2014년 〈우수 출판콘텐츠 제작 지원〉 사업 당선작입니다.

시작법을 위한 기도

박현수

저희에게
한 번도 성대를 거친 적이 없는
발성법을 주옵시며
나날이 낯선
마을에 당도한 바람의 눈으로
세상에 서게 하소서
의도대로 시가
이루어지지 않도록 하옵시며
상상력의 홀씨가
생을 가득 떠돌게 하소서
회고는
노쇠의 증좌임을 믿사오니
사물에서 과거를
연상하지 않게 하옵시며
밤벌레처럼 유년을
파먹으며 생을 허비하지 않게 하소서
거짓 희망으로
시를 끝내지 않게 하옵시며
삶이란 글자 속에
시가 이미 겹쳐 있듯이
영원토록
살갗처럼 시를 입게 하소서

차례

여는 글. 시 창작 레시피를 위한 변명 _ 9

1장 시 창작을 위한 사전 지식 1 창작 과정 외 – 요리를 위한 가이드 ①
    1. 시 창작 과정의 지도 그리기 _ 19
    2. 시의 유형에 대한 편견 깨트리기 _ 29
    3. 초보자가 범하기 쉬운 오류 세 가지 _ 38
    • 한 장을 마무리하는 시 한 편 1: 시에 대한 시 쓰기 _ 51
    • 문학청년을 위한 세계 명시 산책 ① 시에 대한 시 _ 52

2장 시 창작을 위한 사전 지식 2 언어의 문제 – 요리를 위한 가이드 ②
    1. 시적 언어, 의미 잉여의 언어 _ 63
    2. 언어 규범을 이해하기 _ 71
    • 한 장을 마무리하는 시 한 편 2: 의미 잉여의 시 쓰기 _ 81
    • 문학청년을 위한 세계 명시 산책 ② 동물의 표정 _ 82

3장 인스턴트 시 창작 1 부분 쓰기 – 간편 요리의 시작
    1. 제목만 잘 붙여도 시가 된다 _ 93
    2. 가운데 토막을 새롭게 채우기 _ 101
    3. 화룡점정 – 마지막 구절의 맛을 살려라 _ 106
    • 한 장을 마무리하는 시 한 편 3: 부분 쓰기 _ 113
    • 문학청년을 위한 세계 명시 산책 ③ 사랑과 욕망 _ 114

4장 인스턴트 시 창작 2 패러디 – 간편 요리의 시작
    1. 패러디만 잘해도 시가 된다 – 문학작품 패러디 _ 125
    2. 패러디만 잘해도 시가 된다 – 비문학 자료 패러디 _ 133
      • 한 장을 마무리하는 시 한 편 4: 패러디 시 쓰기 _ 139
      • 문학청년을 위한 세계 명시 산책 ④ 풍자와 비판 _ 140

5장 인스턴트 시 창작 3 발상 연습 – 간편 요리의 완성
    1. 창의적 발상의 몇 가지 방법 _ 149
    2. 신기한 것만 찾는 것도 병이다 _ 156
    3. 시적 발상의 간단한 전개 _ 162
      • 한 장을 마무리하는 시 한 편 5: 시적 발상 살리기 _ 168
      • 문학청년을 위한 세계 명시 산책 ⑤ 사물의 내면 _ 169

6장 짧은 시, 시상의 포착 – 한 번에 사로잡는 맛
    1. 시상, 만만치 않은 무게 _ 179
    2. 시상은 실마리에 불과하다 _ 185
    3. 짧은 시, 시상의 직역(直譯) _ 191
      • 한 장을 마무리하는 시 한 편 6: 짧은 시 쓰기 _ 203
      • 문학청년을 위한 세계 명시 산책 ⑥ 재치와 웃음 _ 204

7장 시상의 전개 1 비유 – 재료를 어떻게 요리할까 ①
    1. 시상 전개 방식으로서의 비유 _ 213
    2. 시란 근원적으로 비유적이다 _ 220
    3. 열린 비유 체계와 닫힌 비유 체계 _ 226
      • 한 장을 마무리하는 시 한 편 7: 비유를 사용한 시 쓰기 _ 234
      • 문학청년을 위한 세계 명시 산책 ⑦ 지상과 초월 _ 235

8장 시상의 전개 2 화자 – 재료를 어떻게 요리할까 ②
    1. 화자의 세 가지 유형 _ 245
    2. 화자를 바꾸면 시가 달라진다 _ 256
      • 한 장을 마무리하는 시 한 편 8: 독특한 화자 내세우기 _ 262
      • 문학청년을 위한 세계 명시 산책 ⑧ 상상과 환상 _ 263

9장 시상의 전개 3 리듬과 시형 – 재료를 어떻게 요리할까 ③
    1. 리듬이 사라져 가는 시의 역사 _ 271
    2. 리듬으로 시상을 전개하는 방식 _ 277
    3. 시형, 리듬의 시각화 _ 287
      • 한 장을 마무리하는 시 한 편 9: 리듬과 시형을 고려하기 _ 294
      • 문학청년을 위한 세계 명시 산책 ⑨ 나눔과 연대 _ 295

10장 파격적인 시상 전개도 있다 색다른 요리법의 시도
    1. 좋은, 새로운 시는 없다 _ 305
    2. 무중력의 시 쓰기 _ 314
    3. 언어가 아니라도 좋다 _ 321
      • 한 장을 마무리하는 시 한 편 10: 실험시 쓰기 _ 329
      • 문학청년을 위한 세계 명시 산책 ⑩ 도전과 실험 _ 330

닫는 글. 묘사 그 자체, 묘사 이전, 묘사 너머 _ 337

여는 글

시 창작 레시피를 위한 변명

시 창작 서적을 요리 안내서처럼 쓸 수 있을까. 즉, 시키는 대로 따라하면 어찌되었건 하나의 요리를 얻을 수 있는 레시피처럼 시를 쓸 수 있는 처방전이 가능할 것인가. 그러나 일찍이 조선시대의 시인 김시습은 시 쓰는 법을 가르칠 수 없다고 단언한 바 있다.

그대는 말하네,
시는 배울 수 있는 거라고.
하지만 나는 말하네,
시는 전할 수 없는 것이라고.
그 미묘한 곳을
다만 느끼기만 할 뿐,
울림이 있는 구절이야
어찌 일일이 물어 알 수 있으랴.
산은 적요하여
들에는 구름 걷히고,

강은 맑아
달이 하늘에 떠오를 적에
이때 문득
그 뜻을 얻는다면
내 시 속의
신선을 찾을 수 있으리.

그대는 말하네,
시는 배울 수 있는 거라고.
시법(詩法)은 다만
차가운 샘물과 같은 것이건만.
돌에 부딪히면
흐느끼는 소리 많지만
연못에 가득 차면
그저 고요하기만 할 뿐.
옛 시인의 시엔
강개함이 있었는데
시간 지나고 나니
화려한 것만 유행할 뿐.
다만 평범한 격조는
안 쓰는 게 좋다고 말할 수는 있어도
현묘한 경지에 대해서는
누구도 쉬이 말할 수 없는 것.

― 김시습, 「시를 배운다?」 전문(번역: 필자)

김시습은 이 시에서 '시는 배울 수 있는 것인가' 하는 문제를 직접적으로 제기한다. 이 질문은 여러 가지를 함의하고 있는데, 그 대답은 응답자의 세계관을 함축한다는 점에서 중요하다. 보통 이 질문에 대해서는 "배울 수 있는 부분도 있고, 배울 수 없는 부분도 있지 않은가" 하는 어중간한 절충론이 대세를 이룬다. 그러나 이 질문은 근원적으로 들어가면 '예, 아니오'의 대답만을 요구하는 질문이다.

시를 배울 수 있다고 본다면 그는 전통과 전범을 통한 시의 습득을 주장하는 고전주의적 경향의 사람일 것이고, 시를 배울 수 없는 것으로 본다면 그는 낭만주의적 경향의 사람일 것이다. 창작관은 곧 세계관의 문제인 것이다. 낭만주의는 개인의 무한한 가능성을 믿는다. 이런 관점에 따르면 개인은 외부의 도움 없이 이미 태어날 때부터 무한한 가능성을 지니고 태어난다. 이미 그런 가능성을 지닌 존재이기에 인간에게 필요한 것은 무한한 가능성을 계발하는 데 도움을 주는 그 정도의 교육이 필요할 뿐, 기존의 작품을 모범으로 삼아 모방하는 훈련 따위는 필요 없다. 자기 내면의 무한한 가능성을 붓이 가는 대로 펼쳐내면 되는 것이다. 낭만주의적 교육이 없는 것은 아니지만 그것은 루소처럼 "자연으로 돌아가라"는 선언 외에 다른 내용이 있을 수 없다. 이에 반하여 고전주의는 인간을 고정되고 제한된 능력을 지닌, 처음부터 한계를 지닌 존재로 규정한다. 그래서 훌륭한 시인이 되기 위해서는 크게 두 가지 조건이 필요하다. 첫째, 그 형편없는 개인의 능력을 향상시키기 위해서는 기존의 훌륭한 작품을 모방하는 조직적인 연습이 필요하고, 둘째, 그 형편없는 능력을 교정시켜 줄 전통이 필요하다.

낭만주의적 시학자로서 김시습은 시는 배울 수 없는 것이라 한다. 그 이유는 다음 구절에 응축되어 있다.

그 미묘한 곳을
다만 느끼기만 할 뿐,
울림이 있는 구절이야

어찌 일일이 물어 알 수 있으랴.

　그는 시의 핵심은 다만 보고 느낄 뿐, 논리적으로 분석하고 질문을 통해 접근할 수 있는 것이 아니라고 한다. 시는 산문으로 환원될 수 없는 것이라는 현대 비평가의 주장에도 이런 사유가 바탕에 깔려 있다. 그 미묘한 것은 언어 표현의 차원을 넘어서 있는 것이라 일종의 신비적 직관 외에는 도달할 길이 없다. 그러므로 논리적으로 운율이나 연과 행을 따지는 것은 무의미하다. 인간 내면의 무한한 가능성과 신비한 직관을 신뢰하는 낭만주의자의 모습이 짙게 비친다. 물론 김시습도 어느 정도의 시 교육은 가능하다고 하였다.

　　다만 평범한 격조는
　　안 쓰는 게 좋다고 말할 수는 있어도
　　현묘한 경지에 대해서는
　　누구도 쉬이 말할 수 없는 것.

　보통 시작법에서는 비유 방법과 운율, 내용의 구성, 행과 연의 짜임새 등을 말하는데, 그것은 방법론의 문제에 국한된다. 여기의 '평범한 격조'는 그중 운율과 내용의 문제와 연관이 되는데, 그에 대한 충고나 지적은 가능하다. 그러나 김시습은 참다운 시는 그런 방법론의 차원에서 결정될 수 없다고 본다. 최상의 방법론에 의거한 시구들을 모아 놓는다고 해서 좋은 시가 될 수는 없다는 것이다. 그가 "현묘한 경지"를 말하는 순간 시 창작 교육은 불가능해진다. "현묘한 경지에 대해서는/누구도 쉬이 말할 수 없는 것"이라는 말은 어구들의 효과나 결과가 아니라 시 이전의 근원적 전제와 결부된 것이기 때문이다.
　시를 배울 수 없다는 논리가 상당한 위력을 떨치는 시대에 시 창작론이 활성화될 수 없으며, 따라서 시 창작서, 시 조리법이 탄생할 수는 없을 것이다. 이것은 우리 현대시의 경우에도 적용된다. 다음 일화를 보자.

그렇게 단둘이 밤길을 걸으면서 나는 술기운을 빌려 평소 가슴 속에 뭉쳐 있던 제일 큰 물음을 지훈에게 털어놓았다.
"선생님, 어떻게 하면 시를 잘 쓸 수 있을까요?"
그러자 그는 일언지하에,
"그건 방치할 수밖에 없는 일이오."
하는 것이 아닌가. 그러면서 그는 무안함을 덜어주려는 듯 자기도 그 말을 정지용에게서 들었노라고 덧붙였다. 그 후 나 자신이 또한 여러 번 써먹은 일이 있는 그 말의 의미, 그것이 바로 시에는 모범 답안적 방법이 없다는 사실인 것이다.

— 이형기, 『현대시 창작교실』에서

조지훈 시인에게 이형기 시인은 시를 어떻게 써야 되는지를 묻는다. 하지만 대답은 방치, 즉 달리 방법이 없다는 것인데, 이는 정지용에서부터 전승된 것이다. 이런 관점은 지금도 여전히 유효하다.

그래서 진정한 시 창작을 말하기 위한 시대는 한참을 기다려야 가능해질 수밖에 없다. 시 조리법이 당당하게 등장할 수 있는 시대는 시에 부과된 신비주의가 희석되는 시기이다. 시는 특별한 순간에만 다가오는 영감을 얻어야만 쓸 수 있다는 생각, 시는 아주 특별한 사람만이 쓸 수 있다는 생각, 시는 일상적인 세계와 유리된 고차원적이고 비세속적인 세계와 관련되어 있다는 생각 등이 허구로 평가될 수 있는 시대가 바로 그때일 것이다. 다다 시인들의 다음과 같은 선언이 그 효시가 아닐까 한다.

신문을 들어라.

가위를 들어라.
당신의 시에 알맞겠다고 생각되는 분량의 기사를 신문에서 골라내라.
그 기사를 오려라.
그 기사를 형성하는 모든 낱말을 하나씩 조심스럽게 잘라서 푸대 속에 넣어라.
조용히 흔들어라.
그 다음엔 자른 조각을 하나씩 하나씩 꺼내어라.
푸대에서 나온 순서대로
정성들여 베껴라.
그럼 시는 당신과 닮을 것이다.
그리하여 당신은 무한히 독창적이며, 매혹적인 감수성을 지닌, 그러면서 무지한 대중에겐 이해되지 않는 작가가 될 것이다.

— 트리스탕 쟈라, 「연약한 사랑과 씁쓸한 사랑에 대한 다다 선언」에서

레시피와 같이 시키는 대로 하면 한 편의 시가 완성되는 시 창작법이 여기에 소개되어 있다. 시에 대한 신비화, 미적 자율성의 체계를 흔들며 시가 모든 사람들에게 열려 있는 것임을 선언하고 있는 것이다. 이런 시도들 덕택에 근대에 들어 시 창작은 교육의 대상으로 확고하게 자리 잡게 되었다 (비록 그 사상적 기반은 각각이지만).

지금까지 여러 시 창작 교재가 있었다. 그러나 그것을 다 읽고 따라 연습해도 한 편의 시가 나오는 경우는 없었다. 교재의 대부분이 이론 중심적으로 이루어졌기 때문이다. 필자 역시 대학에서 시 창작 교육을 10여 년 해 오고 있지만 시 창작 수업에 대해 본인 스스로도 회의에 빠진 적이 많다. 이론 중심의 교재에서 한 편의 좋은 시가 나오는 일은 거의 기적과 같은 경우에 속하기 때문이다. 그리고 기교 중심으로 교육을 할 때 시적 깊이가 확보되지 않는 것도 문제였다. 그래서 창작 기법과 동시에 시적 안목

을 계발하는 창작 교재가 필요하다고 생각하였다.

 이 책은 이런 고민을 바탕으로 하여 레시피처럼 실제적인 결과물을 산출할 수 있는 방식으로 내용을 구성하였다(그러나 여러 조언에도 불구하고 요리에 대하여 무지한 나로서는 레시피를 비유의 차원에서 사용하였음을 밝힌다). 그러면서 시에 필요한 지식을 그 속에 스며들게 하였다. 이론적 설명은 될 수 있는 한 최소화하고 실제 연습에 초점을 맞추었다. 각 절마다 토론 문제를 배치하고 매 장마다 관련 수업을 바탕으로 한 편의 시를 쓸 수 있게 만든 것이나, 문학청년들이 알아두어야 할 세계의 명시를 소개하고 간단한 해설을 덧붙인 것도 이런 고려 때문이다.

 필자는 몇 년간 대학 현장에서 임시 편집본으로 교육을 하며, 여러 시행착오를 거쳐 이 책을 완성하였다. 이 책은 앞으로 나올 개정판을 생각하지 않았다면 시도되지 않았을 것이다. 현재의 부족한 면은 언제 나올지 모르겠지만, 그러나 반드시 나올 개정판에서 보완될 것이다. 많은 분들의 관심이 있다면 더 많은 보완을 통해 더 좋은 책이 되지 않을까 생각해 본다. 그리고 어려운 형편에 출판을 허락해 준 울력 출판사 강동호 대표께 진심으로 감사 드린다.

1992년 신춘문예 시 부문에
「세한도」라는 작품으로 시단에 첫 모습을 보인
그 새파란 문학청년을 생각하며

벽오동 그늘의 연구실에서

박현수

1장
시 창작을 위한 사전 지식 1
창작과정 외 – 요리를 위한 가이드

요리를 하는 데에도 사전 지식이 필요하다. 정확하게 계량하는 법, 불 세기를 조절하는 법, 재료 써는 법, 재료 고르는 법 등이 그것이다. 요리가 시작되기 전에 이런 지식을 숙지하지 못하면 좋은 요리를 만들기 힘들 것이다.

시 창작을 할 때도 사전에 알아두어야 할 사항들이 있다. 그중에서도 여기서는 시 창작의 전체 과정, 시의 유형과 편견, 초보자가 범하기 쉬운 오류 등을 다루어 본다. 이런 사항을 이해하는 일은 시 쓰기를 위한 준비운동이라 할 수 있다.

1. 시 창작 과정의 지도 그리기

루이스의 3단계 창작 과정

 시 창작을 시작하기 전에 시 창작 과정이 어떻게 이루어지는지를 아는 것이 필요하다. 전체 과정을 이해해야 세부적인 과정을 진행할 때 혼란이 생기지 않기 때문이다. 시인이자 시학자이기도 한 C.D. 루이스는 시 창작의 과정을 다음과 같이 3단계로 정리하고 있다.

 한 편의 시는 세 가지 단계를 거쳐 창작된다.
 1. 한 편의 시가 자라나기 전에 그 씨앗 내지는 싹이라고도 하는 것이 시인의 상상력을 엄습한다. 그것은 강력하나 막연한 느낌, 어떤 경험 혹은 어떤 관념의 형태로 나타날 수 있으며, 경우에 따라서는 하나의 이미지로서, 뿐만 아니라 어쩌면 — 이미 말이라는 옷을 두른 — 어떤 시구(詩句)나 한 시행 전체로서 나타나기도 할 것이다. 시인은 그러한 관념이나 이미지를 공책에 적어 두거나 혹은 머릿속에 적어 둔다. 그랬다가 어쩌면 그것을 온통 잊어버리고 말 것이다.
 2. 그러나 시의 씨앗은 그의 마음속에, 소위 '무의식적 정신'이라고 하는 그의 마음의 일부 속에 들어가 있다. 거기서 그 씨앗은 자라서 형태를 취하기 시작한다(그것은 아마 다른 시의 '씨앗들' 과 함께 자랄 것이다. 왜냐하면 시인의 마음속

에서는 여러 편의 시들이 동시에 자랄 수도 있기 때문이다). 그리하여 마침내 한 편의 시가 탄생할 수 있는 순간이 찾아오는 것이다. 어떤 시의 경우, 이러한 단계는 며칠밖에 안 되는 경우도 있지만 몇 해가 걸릴 수도 있을 것이다.

3. 시인은 시를 쓰고 싶은 간절한 소망을 느끼게 된다. 흔히 그러한 욕망은 단순한 욕망이라기보다는 실지로 육체에까지 파고드는 듯한 실감(實感)인 경우가 많다. (…) 그 때가 바로 시가 탄생하려는 순간이다. (…) 제3의 단계는 말하자면 시가 문을 치며 내보내달라고 조르고 있는 단계이다. 그렇지만 처음 달려 나온 것은 완성된 시는 아니다. 그것은 시의 대체적인 모습과 관념이며 때에 따라서는 하나의 시련(詩聯) 전체가 다 되어 있을 수도 있으나 그보다 더 되어 있는 경우는 거의 없다. 여기서부터 시를 쓰는 고된 작업이 시작되는데 — 그것은 에누리 없는 말로 정말 몹시 고된 작업이다. 시인은 그 시의 나머지 부분을 끄집어내서 그것에 형태를 주고 또한 우리가 크리켓의 방망이나 새로운 드레스를 고르듯 마음을 써서 그 시에 들어갈 한 마디 한 마디의 말을 골라야 한다.[1]

여기에 이야기하고 있는 세 단계는 ①시의 씨앗의 형성 단계, ②씨앗의 성장 단계, ③시 구절이 탄생하는 단계이다. 첫 번째 단계는 한 편의 시가 될 애초의 생각이나 느낌의 형성을 가리킨다. 두 번째는 시의 씨앗이 충분히 성장하여 하나의 구체적인 형태를 취하는 단계이다. 그리고 마지막은 그런 씨앗이 시인의 창작 욕구를 자극하여 언어적 형태로 나타나는 단계이다. 이것을 표로 정리하면 다음과 같다.

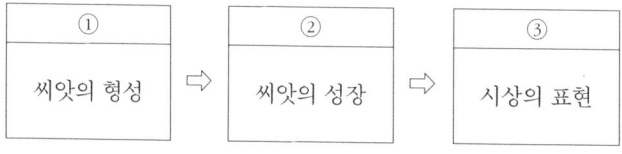

---

1. C.D. 루이스, 강대건 옮김, 『시란 무엇인가』, 탐구당, 1980, 51-53쪽.

시상이라 부를 만한 씨앗의 형성과 성장, 그리고 그 표현은 특수한 사람(즉, 시인과 같은 사람)에게 일어나는 예외적인 현상이 아니라, 보통 사람들 누구에게나 일어나고 있는 일반적인 현상이다. 인간이라면 누구에게나 이런 시의 씨앗이 마음속에서 태어나고 자라고 표현으로 나타난다. 다만 누군가는 그것을 일상적인 대화에서 스쳐 지나듯이 표현하고(아마도 동료들은 그 말에 깊은 인상을 받았을지 모른다), 누군가는 하나의 작품으로 만들고자 펜을 드는 것이 다를 뿐이다.

5단계 '시작 과정 모델'

그러나 루이스의 3단계 창작 과정은 실제 시 창작에 그다지 유용하지 않다. 1, 2단계는 무의식에서 생성되는 것이라 의식적으로 이루어지는 실제 시 창작과 무관하며, 3단계 역시 시의 맹아에 불과하여 본격적인 시 창작은 3단계 이후의 문제에 속하기 때문이다. 이를 보완할 수 있는 모델을 이형기 시인의 시 창작 과정을 참고하여 만들 수 있다. 먼저 설명의 대상이 되는 작품을 감상해 보자.

　　가야할 때가 언제인가를
　　분명히 알고 가는 이의
　　뒷모습은 얼마나 아름다운가.

　　봄 한철
　　격정을 인내한
　　나의 사랑은 지고 있다.

　　분분한 낙화…

결별이 이룩하는 축복에 싸여
지금은 가야할 때,

무성한 녹음과 그리고
머지않아 열매 맺는
가을을 향하여

나의 청춘은 꽃답게 죽는다.

헤어지자
섬세한 손길을 흔들며
하롱하롱 꽃잎이 지는 어느 날

나의 사랑, 나의 결별,
샘터에 물고이듯 성숙하는
내 영혼의 슬픈 눈.

— 이형기, 「낙화」 전문

이 시는 교과서에도 자주 실려 많은 이들의 사랑을 받고 있는 작품이다. 시인에 따르면 이 작품은 1950년대 중반, 시인의 나이 20대 초반에 쓴 것이라 한다. 시인은 이 시의 시작이 작은 샘이면서 동시에 슬픔이 가득 어려 있는 눈의 이미지에서 비롯된 '샘 = 슬픈 눈'이라는 메모라고 하였다. 이것이 언어적 표현으로 나타난 것이 "샘터에 물고이듯 성숙하는 내 영혼의 슬픈 눈"이다. 시인은 이 짧은 구절을 하나의 시로 완성한 과정을 다음과 같이 기록하고 있다.

그러나 아무리 마음에 들었다 해도 처음에 얻은 그 한 구절만으로는 시가 되지 않는다. 그것을 보완하고 발전시키는 다른 표현이 필요한 것이다. 그래서 다시 생각에 잠긴 내가 한참 만에 찾아낸 것은 '낙화 속의 이별'이라는 말이었다. 이렇게 말하면 그 발견이 우연인 것 같은 느낌을 주기 쉽지만 실상은 그렇지 않다. 설상 그 '낙화 속의 이별'은 그 무렵 내가 막연하게 품고 있던 감정의 한 갈래와 유관한 것이다. (…)

일단 떠오른 그 말은 곧 새로운 연상 작용을 일으켰다. 그것은 낙화 자체가 바로 꽃과 꽃나무의 아름다운 이별이요, 또 장차 열매를 기약하는 값진 이별이라는 생각으로 발전한 연상이다. 나는 이 연상의 내용을 처음에 얻은 마음에 들었던 구절과 결합시켰다. 그랬더니 낙화의 이별의 고통이 인내를 통해 '슬픈 눈'을 가진 '성숙한 영혼'을 이루어 간다는 줄거리가 잡히게 된 것이다. 줄거리가 잡히면 시를 쓸 수 있다. 「낙화」는 그 줄거리를 바탕으로 해서 의외로 하룻밤 사이에 쓴 나로서는 예가 드문 속성의 작품이다.

속성으로 썼다 해도 쓰는 동안에 고심한 대목이 없을 수는 없다. 가장 큰 고심거리는 잡힌 그 시의 줄거리가 내가 처음에 의도했던 바 '인내를 통한 고통의 승화'보다도 이별의 문제를 클로즈업 시키게 된다는 점이었다. 그러나 쓰다 보면 시는 당초의 의도와 다른 내용의 표현물이 될 수도 있다. 그래서 나는 당초의 의도에 대한 집착을 버리고 잡힌 줄거리를 그냥 살려나가기로 한 것이다.

일주일쯤 뒤에 퇴고를 시작했다. 퇴고의 과정에서는 '결별(訣別)'이냐 '몌별(袂別)'이냐를 두고 생각을 거듭했다. 뜻이 거의 같기는 하지만 전자는 '영이별,' 후자는 '섭섭한 헤어짐'이라는 함축을 갖는 말이다. 그러니까 시의 내용으로 보아서는 '몌별'이 그에 어울리는 말이라 할 수 있다. 그러나 그것은 자주 쓰이지 않는 말이기 때문에 어감이 귀에 설다. 나는 몇 번인가 사전을 펼쳐보다 처음 쓴 대로 '결별'을 택하고 퇴고를 마쳤다. 정서를 하고 나서 다시 읽어보니 '인내를 통한 고통의 승화'라는 당초의 의도도 시에 어느 정도 반영되

어 있다는 느낌이 들었다.[2]

　시인은 "샘터에 물고이듯 성숙하는/내 영혼의 슬픈 눈"이라는 애초의 구절을 시적으로 전개하기 위해 상황 설정, 즉 스토리텔링을 구성하였는데, 그것이 '낙화 속의 이별'이다. 이것이 자유연상을 일으켜, 낙화는 '꽃과 꽃나무의 이별,' '열매를 기약하는 값진 이별'이라는 생각에 도달하게 된다. 이것은 애초의 시상과 맞아떨어진다는 점에서 시적 일관성을 지닌다. 그리고 애초의 시상과 자유연상의 만남을 통해 "낙화의 이별의 고통이 인내를 통해 '슬픈 눈'을 가진 '성숙한 영혼'을 이루어 간다는 줄거리"를 구성하면서 시의 전체 얼개가 그려졌다. 최종적으로 어휘나 전체적인 흐름 등을 고려하는 퇴고 과정을 통해 시가 완성되었다. 이런 과정을 정리하면 다음과 같다(앞으로 이를 '시작 과정 모델'로 부르기로 한다).

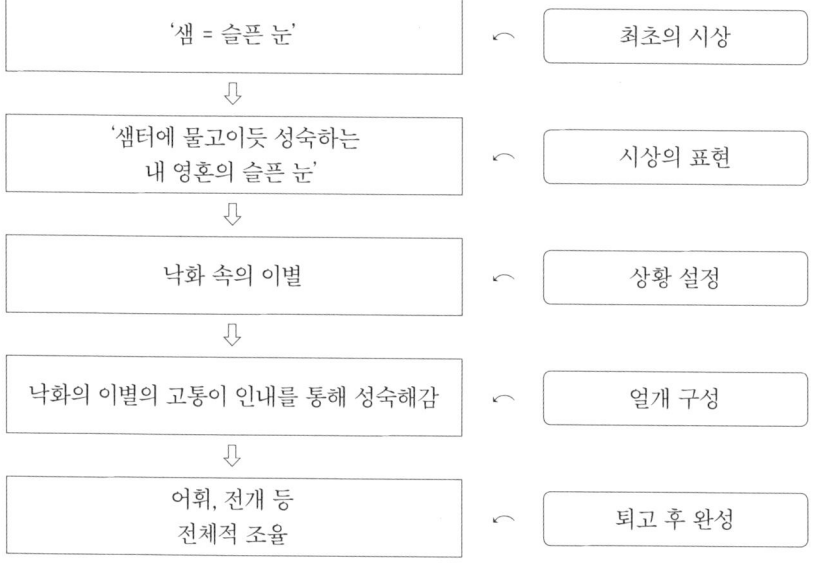

2. 이형기, 「창작과정의 실제」, 『현대시 창작교실』, 문학사상사, 1991, 213-215쪽.

여기에 제시된 시작 과정 모델은 루이스가 제시한 3단계 과정을 보완하면서, 실제 창작의 구체적인 과정을 잘 포괄하고 있다고 할 수 있다. 이 모델에서 '최초의 시상' 단계는 루이스의 '씨앗의 성장'에서 최초의 이미지가 성장하여 하나의 구체적인 형태를 취한 단계로 볼 수 있다. 각각 따로 성장한 '샘'과 '눈'의 이미지가 하나로 결합하여 어떤 의미를 형성하면서 시 창작의 구체적인 작업에 돌입하는 과정이다. 다음의 '시상의 표현'은 루이스의 마지막 단계와 동일한 것이며, '상황 설정,' '얼개 구성,' '퇴고 후 완성'은 실제 창작이 이루어지는 과정을 구체화한 것이다. 이 모델에는 하나의 시상이 어떻게 한 편의 작품으로 완성되어 가는지가 한 눈에 잘 정리되어 있다. 물론 구체적인 세목에 있어서 시마다 다소 다른 과정이 필요할 때가 있겠지만, 대부분의 시는 이런 과정을 거쳐서 탄생한다고 보면 된다.

시 창작을 위한 토론

1. 시 창작 과정에 초점을 맞추어 다음 시를 읽고, 이 시에서 '최초의 시상'은 무엇이었을지 짐작해 보자.

　　운다고 옛 사랑이 오리요마는

　　장인이 무얼 해 먹고 살았는지
　　아내는 도통 말해주지 않는다.
　　얼굴에 쓸쓸한 바람이 이는 장인은
　　술기 오르면 곧잘 남인수 노래를 불렀다.
　　오염된 바닷물처럼 시커먼 세월에 부대끼다

가난하게 돌아가신 장인 나의 아내는
생전 안 보던 가요무대를 다 본다.
애수의 소야곡을 듣다 갑자기
고향엘 가고 싶다 한다.
초등학교 가는 길에 탱자울과 보리밭,
문둥이가 숨어있다던 광안리 그 너른 보리밭이
자꾸 눈에 밟혀온다고 한다.
아버지처럼 바람이 술술 새는 집이 보고 싶고
겨울 바닷바람에 광목처럼 펄럭이던
중학교도 못 간 친구들이 보고 싶다 한다.
검정물 들인 싸구려 양복처럼
헐렁해서 속이 꽉 들어찬 풍경이 보고 싶다 한다.

노래도 영화도 슬픈 시절이 있었다.
코미디 웃음조차 슬픈 시절이 있었다.

바람도 문풍지에 싸늘하고나

— 최서림, 「애수의 소야곡」 전문

2. 다음 시를 읽고, 시작 과정 모델에 따라 이 작품의 창작 과정을 재구성해 보자.

배롱나무 아래 나무 벤치
내 발소리 들었는지
딱정벌레 한 마리 죽은 척한다

나도 가만 죽은 척한다 하나 바람 한소끔 지나가자
딱정벌레가 살살 더듬이를 움직인다
눈꺼풀에 덮인 허물을 떼어내듯 어설픈 움직임
어라, 얘 좀 봐. 잠깐 죽은 척했던 게 분명한데
정말 죽었다가 다시 태어난 것 같다

딱정벌레 앞에서
죽은 척했던 나는 어떡한담?
햇빛이 부서지며 그림자가 일렁인다
아이참, 체면 구기는 일이긴 하지만
나도 새로 태어나는 척한다
햇빛 처음 본 아기처럼 초승달 눈을 만들어 하늘을 본다

바람 한소끔 물 한 종지 햇빛 한 바구니 흙 한 줌 고요 한 서랍……
아, 문득 누가 날 치고 간다
언젠가 내가 죽는 날, 실은 내가 죽는 척하게 되는 거란 걸!

나의 부음 후 얼마 지나 새로 돋는 올리브 잎새라든지
나팔꽃 오이 넝쿨 물새 알 산새 알 같은 게 껍질을 깰 때
내 옆에 있던 기척들이 소곤댈 거라는 걸
어라, 얘, 새로 태어나는 척하는 것 좀 봐!

— 김선우, 「시체놀이」 전문

1장 시 창작을 위한 사전 지식 1: 창작과정 외

☐	최초의 시상
⇩	
☐	시상의 표현
⇩	
☐	상황 설정
⇩	
☐	얼개 구성
⇩	
☐	퇴고 후 완성

3. 시작 과정 모델에서 보완할 것이 있다면 어떤 것이 있을지 생각해 보자.

2. 시의 유형에 대한 편견 깨트리기

세 가지 유형의 기준

시의 유형은 나누는 기준에 따라 달라질 수 있다. 내용에 따라 서정시, 서사시·극시, 형식에 따라 정형시·자유시·산문시 등으로 나누는 것이 가장 흔한 유형 분류이다. 여기서는 인식 과정을 지탱하는 기본적인 구성 요소에 초점을 맞추어 크게 세 가지 유형, 즉 서정시·참여시·실험시로 나누어 보고자 한다. 그러나 이런 종류의 시 모두가 그 자체로 가치를 지니고 있다는 사실을 명심하고, 시 창작을 할 때 어떤 편견을 가지지 않는 것이 중요하다.

세계 인식의 기본 요소는 크게 세 가지로 나누어질 수 있다. 무엇인가를 보고 판단하는 주체, 그리고 인식의 대상이 되는 세계, 그리고 그런 인식을 가능하게 하는 매개로서의 매체가 그것이다.

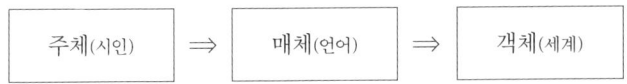

이것을 시의 문제로 전용하면, 주체는 시를 창작하는 시인, 객체는 시가 다루는 세계, 그리고 매체는 그것의 인식을 가능하게 하는 언어 표현의 도

구를 가리킨다. 주체는 시를 만드는 시인, 혹은 시적 화자의 생각이나 느낌 등 주체의 내면세계 등을 포괄한다. 객체는 단순한 대상이라기보다 주체를 둘러싸고 있는 현실 세계를 의미한다. 매체는 인식의 수단 그 자체를 가리키는 것이다.

이런 구성 요소에 강조점을 두면 시는 주체 중심적, 객체 중심적, 매체 중심적인 시로 나눌 수 있으며, 서정시, 참여시, 실험시가 여기에 해당한다. 서정시는 주체의 생각이나 느낌을 강조하는 시이며, 참여시는 현실 세계의 문제에 초점을 맞추는 시, 실험시는 매체의 기능과 목적 등을 새로운 방식으로 재조정하는 시를 말한다.

'바람'을 대상으로 한 세 편의 시

동일한 소재를 다룬 시를 보면 그 차이가 명료하게 드러난다. 다음 시를 통하여 이 문제를 살펴보자.

(가) 서리빛을 함복 띠고
 하늘 끝없이 푸른 데서 왔다.

 강바닥에 깔려 있다가
 갈대꽃 하얀 위를 스쳐서.

 장사(壯士)의 큰 칼집에 스며서는
 귀양 가는 손의 돛대도 불어주고.

 젊은 과부의 뺨도 희던 날
 대밭에 벌레소릴 가꾸어 놓고.

회한(悔恨)을 사시나무 잎처럼 흔드는
네 오면 불길할 것 같아 좋아라.

— 이육사, 「서풍부」 전문

(나) 바람에 지는 풀잎으로
　　오월을 노래하지 말아라
　　오월은 바람처럼 그렇게
　　오월은 풀잎처럼 그렇게
　　서정적으로 오지는 않았다
　　오월은 왔다 비수를 품은 밤으로
　　야수의 무자비한 발톱과 함께
　　바퀴와 개머리판에 메이드 인 유 에스 에이를 새긴
　　전차와 함께 기관총과 함께 왔다

— 김남주, 「바람에 지는 풀잎으로 오월을 노래하지 말아라」 부분

(다)

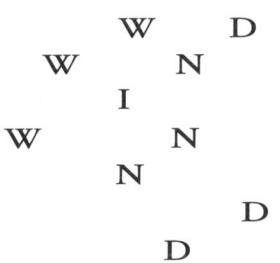

곰링어, 「바람(WIND)」 전문

이 시는 '바람'이라는 동일한 소재를 사용하고 있지만, 소재를 다루는

방식이나 표현 방식은 현저하게 다르다. (가)는 서정시, (나)는 참여시, (다)는 실험시라 할 수 있다.

서정시, 정서의 세계

(가)는 서풍, 즉 가을바람의 일반적인 특성을 객관적으로 다루고 있는 것처럼 보이지만, 이 시의 핵심은 마지막 구절, "회한(悔恨)을 사시나무 잎처럼 흔드는/네 오면 불길할 것 같아 좋아라."라는 구절에 있다. 후회스러움과 죄스러움, 쓸쓸함과 허무함 등을 불러일으키는 그 불길함 때문에 서풍이 좋다는, 논리적으로 설명하기 힘든 미묘하면서도 모순적인 느낌과 정서가 이 시의 초점인 것이다. 이런 종류의 시를 서정시라 부른다.

서정시는 '시인 자신의 생각과 느낌을 정서적 측면에 초점을 맞추어 표현한 시'를 가리킨다. 서정시는 시의 갈래 중에서 가장 역사가 오래고도 보편적인 것이다. 이런 유형의 시가 전통적으로 많이 쓰였기 때문에 서정시는 모든 시의 대표가 되고, 심지어는 서정시와 시는 동일한 것으로 평가되기도 한다.[1] 서정시가 가장 많은 사람들이 좋아하는 시 유형이 된 이유는 무엇일까. 그것은 인간의 정서 자체가 극히 주관적임에도 불구하고 가장 보편적이기 때문이다. 개별적인 경험의 내용이 다를지라도 그것이 불러일으키는 느낌이나 정서는 근원적으로 보편성을 지니고 있어서 그것을 이해하고 감동을 느끼는 데 어려움이 없다. 거의 2000년 전에 쓰인 「황조가」나 「제망매가(祭亡妹歌)」 같은 서정시를 지금 우리가 읽으면서 감동할 수 있는 것도 이 때문이다.

이런 서정시는 조화와 화해의 세계, 즉 세계와 자아의 동일성(이것을 달리

---

1. 김준오는 "오늘날 시와 서정시 사이의 근본적 구분은 사실상 불가능하다. 다시 말하면 이 두 용어는 동일한 의미로 사용된다"고 단정한다. 김준오, 『시론(제4판)』, 삼지원, 2000, 19쪽.

서정성이라고도 한다)을 믿는 세계에 바탕을 두고 있다. 이 세계에서 대상은 낯선 타자가 아니라 사랑하는 존재이자 그를 둘러싼 다정한 눈빛이다. 그래서 어떤 대상이라도 그것을 정서의 측면에서 접근하여 마치 자신의 연장(延長)인 것처럼 다루어야 한다. 엘리엇은 이를 "사상을 장미꽃의 향기처럼 느끼게 하라"[2]는 계명으로 말한 바 있다. 아무리 딱딱한 사상이라도 그것을 장미꽃 향기가 나게, 즉 서정적으로 요리할 수 없다면 결코 서정시를 쓸 수 없다는 말이다.

참여시, 현실 비판적 시선

이에 반하여 (나)에서 바람은 현실을 왜곡하는 무책임한 서정성의 대표로 등장하였다. 이 시에서 바람이나 풀잎과 어울리는 계절인 5월을 서정적으로 노래하는 것은 역사의식의 결여로 평가된다. 시인에게 5월은 광주민주항쟁이라는 비극적인 사건을 의미하기 때문이다. 그래서 바람에 지는 풀잎으로만 5월을 노래하는 것은 5월이 함축하고 있는 참혹함에 대한 일종의 모욕이 될 뿐이다. 이처럼 이 시의 초점은 객체, 즉 현실세계에 놓여 있다. 자신의 생각이나 느낌을 정서적인 측면에 초점을 맞추어 독백하듯이 표현하는 (가)와는 전적으로 다르다. 이를 참여시라 부른다.

참여시는 '정치·사회의 문제에 관심을 가지고 비판적인 의식으로 그 변혁을 촉구하는 내용을 담은 시'를 말한다. 즉, 현실에 대한 비판 의식이 중심이 되는 시다. 이런 시는 현실을 갈등과 차별의 세계로 파악한다. 그래서 참여시는 그 갈등과 차별이 사라진 세계를 하나의 목적으로 설정하여, 이 현실을 비판과 수정의 대상으로 바라본다. 그래서 표현상의 특징은 산문적, 직설적이고, 이성적이며 메시지 중심적이다. 또한 시적 발화는 청자의

---

2. T.S. Eliot, 이경식 옮김, 『문예비평론』, 성창출판사, 1991, 212쪽.

변화와 반응에 주목하므로 언제나 청자 지향적이다.

참여시는 현실에 대한 비판적인 의식을 발화로 전환할 수 있는 용기를 필요로 한다. 그리고 비판 의식은 문제점의 근원에 대한 통찰을 바탕으로 삼는다. 개인적인 불평, 불만을 넘어서 공동체 문제에 대한 근원적인 통찰에 따른 비판을 할 수 있을 때 바람직한 참여시가 가능할 것이다.

실험시, 매체의 무한한 가능성

(다)는 주체나 객체에 대한 고려보다는 매체에 초점을 맞추고 있다. 이 시는 독자로 하여금 주체의 정서적 반응이나 객체의 현실적 문제보다 매체의 성격에 주목하게 한다. 이 시에서 '바람(wind)'은 주체의 정서를 의미하지도 않고, 현실 세계의 무엇인가를 의미하지도 않는다. 'wind'라는 철자를 바람이 부는 것처럼 흩어놓는 실험적인 시도 그 자체에 의미를 두고 있다. 의미 형성은 그 다음의 문제에 불과하다. 이런 유형의 시를 실험시라 부를 수 있다.

실험시는 '기존의 시적 패러다임에 의문을 제시하며 시적 모험을 감행하는 시'를 말한다. 사실상 시는 실험 정신에 의해 탄생하였으므로, 모든 시는 실험시라 할 수 있다. 그러나 여기에서 말하는 실험시는 기존의 시적 관념에 도전하며 새로움을 보여 주는 시를 말한다.

실험시의 기반은 '이 세계에는 공인할 만한 어떤 규범도 존재하지 않는다'는 점을 확신하는 데 있다. 어떤 규범도 존재하지 않으므로 어떤 시도도 가능하다. 그래서 실험은 지속적으로 과격해질 수밖에 없다. 모든 제약을 넘어선 곳에 있는 시를 찾는 일, 그것이 실험시의 사명이다. 그러나 실험시를 쓰기 위해 우리는 '그 실험의 타당성과 불가피성'에 대한 질문, 즉 '그 실험이 의도를 실현하기 위한 필연적인 시도인가' 하는 물음을 스스로에게 던져야 한다.

실험시는 그 범위가 넓지만, 매체를 중심으로 간단하게 두 가지로 나누어 볼 수 있다(자세한 것은 10장에서 다룬다). 하나는 인쇄 매체를 최대한 활용한 인쇄 매체 실험시(인쇄시), 다른 하나는 하이퍼텍스트를 이용한 하이퍼텍스트 실험시(하이퍼시)이다. 앞엣것은 이상(李箱)과 같은 시인의 시에 잘 나타나 있으며, 뒤엣것은 아직 작품으로 부를 만한 것이 없다. 스마트폰이 자기 몸의 일부가 된 요즘 세대가 이 방면을 개척할 수밖에 없다.

지금까지 다룬 이런 시 유형들은 각각 독립적으로 존재하지만 서로 혼합되어 복합적으로 존재할 수 있다. 참여시와 서정시를 혼합하면 서정적인 참여시(혹은 참여적인 서정시)가 가능할 것이다. 특히 매체 중심적인 실험시는 방법론에 치중하고 있어 어떤 내용을 취하느냐에 따라 각각 서정시(서정적 실험시, 혹은 실험적 서정시)와 참여시(참여적 실험시, 혹은 실험적 참여시)와 연합할 수 있다.

다시 한 번 반복하지만 이와 같은 시 유형들은 각각 독립적인 가치를 지니고 있다. 따라서 어떤 유형의 시만을 절대적으로 옳다고 생각하는 것은 상당히 편협하면서도 왜곡된 생각이라 할 수 있다. 열린 마음으로 각각의 시가 지닌 의미와 가치를 생각하고, 자신이 가장 잘 창작할 수 있는 시 유형이 어떤 것인가를 생각해 보는 것이 시 창작에 도움이 될 것이다.

시 창작을 위한 토론

1. 다음 시는 관점에 따라 다른 유형의 시로 볼 수 있다. 각각 어떤 유형의 시라 할 수 있는지 생각해 보자.

(가) 눈보라 비껴 나는

　　──전──군──가──도──

　퍼뜩 차창으로
　스쳐 가는 인정(人情)아!

　외딴집 섬돌에 놓인

```
┌─────────────┐
│   하  나    │
│     둘      │
│   세 켤레   │
└─────────────┘
```

　　　　　　　　　　　　　　　― 장순하, 「고무신」 전문

(나) 고추잠자리 어디 갔을까

　그가 날고 있으면

　피를 부르는 소리 들려,

　그가 날개를 접고 있을 때

　머지않아

　그가 몰고 올 피의 세계가 두려워,

　고추잠자리 앉아 있는 건너편

메밀꽃이 하얗게 떨고 있는 걸 본다.

— 강중훈, 「고추잠자리」 전문

2. 다음 시에서 시인이 세계를 바라보는 관점이 어떻게 나타나고 있는지 말해 보자.

길 건너 3층 내수전문의류업체
흰 백열등 아래 눈이 퍼렇게 언
파키스탄 노동자 몇이 입김 내뿜으며
직조기 따라 곱고 둥근
꿈의 원단을 나르고 있다

이제 그들이
내 영혼의 방직소를 대신 돌려주고 있는데
나는 얼마큼 걸어와 길 잃은 낙타인가
헝클어진 실타래, 올 풀린 영혼
잊고 싶었던 어떤 유령들의 말

"만국의 노동자여! 단결하라"

— 송경동, 「내 영혼의 방직소」 전문

3. 서정적 실험시(혹은 실험적 서정시)와 참여적 실험시(혹은 실험적 참여시)의 예가 되는 작품을 찾아 쓰고, 그 이유를 설명해 보자.

3. 초보자가 범하기 쉬운 오류 세 가지

초보적 오류 1. 일부러 어렵게 만든다 ― 구체성의 문제

　시를 처음 쓰는 이들은 여러 가지 이유로 자신의 초보적인 실력, 즉 창작상의 기초적인 오류를 드러낼 수밖에 없다. 시 창작의 진화를 위해서 이런 오류는 시를 쓰는 과정에서 반드시 성찰의 대상이 되어야 하고 이후 빠른 시일 안에 수정이 되어야 한다. 여기에서는 초보적인 시인이 가장 많이 범하는 오류를 세 가지 정도만 다룬다. 초보적인 작품에는 이 세 가지 오류가 한꺼번에 나타나는 경우가 대부분이지만, 논의의 편의상 각각 따로 다루고자 한다.
　첫째, 시를 수수께끼처럼 써야 한다고 생각하는 점이다. 그래서 초보 시인들은 자신의 의도가 명백하게 드러나지 않도록 시를 최대한 어렵게 만들고자 한다. 그 결과 내용은 추상적으로 되고, 표현은 꼬이게 된다. 이런 태도는 '시는 난해해야 있어 보인다'는 잘못된 생각으로 이어진다. 그래서 독자가 쉽게 알아차리는 것이 무슨 치욕이나 되는 것처럼 자신의 의도를 방어하려고 애쓴다. 그러나 시에서 쉽게 쓰는 일이 더 어렵다. 다음 작품을 통해 이 문제를 다루어 보자.

　　죽지도 못하고 이어지는

가난의 그림자가 땅 속으로 스며들고 나면
메밀꽃은 만발한다
삶을 목도할 기운조차 없는 밤엔
개똥이나 굴리고 다니던 벌레
똥구멍에서 새는 빛 때문에
들켜버릴까 겁이 나서
목숨 줄 놓지도 못한다
눈을 감지 않고는 아무 것도 볼 수 없는
달도 없는 밤에
흐드러지던 메밀꽃 사이에서는
허옇게 달아오른 나신 같은 것은 찾아볼 수도 없다
새끼를 끌어안은 어미의
울음이 숨소리도 내지 못할 때
숨통도 끊지 못할 질긴 삶을
굴러가야 할 때
메밀꽃은 핀다
껵껵 삼키고 마는
그 목메임을 받아먹고

— 학생 작품,「메밀꽃 필 무렵 1」전문

    이 작품에는 주목할 만한 구절이 꽤 있다. "죽지도 못하고 이어지는/가난의 그림자가 땅 속으로 스며들고 나면/메밀꽃은 만발한다," "메밀꽃은 핀다/껵껵 삼키고 마는/그 목메임을 받아먹고"와 같은 구절은 지은이의 시적 가능성을 짐작하게 한다. 그러나 이 작품은 시의 의도가 어디에 있는지 짐작하기 쉽지 않은 작품이다. 전체적으로 '가난한 삶의 고통'을 메밀꽃과 관련지어 풀어 보려 한 의도 정도만 짐작할 수 있을 뿐이다.

이 작품에는 크게 네 개의 상황이 있다. 첫째는 가난을 바탕으로 피는 메밀꽃(1-3행), 둘째는 개똥벌레(4-8행), 셋째는 달 없는 밤 풍경(9-12행), 넷째는 어미와 새끼의 어떤 상황(13-마지막 행). 이 네 개의 상황 중 구체적으로 이해할 수 있는 것은 거의 없다. 둘째 상황을 예로 들어 살펴보자.

　　삶을 목도할 기운조차 없는 밤엔
　　개똥이나 굴리고 다니던 벌레
　　똥구멍에서 새는 빛 때문에
　　들켜버릴까 겁이 나서
　　목숨 줄 놓지도 못한다

이 부분이 개똥벌레에 대하여 서술하고 있는 것인지 아닌지조차 파악하기 힘들다. 개똥벌레가 자신의 빛 때문에 겁이 나서 목숨 줄을 놓지 못한다는 것인지, 시 속의 화자가 가난 때문에 죽지 못해 살아가는 상황을 개똥벌레에 비유한 것인지 이해할 수 없다는 뜻이다. 이렇게 된 것은 '삶을 목도할 기운조차 없는 밤'의 구체적인 내용이 없기 때문이다. 삶을 목도한다는 것이 무엇인지, 누가 목도한다는 것인지에 대한 구체적인 정황이 이 시에서는 완전하게 제거되어 있다. 그래서 막연한 감정만 남을 뿐이다. 이런 경우에는 더 구체적이고 사실적인 묘사가 필요하다.

　시의 내용을 응축하여 어려워진 작품과 추상적이기 때문에 어려워진 작품은 현격한 차이가 난다. 시의 내용을 응축한 작품은 시 속의 여러 실마리를 통해 풀어 가는 재미를 주지만, 추상적인 작품은 내용이 난삽하여 각각의 내용이 따로 존재하는 느낌을 준다. 이런 난삽한 표현은 자신의 의도를 쉽게 드러내지 않으려는 의도 때문에 시의 구체성이 상실되어 생긴다. 좋은 시를 쓰기 위해서는 시적 대상을 구체적으로 다루는 일을 두려워해서는 안 된다. 구체적으로 다루면서 그 내용을 심오하게 만드는 것이 프로의 기술이다.

초보적 오류 2. 초점이 없다 — 응집성의 문제

두 번째로 초보 시인들이 자주 범하는 잘못은 짧은 시에 너무 많은 것을 담으려다가 시의 초점을 잃어버린다는 점이다. 초점이 없다 보니 시가 어수선하게 보인다. 이런저런 이야기를 생각나는 대로 쓰다 보니 무슨 말을 하려는지 종잡을 수 없게 되는 것이다. 주워 담는 것보다 버리는 것이 더 어렵다는 사실을 아는 데는 많은 시간이 필요하다.

초점이 잘 잡혀야 시가 시다워진다. 사격을 예로 들어 보자. 아래는 어떤 사람들의 사격 표적지다.

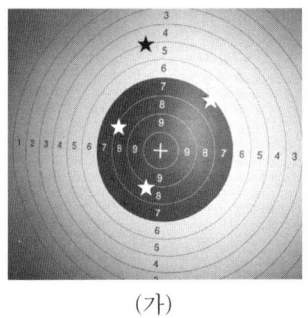 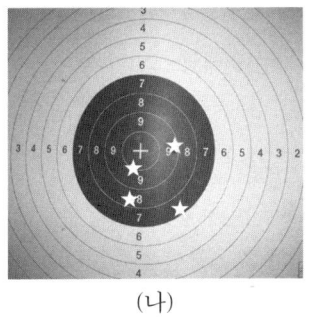

　　　(가)　　　　　　　　　(나)

사격의 경험이 있든 없든, 누가 보더라도 (나)가 더 나은 사격 결과임을 알 수 있을 것이다. (가)는 탄착점, 즉 총알이 맞은 흔적이 흩어져 있어 네 발의 총알이 같은 목표를 겨누고 있었는지 다소 의심스럽다. 이에 비하여 (나)는 탄착점이 모여 있어 어느 한 곳을 중심으로 초점이 잡혀 있음을 확인할 수 있다. 비록 탄흔이 한가운데를 중심으로 모여 있지 않지만, 초점을 조정하면 더 정확한 사격이 이루어질 가능성이 높은 것이다.

시에 있어서도 마찬가지의 이야기가 가능하다. 사격 표적지는 한 편의 시다. 거기에 탄착점을 남긴 총알은 각각의 어휘들이 구성한 내용의 핵심이다. 이렇게 본다면 (가)는 네 개의 내용이 각각 흩어져 존재하는 작품이 된다. 그렇기 때문에 무슨 이야기를 하고 있는지 독자들이 이해하기 힘들 것이다. 이에 비하여 (나)는 자신이 말하고자 하는 바가 비교적 정확하게 하나의 초점을 중심으로 표현되어 있는 작품에 비유할 수 있다. 각각의 내용이 어떤 초점을 중심으로 모여서 응집성을 지니고 있어 독자는 그 핵심적인 의미를 파악하는 데 어려움이 없을 것이다. 초점의 중요성을 생각하면서 다음 작품을 살펴보자.

빗물이 울음소리에 맞춰
집 없는 달팽이,
조용히 무거운 상상을 내려놓는다
그제야 선명해진 그녀의 등

집으로 새어 들어온 빗물은
흙내를 머금고 있는데
한 톨의 흙도 들어 있지 않다
향기를 훔칠 수 있다니,
이럴 때 향기는 지문이다

오래된 습관의 흔적을 고스란히 감추고 있는 지문
그 흔적이 사라진 달팽이의 등
나는 지금 세상에서 가장 오래된 지문을 보고 있다

소금이 뿌려지고 달팽이

존재의 흔적이 지워지듯
소멸로 돌아간다
상상의 흔적만이 남는다

— 학생 작품, 「그녀의 등」 전문

  이 작품은 시를 많이 써 본 사람만이 도달할 수 있는 시적 수준을 보여준다. "이럴 때 향기는 지문이다," "상상의 흔적만이 남는다"는 구절이 주목할 만하다. 그러나 이런 구절이 다른 표현들의 도움을 받지 못하여 제 가치를 제대로 발휘하지 못하고 있다. 이 작품이 지닌 문제의 핵심은 초점의 부재에 있다고 할 수 있다.

  이 작품에서 지은이가 다루고 있는 것이 무엇인지 어느 정도 짐작할 수 있다. 즉, 집 안에 민달팽이가 들어왔고, 이것을 없애기 위해 소금을 뿌린다는 이야기이다. 그런데 문제는 초점이다. 이 작품에는 두 가지 초점이 흩어져 있다. 하나는 달팽이의 생태이고, 다른 하나는 향기의 문제이다. 달팽이 이야기는 "집 없는 달팽이," 즉 민달팽이를 묘사하고 있는 1연과 4연에서 주로 다루어진다. 그런데 2연은 달팽이와 직접적으로 관련이 없는 향기의 문제가 다루어진다. "향기는 지문"이라는 문제를 주로 다루고 있어 이것이 달팽이와 어떤 관련을 지니는지 불명확하다(물론 달팽이와 연관된 기후적 배경 역할을 한다고 볼 수 있지만, 그러기에는 너무 독립된 생각이다). 이후의 구절로 이 둘의 관계를 연결하려고 하지만 내용상 이질적이라서 각각 따로 존재하는 느낌을 준다.

  이 작품이 성공적인 시가 되려면 두 가지 초점 가운데 하나를 선택하여 작품을 다시 써야 할 것이다. 달팽이의 이야기를 중심으로 하든지, 향기의 문제를 중심으로 하든지 그것은 선택의 문제이다.

초보적 오류 3. 흐름이 부자연스럽다 — 긴밀성의 문제

   세 번째로 초보 시인들이 자주 범하는 오류는 시 내용을 전개할 때 작품의 자연스런 흐름에 대한 고려를 하지 않는다는 것이다. 그래서 내용 전개가 불안해지고 그것이 작품의 안정성을 해치게 된다.
   내용 전개가 자연스럽다는 것은 자신이 말하고자 하는 바를 잘 설득하기 위한 절차를 하나하나 치밀하게 밟고 있다는 뜻이다. 시 쓰는 일을 건축술에 비유하는 것도 이 때문이다. 좋은 시는 각각의 단계를 잘 밟고 있어 마치 한 번에 쓴 듯 자연스럽게 읽힌다. 그러나 그런 자연스러움을 위해 시인이 얼마나 많은 고민을 했는지 독자들은 짐작하지 못 한다. 다음 작품을 통해 이 문제를 생각해 보자.

   이곳은
   별들이 초병을 서는
   높은 산들의 유배지.
   한때는 깊은 어둠 속에서
   석탄을 길어 올렸던 곳.
   그러나 지금은
   무거운 영혼들이 가라앉는
   심연.
   이승과 저승의 경계.
   모든 것을 버려야 건널 수 있다는
   깃털도 가라앉는다는 약수(弱水)
   이곳의 영혼들은
   어둠 속에서 길어 올린 우물물처럼
   보이지 않는 무게가 있다.

날개짓할수록
더 깊이 가라앉는 날도래처럼
하루에도 몇 번씩
날아올랐다 가라앉는다.

다시,
룰렛이 돌아가고
세계가 조금 더 무거워진다.

— 학생 작품, 「사북, 강원랜드」 전문

이 작품은 강원도 사북에 있는 카지노인 '강원랜드'를 소재로 다루고 있다. 이 작품의 흐름을 다음과 같이 정리할 수 있다.

카지노의 배경
(높은 산으로 둘러싸인 곳)
↓
이곳의 과거 상황
(석탄을 길어 올리던 곳)
↓
지금의 상황
(영혼이 가라앉는 심연)
↓
이곳 사람들에 대한 평가
(보이지 않는 무게를 지닌 존재)
↓
현재의 장면
(다시 룰렛이 돌아간다)

얼핏 보면 이 작품의 전체적인 흐름이 상당히 자연스러워 보인다. 그런데 꼼꼼하게 읽으면 세 번째 부분이 전체 흐름으로부터 벗어나 애매한 위치에 있음을 알 수 있다. '무거운 영혼이 가라앉는다는 것'이 어떤 의미인지 불분명하여 내용의 자연스러운 흐름이 끊어지는 것이다. 지은이가 이것을 긍정적으로 보는지 부정적으로 보는지 확정할 수 없다. 전반적인 내용으로 볼 때 부정적으로 다룬 듯하지만, 무거움이라는 어휘가 지닌 어감을 생각할 때('입이 가벼운 사람'이 부정적이라면 '입이 무거운 사람'은 긍정적이다) '영혼이 무겁다'는 것은 삶에 대한 고민이 깊다는 긍정적인 의미로도 읽히기 때문이다.

또한 지은이는 이곳을 '심연'이라 부르고 있다. 심연은 '물이 깊은 못. 소(沼)'나 '좀처럼 헤어나기 힘든 깊은 구렁의 비유'라는 의미로 사용된다. 한 번 빠지면 헤어나지 못 하는 장소의 의미로 쓰이지만 또 심오한 차원을 나타내는 긍정적인 의미도 지닌다. 어떤 의미인지 여전히 불투명하다. 그리고 이 어휘는 이어지는 '이승과 저승의 경계'라는 표현과도 잘 연결되지 않는다. '심연'은 깊은 소와 같은 단일한 장소를 의미하지만 '경계'는 어디와 어디가 나누어지는 한계를 가리킨다. 이승과 저승을 나누는 전설의 강인 '약수'도 경계의 의미를 지닌다. 이런 표현은 '심연'의 의미와 어긋난다. 심연(깊이)에서 경계로 나아간 것은 흐름의 자연스러움을 끊어버리는 부정적인 기능을 한다. 이런 부자연스러움은 다음 부분의 도박꾼에 대한 평가에서도 반복된다.

내용의 부자연스러움은 시가 지녀야 할 내적 논리가 치밀하지 못함을 의미한다. 시적 효과를 극대화할 수 있는 논리적 단계를 잘 계산하여 시의 흐름을 조절할 필요가 있다. 물론 이때 말하는 논리라는 것은 논리학의 합리적 절차를 의미하는 것이 아니라 시에 허용되는 서정적 논리임은 다시 설명할 필요가 없을 것이다. 논리학의 논리는 현실적이고 의미론적 진위가 분명하게 입증되는 명제를 바탕으로 하는 데 반하여, 서정적 논리라는 것은 감성적, 정서적 논리로서 전자를 포괄하는 광범위한 논리이다.

시 창작을 위한 토론

1. 다음 시를 읽고 이 시에서 말하는 '불친절한 시'는 어떤 오류를 범하고 있는 시인지 생각해 보자.

> 밤새 불친절한 시를 읽으면
> 내 못 가 본 도시 리스본이
> 지구의 어느 끝에 있다는 것이 위안이 된다
> 막 리스본에 도착한 아침이 마가렛꽃을 밟으며 어느 집 안 뜰로 걸어가고
> 오래 참은 강물이 당나귀 울음소리를 낸다
> 읽을수록 면도날 소리를 내는 리스본
> 이로써 나는 불친절한 시를 읽다가
> 모르는 나라 수도를 떠올린 이유를 말한 셈이다
> 틀림없이 리스본에도 달팽이가 기고 솔붓꽃이 필 것이다
> 여자들은 빨리 말하고 남자들은 구형차를 몰고 외출할 것이다
> 내 못 가 본 도시 리스본
> 채소를 씻다 말고 시를 읽던 리스본 여자가
> 정오에 타호강변을 산책하리라는 걸 나는 한 줄만 말하고 싶었던 것이다
> 이로써 나는 끝없이 리스본을 발음하면서
> 밤새 불친절한 한국의 시를 읽는 이유를 다 말한 셈이다
>
> — 이기철, 「불친절한 시」 전문

2. 다음 시를 읽고, 어떤 점에서 구체성을 지니고 있는지 생각해 보자.

  바람은 언제나 삶의 가장 허름한 부위를 파고들었고 그래서 우리의 세입은 더 부끄러웠다. 종일 담배 냄새를 묻히고 돌아다니다 귀가한 아버지의 몸에서 기름 냄새가 났다. 여름밤의 잠은 퉁퉁 불은 소면처럼 툭툭 끊어졌고 물 묻은 몸은 울음의 부피만 서서히 불리고 있었다.

  올해도 김장을 해야 할까. 학교를 그만둘 생각이에요. 배추 값이 오를 것 같은데, 대학이 다는 아니잖아요. 편의점 아르바이트라도 하면 생계는 문제없을 거예요. 그나저나 갈 곳이 있을지 모르겠다. 제길 두통약은 도대체 어디 있는 거야.

  남루함이 죄였다. 아름답게 태어나지 못한 것. 아름답게 성형하지 못한 것이 죄였다. 이미 골목은 불안한 공기로 구석구석이 짓이겨져 있었다. 우리들의 창백한 목소리는 이미 결박당해 빠져나갈 수 없었다. 낮은 곳에 있던 자가 망루에 오를 때는 낮은 곳마저 빼앗겼을 때다.

  우리의 집은 거미집보다 더 가늘고 위태로워요. 거미집도 때가 되면 바람에 헐리지 않니. 그래요. 거미 역시 동의한 적이 없지요. 차라리 무거워도 달팽이처럼 이고 다닐 수 있는 집이 있었으면, 아니 집이란 것이 아예 없었으면, 우리의 아파트는 도대체 어디에 있는 걸까. 고층 아파트는 떨어질 때나 유용한 거예요. 그나저나 누가 이처럼 쉽게 헐려 버릴 집을 지은 걸까요.

  알아요. 저 모든 것들은 우리를 소각(燒却)하고 밀어내기 위한 거라는 걸. 네 아버지는 아닐 거다. 네 아버지의 젖은 몸이 탈 수는 없을 테니, 네 아버지는 한 번도 타오른 적이 없다. 어머니, 아버지는 횃불처럼 기름에 스스로를 적시며 살아오셨던 거예요. 아, 휘발성(揮發性)의 아버지, 집을 지키기 위한 단 한 번의 발화(發火).

— 정창준, 「아버지의 발화점」 전문

3. 다음 시는 실험적인 작품이다. 이 작품에서도 응집성과 긴밀성을 찾을 수 있는지 생각해 보자.

시커먼 연기와 불을 뱉으며
소리지르며 달아나는
괴상하고 거-창 한 파충류동물.

그 녀ㄴ에게
내 동정(童貞)의 결혼반지를 찾으러 갔더니만
그 큰 궁둥이로 떼밀어

…털 크 덕…털 크 덕…

나는 나는 슬퍼서 슬퍼서
심장이 되구요

옆에 앉은 소로시아 눈알푸른 시약시
 "당신은 지금 어디메로 가십나?"

…털크덕…털크덕…털크덕…

그는 슬퍼서 슬퍼서
담낭이 되구요

저 기-다란 짱꼴라는 대장(大腸).
뒤처졌는 왜놈은 소장(小腸).
　"이이! 저 다리 털 좀 보와!"

　…털크덕…털크덕…털크덕…털크덕…

유월달 백금태양 내려쪼이는 밑에
부글 부글 끓어오르는 소화기관의 망상이여!

자토(赭土) 잡초 백골을 짓밟으며
둘둘둘둘둘 달아나는
굉장하게 기-다란 파충류동물.

— 정지용, 「파충류동물」 전문

한 장을 마무리하는 시 한 편 1 | 시에 대한 시 쓰기

* 다음 시를 예시로 삼아, 시에 대한 자신의 생각을 담은 시를 한 편 써 보자.

소매치기 ― 시를 위하여

손진은

그들은 돈이 어디에 있는지
기차게 안다
껍질 속 알갱이들의 두근거림과 한숨
가장하는 무표정까지
표적의 움직임만이 아니라
옆 사람의 시선, 소란이 만들어내는 공기 속
폭발의 중심에 놓여 있는 불붙는 손,
아무렇지도 않은 듯
배경 속에 녹아 있다가도
그들은 달뜬 풍경 속
구멍을 뚫고
마침내 다른 이 가슴으로 대로(大路)를 낸다
그 때 배경이 풍경을 불붙였다
우리가 빈 호주머니의 허전, 화들짝
더듬고 있을 때
가짜주민인 듯 가가호호의 문밖에서
마음갈피만 다만!
서성이고만 있을 때

흔한 풍경에 새로운 의미를 절묘하게 겹쳐놓는 능청스러움이 시를 빛나게 만든다. 소매치기의 절묘한 기술을 서술하고 있는 이 작품은, 딸린 제목에서 알 수 있듯이, 소매치기가 아니라 시에 대해서 말하고 있다. 최고의 소매치기, 즉 시인은 모든 것의 이면을 훤하게 꿰뚫어보는 존재이다. 평소에는 배경처럼 눈에 띄지 않게 있다가도, 한순간 독자의 마음을 훔쳐버린다. 뒤늦게 빈 주머니를 더듬고 깜짝 놀라는, 제 마음인데도 주인 노릇 못 하는 독자의 당황스러운 모습이 눈에 선하다.

■ 문학청년을 위한 세계 명시 산책 ①

시에 대한 시

시에 대한 생각이나 입장을 시로 표현한 작품을 시론시, 혹은 메타시(meta-poem)라 한다. 시에 대해 쓴 시는 오랜 전통을 지니고 있으며, 오늘날 더 많이 창작되고 있는 추세다. 아마도 현대시가 자신의 존재 이유를 자기 스스로 증명해야 하는 과제를 떠맡았기 때문일 수 있다.

시론시는 산문으로 쓰인 시론과 달리 시에 대한 생각을 직관적 구성을 통해 자유롭게 표현한다. 그래서 그 초점도 다양하고 표현 방식도 저마다 다르다. 시론시를 읽는 일은 시도 즐기고, 시에 대한 생각도 넓힐 수 있는 좋은 기회가 된다.

네루다의 「시」

먼저 초현실주의적인 환상적 문체로 시의 문제를 다루는 네루다의 다음 시를 보자.

> 그러니까 그 나이였어…… 시가
> 나를 찾아왔어. 몰라, 그게 어디서 왔는지,
> 모르겠어, 겨울에서인지 강에서인지.
> 언제 어떻게 왔는지 모르겠어,
> 아냐, 그건 목소리가 아니었고, 말도
> 아니었으며, 침묵도 아니었어,
> 하여간 어떤 길거리에서 나를 부르더군,
> 밤의 가지에서,
> 갑자기 다른 것들로부터,

격렬한 불 속에서 불렀어,
또는 혼자 돌아오는데 말야
그렇게 얼굴 없이 있는 나를
그건 건드리더군.

나는 뭐라고 해야 할지 몰랐어, 내 입은
이름들을 도무지
대지 못했고,
눈은 멀었으며,
내 영혼 속에서 뭔가 시작되고 있었어,
열이나 잃어버린 날개,
또는 내 나름대로 해보았어,
그 불을
해독하며,
나는 어렴풋한 첫 줄을 썼어
어렴풋한, 뭔지 모를, 순전한
넌센스,
아무것도 모르는 어떤 사람의
순수한 지혜,
그리고 문득 나는 보았어
풀리고
열린
하늘을,
유성들을,
고동치는 논밭
구멍 뚫린 그림자,
화살과 불과 꽃들로
들쑤셔진 그림자,

휘감아도는 밤, 우주를

그리고 나, 이 미소한 존재는
그 큰 별들 총총한
허공에 취해,
신비의
모습에 취해,
나 자신이 그 심연의
일부임을 느꼈고,
별들과 더불어 굴렀으며,
내 심장은 바람에 풀렸어.
— 네루다, 「시」 전문(정현종 옮김)

이 시는 파블로 네루다의 시를 좋아하는 사람들은 누구나 기억하고 있는 작품이지만, 영화 〈일 포스티노〉의 마지막에 인상적으로 소개되어 더욱 유명해진 작품이다. 이 시에서 네루다는 시가 최초로 자신에게 찾아온 경험을 쓰고 있다. 어디에서, 어떻게 찾아온 것인지 모르지만 자신의 삶과 생각을 근원적으로 흔들어버린 놀랍고도 낯선 경험에 초점을 맞추고 있다. 그리고 그런 경험은 당연히 논리적으로 표현 불가능하기 때문에 비약적이고 환상적인 이미지들을 통해 풀어 나간다.

테드 휴즈의 「시상(詩想) — 여우」

테드 휴즈의 다음 시는 환상성을 걷어내고 냉정한 묘사를 통해 시인의 내면과 세계의 만남을 구체적으로 그리고 있다.

나는 상상한다. 이 한밤 순간의 숲을.
다른 무엇인가가 살아있다.
시계의 고독 곁에

그리고 내 손가락들이 움직이는 이 백지 곁에.

창문을 통해 나는 아무 별도 볼 수 없다.
어둠 속에서 비록 더 깊지만
더욱 가까운 무엇인가가
고독 속으로 들어오고 있다.

어둠 속에 내리는 눈처럼 차가이, 살포시,
여우의 코가 건드린다 잔가지를, 잎사귀를.
두 눈이 도와준다, 이제 막
그리고 또 이제 막, 막, 막

나뭇사이 눈 속에 산뜻한 자국들을 남기는
하나의 움직임을, 그리고 개간지를 대담히 가로질러 온
몸뚱이의 절름거리는 그림자가
그루터기를 지나 움푹 팬 곳에서

꿈틀거리고, 눈 하나가
푸른 빛이 퍼지고 짙어지면서,
찬란히, 집중적으로,
제 임무를 다하여

마침내, 여우의 날카롭고 갑작스런 진한 악취를 풍기며
머리의 어두운 구멍으로 들어온다.
창문에는 여전히 별이 없고, 시계는 똑딱거리며,
백지에는 글자가 박힌다.

— 테드 휴즈, 「시상(詩想) — 여우」 전문 (이철 옮김)

지금 시인은 시를 쓰기 위해 백지를 곁에 두고 생각에 잠겨 있다. 무엇을 시로 쓸까 고민하는데, 창가에서 어둠을 바라보며 그 속에서 가만히 움직이고 있는 여우를 상상한다. 잔가지를 코로 건들고, 눈 위에 발자국을 남기며 개간지를 가로질러 시인의 집 근처로 다가오는 여우의 미묘한 움직임을 아주 상세하게 포착하고 있다. 마침내 여우는 시인의 머릿속으로 들어와 시상이 되고, 한 편의 시가 된다. 그러나 시상 속에 들어온 여우는 여전히 차가운 코와 독특한 냄새를 지닌 살아 있는 동물이기를 멈추지 않는다. 자신의 관념으로 세계를 일방적으로 추상화하거나 개념화하지 않아야 한다는 생각, 즉 시인과 세계의 올바른 만남에 대한 생각을 보여 주는 시이다.

쉼보르스카의 「쓰는 즐거움」

쉼보르스카의 다음 시는 세계보다는 시인의 내면을 더 강조하는 작품이다.

> 이미 종이 위에 씌어진 숲을 가로질러
> 이미 종이 위에 씌어진 노루는 어디로 달려가고 있는가?
> 자신의 입술을 고스란히 투영하는 투사지 위에 씌어진 옹달샘,
> 그곳에서 이미 씌어진 물을 마시랴?
> 왜 노루는 갑자기 머리를 쳐들었을까? 무슨 소리라도 들렸나?
> 현실에서 빌려온 네 다리를 딛고서
> 내 손끝 아래서 귀를 쫑긋 세우고 있다.
> "고요" — 이 단어가 종이 위에서 바스락대면서
> "숲"이라는 낱말에서 뻗어 나온 나뭇가지를
> 이리저리 흔들어 놓는다.
>
> 하얀 종이 위에 도약을 위해 웅크리고 있는 글자들,
> 혹시라도 잘못 연결될 수도 있고,
> 나중에는 구제불능이 될 수도 있는
> 겹겹으로 둘러싸인 문장들.

잉크 한 방울, 한 방울 속에는
꽤 많은 여분의 사냥꾼들이 눈을 가늘게 뜬 채 숨어 있다.
그들은 언제라도 가파른 만년필을 따라 종이 위로 뛰어 내려가
사슴을 포위하고, 방아쇠를 당길 만반의 준비가 되어 있다.

사냥꾼들은 이것이 진짜 인생이 아니라는 걸 잊은 듯하다.
여기에서는 흑백이 분명한, 전혀 다른 법체제가 지배하고 있다.
눈 깜작할 순간이 내가 원하는 만큼 길어질 수도 있고,
총알이 유영하는 찰나적 순간이
미소한 영겁으로 쪼개질 수도 있다.
만약 내가 명령만 내리면 이곳에선 영원히
아무 일도 일어나지 않으리라.
내 허락 없이는 나뭇잎 하나도 함부로 떨어지지 않을 테고,
말발굽 아래 풀잎이 짓이겨지는 일도 없으리라.

그렇다, 이곳은 바로 그런 세상
내 자유 의지가 운명을 지배하는 곳.
신호의 연결 고리를 동여매서 새로운 시간을 만들어 내고
내 명령에 따라 존재가 무한히 지속되기도 하는 곳.

쓰는 즐거움.
지속의 가능성.
하루하루 죽음을 향해 소멸해 가는 손의 또 다른 보복.
— 쉼보르스카, 「쓰는 즐거움」 전문(최성은 옮김)

시인은 시 쓰기를 통해 현실적인 세계와 완전히 독립된 시공간에서 향유될 수 있는 절대적인 자유의 가능성에 경이를 표하고 있다. 시적인 세계는 "내 자

유 의지가 운명을 지배하는 곳"이다. 운명은 시인의 현실을 장악하고 있는 어찌할 수 없는, 마치 중력처럼 우리를 제어하는 막무가내의 힘이다. 이런 운명에 대해 대결할 수 있는 곳은 상상의 공간뿐이다. 이곳에서 시인은 상상력의 절대적인 자유를 만끽하며 세계를 새롭게 만들 수 있는 아지트를 마련한다. 모든 것이 가능한 세계가 없다면 어떻게 모든 것이 불가능한 이 현실을 견딜 수 있겠는가!

더 읽어야 할 작품들

시에 대한 시를 다룰 때 다음 시도 참조하면 시의 이해와 창작에 도움이 될 것이다. 지면 관계상 일부만 소개하니 전편을 찾아서 읽어 보기를 바란다.

> 자연은 하나의 신전, 거기에 살아 있는 기둥들은
> 때때로 어렴풋한 얘기들을 들려주고
> 인간이 상징의 숲을 통해 그곳을 지나가면
> 그 숲은 다정한 시선으로 그를 지켜본다.
>
> 밤처럼, 그리고 빛처럼 광막한
> 어둡고 그윽한 조화 속에서
> 저 멀리 어울리는 긴 메아리처럼
> 향기와 빛깔과 소리가 서로 화합한다.
>
> ― 보들레르, 「교감」 부분(김인환 옮김)

보들레르의 대표작 중의 하나인 이 작품은 감각의 미묘한 상호작용이 시의 본질적인 특성임을 노래하고 있다.

> 그리하여 나는 여기 중도에 있다. 20년간을 보내고서―
> 20년, 두 전쟁 사이의 세월을 거의 허송하고서―
> 말 쓰기를 배우려고 했다. 그런데 해볼 때마다 그것은

전연 새로운 출발이고, 또 다른 실패였다.
왜냐하면 우리는 더 이상 말할 것도 없는 것을 위하여
또는 이미 그렇게는 말하고 싶지 않은 방식을 위하여
말을 더 잘 써 보고자 배워왔을 뿐이기 때문이다.
― T.S. 엘리엇, 「네 사중주」 부분(이창배 옮김)

「네 사중주」 중 '이스트 코커'라는 부분에 나오는 구절이다. 시를 써 본 사람은 안다. 모든 시 쓰기의 시도는 "전연 새로운 출발이고, 또 다른 실패"라는 이 구절이 얼마나 울림이 있는지를.

아, 태워버려라,
사막의 끝에서, 모든 날개와 짐승의 발톱과
염색한 머리칼과 불륜의 화폭의 모든 잔해를 아, 태워버려라,
어제로부터 태어난 시,
아, 어느 날 밤,
번갯불의 갈퀴로 태어난 시,
그것은 여인들의 젖의 재처럼 티끌과 같은 흔적…
이리하여 네겐 소용없는 날개 달린 모든 것들로, 나를 위해서 직무 없는 순수한
말을 만들어,
또 한번 나는 여기에 사라지기 쉬운 위대한 시를 시도한다…
― 생 종 페르스, 「유적(流謫)」 부분(민희식 옮김)

생 종 페르스의 시는 가능하다면 끝내 필자 혼자 은밀히 읽고 싶은 시이다. 그만큼 낯선 상상력과 어휘의 흥분이 가득하다.

시 창작을 위한 사전 지식 2

언어의 문제 – 요리를 위한 가이드 ②

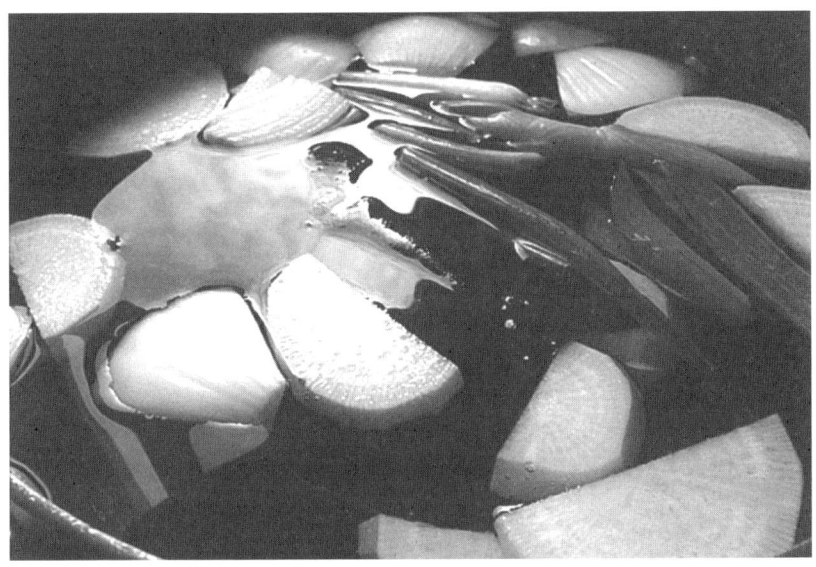

요리를 하는 데 빠트릴 수 없는 중요한 지식 중의 하나는 요리 재료와 관련된 것이다. 따라서 재료 손질하기나 재료 보관 방법, 그리고 기본양념과 육수 만들기 등은 성공적인 요리를 위해 알아야 할 기본적인 사항에 속한다.

요리에 필요한 재료들에 대한 이해처럼 시에서는 시적 언어에 대한 이해가 필수적이다. 여기에서는 의미 잉여라는 시적 언어의 특성과 언어 규범에 대해 다룬다. 언어의 특성을 이해하면 시를 쓰기 위한 준비가 마무리되었다고 할 수 있다.

1. 시적 언어, 의미 잉여의 언어

의미 잉여의 의미

  1920년대 뉴욕에서 있었던 실화라고 한다. 뉴욕의 어느 거리에서 맹인 한 명이 "나는 맹인입니다(I am blind)"라는 글자판을 목에 걸고 구걸을 하고 있었다. 그러나 행인들은 대부분 이 사람을 못 본 체하고 지나갔다. 그런데 지나가던 시인, 앙드레 불턴(브르통의 오기일 듯)이 다음과 같이 이 구절을 고쳤다.

    봄은 왔건만
    나는 볼 수가 없습니다
    (Spring is coming but I can't see it)

  그러자 맹인을 거들떠보지도 않던 사람들이 갑자기 그에게 동전을 던져 주기 시작하였다. 이 표현의 어떤 특성이 이를 가능케 한 것일까. 이 표현은 시라 할 수 없지만 '시적'이라 할 수 있기 때문에, 그 특성은 곧 시적 언어의 특성을 이해하는 데로 연결될 수 있다.
  그런데 일반적으로 이 언어적 특성은 다음과 같이 해석된다. 먼저, 도와 달라는 직접적인 강요가 아니라 간접적인 표현 방식으로 읽는 이로 하여금 자기 주도적으로 느끼게 하였다는 것이다. 두 번째로 긍정적인 말을 앞에 내세운 초점화 현상으로 상대방을 잘 설득하였다는 것이다. 이런 설명도 어느 정도 의미가 있다. 그러나 이것이 이 표현의 본질을 드러낸 설명이라 할 수 있을까.[1]

여기에 사용된 표현은 일반적인 상황에서는 잘 나타나지 않는 다소 비-일상적인 표현이다. 보통 앞을 못 보는 걸인은 '나는 맹인입니다,' '저는 앞을 보지 못합니다'라는 말을 쓰기 때문이다. 시인이 고쳐 준 표현은 보통 맹인이 흔히 쓰지 않은 특별한 언어 방식으로 이루어져 있다. 행인들이 갑자기 그에게 관심을 보인 것은 이런 말을 쓰는 그가 평범한 맹인으로 보이지 않았기 때문일 것이다. 한마디로 이 시적인 표현은 그를 남다른 존재로 주목하게 만들었던 것이다.

이런 표현의 핵심에 시적 언어의 특성이 숨어 있다. 많은 논의를 생략하고 간단하게 시적 언어의 특성을 정의하자면, '의미 잉여(Surplus of Meaning)의 지향'이라 할 수 있다.[2] '의미 잉여'는 시적 언어에서 발견되는 사전적이거나 산문적인 의미 이상의 것, 즉 '원래의 사전적(산문적) 의미나 그런 의미의 조합에서는 발생할 수 없는 의미의 생성'을 말한다. 앞에서 살펴본 시인의 표현은 '봄이 왔다,' '나는 볼 수 없다'는 평범한 말의 조합이지만, 이런 조합을 통해 일상적인 메시지를 넘어선 정서적 의미(효과)가 생성된 것이다. 이것이 이 표현이 지닌 의미 잉여의 하나라 할 수 있다.

'의미 잉여'는 일상적인 언어에서 발생할 수 없는 '의미의 풍부한 생성'을 뜻한다. '남아도는 의미'가 아니라, 그 의미를 시적으로 존재하게 하는 '의미의 아우라'를 말한다. 즉, 말하려는 것보다 더 많은 것을 말하는 것이

---

1. 이에 대한 내용은 교육방송 프로그램을 참조한 것이다. EBS 다큐프라임 '언어발달의 수수께끼 — 제2부 언어가 나를 바꾼다,' 2011년 10월 25일 방송 참조. http://ebs.daum.net/docuprime/episode/6281.
2. 의미 잉여로서의 시적 언어의 특성에 대한 자세한 설명은 박현수, 『시론』, 예옥, 2011, 154-163쪽 참조.

다. 다른 말로 하자면 '의미의 과잉,' '의미의 풍요'라 할 수 있다. 의미 잉여는 일상 언어에서는 발견하기 힘든 것이다. 일상 언어는 정확한 의미의 전달을 목적으로 하기 때문에, 어떤 경우든 의미의 완전한 전달에 초점을 맞추고 있다. 그래서 의미 자체가 명확하고 단순하다. 의미 잉여의 언어는 다음과 같은 세 가지 특성을 지닌다.

1) 자기 목적적인 언어

의미 잉여의 언어는 자기 목적적인 언어이다. 시적 언어는 언어 자체에 대한 주목을 요구한다. 이 점에서 시적 언어는 본질적으로 일상적인 언어와 차이가 난다. 일상적인 언어는 마치 불교에서 방편적으로 말하는 뗏목에 불과하다. 강을 건너기 위해 뗏목이 필요하지만, 강을 건너고 나면 그 뗏목은 더 이상 필요하지 않게 된다. 일상적 언어도 의미 전달이라는 목적만 성취하면 더 이상 그 언어에 주목하지 않는다. 그래서 일상적이고 산문적인 언어를 '도구적 언어'라고 하는 것이다.

그러나 시적 언어는 대부분 자신이 사용하는 언어 자체를 그 목적으로 삼는다. 언어의 본성상, 시적 언어는 구체적 맥락을 제거하기 때문에 모든 정보는 언어 자체에 과도하게 집중될 수밖에 없다. 언어 이외에 의미 전달의 기능을 할 수 있는 것이 아무것도 없기 때문이다.

'나는 맹인입니다'와 달리, '봄은 왔건만 나는 볼 수가 없습니다'라는 표현은 언어 그 자체에 주목하게 만든다. 전자는 한 번 읽으면 그 의미가 완전하게 전달되어 그 말의 알맹이는 사라지고 껍데기만 남는다. 사람들은 그 의미를 모두 이해했기에, 그 의미에 주목하지 않을 뿐만 아니라 그 상황도 자동적으로 받아들인다. 그러나 후자는 일상적인 맥락에서 볼 수 없는 요소를 지니고 있어 사람들의 이목을 끈다. 이는 자기 목적적인 언어의 요소가 이 표현에 들어 있다는 의미이다.

2) 언어 요소들의 평등주의

의미 잉여의 언어는 언어 요소들의 평등주의를 지향한다. 시적 언어에서는 기표와 기의의 미묘한 활동이 본질적인 것이 된다. 그것은 일상적 언어에서 눈짓이나 표정의 미묘한 변화, 즉 언어 외적 요소가 중요한 것과 마찬가지다. 미묘한 변화에 민감하다 보니 언어의 모든 구성 요소가 동등하게 취급된다. 문법상의 우월한 지위를 지닌 명사, 동사와 같은 품사만 주목되는 것이 아니라 조사, 부사 등 일종의 문법적 타자의 지위에 놓인 모든 요소들과 기표의 모든 조건들이 동등하게 주목을 받는다.

언어의 모든 요소가 평등하다 보니 언어의 위치, 표현이 조금이라도 달라지면 그 효과에도 많은 변화가 생길 수밖에 없다. 가령 '봄은 왔건만 나는 볼 수가 없습니다'라는 표현을 '나는 볼 수가 없습니다, 봄이 왔는데도'라는 표현으로 바꾸면 그 효과는 반감되고 만다.

3) 생성 중인 기의

의미 잉여의 언어는 생성 중인 기의를 지닌다. 의미 잉여의 언어는 기의 확정을 영원히 보류하는 언어이다. 확정적이고도 안정적인 기의는 일상 언어의 존재 이유이다. 사전적 의미라고도 부르는 안정된 상태의 기의가 없다면 일상생활의 의사소통 자체는 불가능해진다. 안정적이고 고정적인 기의는 언중들이 자신의 의도를 안정적으로 전달하는 기반이다. 동일한 기표가 동일한 기의를 지니고 있다고 믿을 때, 하나의 문장이 동일한 의미를 지닌다고 믿을 때, 비로소 의사소통이 행해지는 것이다.

그런데 의미 잉여의 시적 언어는 이와 전혀 다른 방식으로 의사소통을 한다. 시에서 어휘나 문장의 차원에서 기의가 안정적으로 존재하는 경우는 드물다. 김기림이 과학적 명제와 시적 언어를 구별한 것도 이 지점이다. 과학적 명제가 사건과 사물에 비추어 검증될 의무가 있는 데 반해, 시적 언어는 검증의 의무를 지지 않고, 전자가 하나의 의미만을 나타내는 데 반해, 후자는 그런 일의성(一義性)을 요구받지 않는다는 것이다.³ 일의성으로부터 자유로운 것, 그것은 기의의 안정성을 부정하는 시적 언어의 특성이다.

'봄은 왔건만 나는 볼 수가 없습니다'라는 표현은 구체적인 상황이 주어져 어느 정도 의미가 확정되긴 하지만, 여기에서도 '도와 달라'라는 의미 이상의 기의가 존재한다고 할 수 있다. 그래서 이 표현의 구체적인 의미에 대한 해석은 사람마다 달라질 수 있다. '봄이 와서 계절의 변화가 생겼음에도, 나는 볼 수 없는 처지라 그것을 즐길 수 없다'(나도 보고 싶다), '시각적으로 풍부한 봄의 상황이 모두에게 주어졌지만 나에게는 이것이 배제되어 슬프다'(나는 불쌍하다) 등이 가능할 것이다. 그러나 어떤 경우든 '도와 달라'는 의미는 부가적인 요소에 불과하다. 그 의미 하나만을 전달하는 것이 목적이라면, '나는 앞 못 보는 불쌍한 사람입니다. 도와주세요.' 하는 편이 더 적절할 것이기 때문이다.

시 창작을 위한 토론

1. 다음 시의 빈 칸에 의미 잉여의 효과를 가장 잘 살릴 수 있는 한 음절의 순수 우리말을 넣고, 그 효과를 평가해 보자.

   실버들을 천만사(千萬絲) 늘여놓고
   가는 □을/를 잡지도 못 한다 말인가
   이내 몸이 아무리 아쉽다기로

---

3. 김기림, 「시와 과학과 회화」, 『인문평론』, 1940. 5; 김기림, 『김기림전집』, 심설당, 1988, 22쪽.

돌아서는 님이야 어이 잡으랴

한갓되이 실버들 바람에 늙고
이내 몸은 시름에 혼자 여위네
가을바람에 풀벌레 슬피 울 때에
외로운 맘에 그대도 잠 못 이루리

— 김소월, 「실버들」 전문

2. 다음은 고려시대의 시인 정지상(鄭知常)의 작품 '님을 보내며'이다. 이 시의 마지막 구절은 원래 '첨작파(添作波: 눈물을 더해 물결을 일으킨다)'로 되어 있었다. 이것을 이제현이 '첨록파(添綠波: 푸른 물결을 더한다)'로 고쳤다. 의미 잉여라는 측면에 초점을 맞추어, 어떤 표현이 더 효과적인지 말해 보자.

雨歇長堤草色多(우헐장제초색다)
送君南浦動悲歌(송군남포동비가)
大洞江水何時盡(대동강수하시진)
別淚年年添綠波(별루년년첨록파)

비 개인 긴 둑에 풀빛이 짙고
남포에서 님 보내니 노래 슬프다
대동강 물이야 어느 때나 마르랴
해마다 이별의 눈물, 푸른 물결에 더하는 것을

— 정지상, 「송인(送人)」 전문

3. 다음 작품에는 '언어 요소들의 평등주의'가 잘 드러난다. 1연에서 '아, 오늘밤/달 찼군요'를 '오늘 밤/달 찼군요'로 표현하였다면 시적 효과에 있어서 어떤 점이 달라졌을지 생각해 보자.

아, 오늘밤
달 찼군요

달에서
돌들을
다아 끌어 내립시다

달에서
무게를 뺍니다

무(無)의 본적
거기
당신만 남았군요

그대.

― 김선영, 「아, 오늘밤 달 찼군요」 전문

4. (가)와 (나)는 동일한 시에 변화를 준 것이다. 둘 중 어느 작품이 시적으로 더 좋은 효과를 거두는지 생각해 보자.

(가)	(나)
아, 파리는 죽음보다 빨리 오는구나	파리는 죽음보다 빨리 온다
살의 구문법은 오뉴월 염천에 썩어가고 있다	살의 구문법은 오뉴월에 썩어간다
한로 지나자 이슬 짙어 은사시 더욱 야위니	한로 지나자 이슬 짙어 은사시 더욱 야위니
서릿발보다 더 빛나는 뼈의 문장을 세워야 할 때 — 박현수, 「한로」 전문	서릿발보다 더 빛나는 뼈의 문장 — 박현수, 「한로」 전문

2. 언어 규범을 이해하기

시적 허용과 문법적 오류

의미 잉여로서의 시적 언어에 대한 이해는 언어에 대한 정확한 이해를 바탕으로 한다. 흔히 '시적 허용'이라는 말로 시에서의 문법적 오류를 변명하기도 한다. 하지만 좋은 시를 쓰기 위해서는 일상 언어의 규칙을 완전하게 이해하고 있어야만 한다. 시라는 것은 그런 규칙의 완전한 이해를 바탕으로, 문법적 초월을 꿈꾸는 언어의 고공비행이다.

우리가 알고 있어야 할 언어의 규칙은 흔히 작문 책에서 요구하는 그런 일반적인 것이다. 다음 문장에서 잘못을 발견하지 못한다면 그는 일단 시의 세계로 들어가기 어려울 수 있다. 언어에 대한 기본적인 감각이 형성되지 않고 있기 때문이다.

(1) 문법을 맡으신 선생들께 올릴 말씀은, 이 책의 체계를 따를진대 비교문법적 교수의 필요가 없으며, 종래의 의구를 버리고 안심할 수 있을 것이라고 저자는 단언하는 바이다.

(2) 대학은 모든 시대와 나라에서 형성된 가장 심오한 진리탐구와 치밀한 과학적 정신을 배양 형성하는 도량(道場)입니다.

(3) 성실한 마음과 튼튼한 몸으로, 학문과 기술을 배우고 익히며, 타고난 저마다의 소질을 계발하고, 우리의 처지를 약진의 발판으로 삼아, 창조의 힘과 개척의 정신을 기른다.

(4) 이번 조사에서 신도시의 거주 환경이 나쁘게 나타난 것은 특히 먼지의 날림이 심하기 때문인 것으로 분석됐다.

(5) 지금도 그녀는 그녀의 마음 깊숙한 근저에 자리 잡은 은폐성을 부수고 자기가 바람직하게 여기고 있는 활달한 성격의 소유자가 되고자 한다.

이와 같은 예는 이미 여러 글쓰기 서적에 자주 등장하는 기본적인 오류들이다. (1)은 주어와 서술어의 부적절한 호응, (2)는 부적절한 접속문, (3)은 문장의 모호함, (4)는 외국어식 표현, (5)는 부적절한 어휘 사용의 예가 된다.

시의 첫 번째 기초는 정확한 언어 사용이다. 이런 바탕이 없는 시 쓰기는 칼 쥐는 법도 모르는 어린아이가 요리를 한다고 나서는 것처럼 무모한 일이다. 시를 제대로 쓰기 위해서는 우리말을 낯설게 느끼는 외국인의 시선으로 늘 언어에 주목하여야 한다. 우리는 한국인으로서 우리말에 너무 친숙하여 우리가 사용하는 말에 크게 신경을 쓰지 않는 경향이 많다. 다음 영어를 번역할 때의 긴장감을 우리말에서 느낀 적은 있는가.

One of the major embarrassments to which lecturers are submitted is the audience's looking at their watches. I once asked John Erskine if he found the ordeal particularly trying.

"No," he replied, "not until they start shaking them!"

첫 문장을 제대로 해석하려면 기본적인 주어와 서술어를 구분해 내어야 한다. 여기에는 서술어로서 'are,' 'is'가 사용되고 있는데 이것은 이 문장에 각각 단수와 복수의 주어가 있음을 암시한다. 어떤 것이 전체 문장의 주어인지 구별해야 한다. 영어를 대할 때처럼 우리말도 이렇게 신경을 쓴다면 언어 감각도 확실하게 향상될 것이다.

시에서 '이 말이나 그 말이나'는 없다

시를 쓰는 데 이런 정도의 기본적인 언어 감각을 요구하는 것이 가혹하다고 생각할 수도 있을 것이다. 다음 노래 가사를 보고 이 노래의 제목이 무엇인지 생각해 보자.

> 너무 진하지 않은 향기를 담고
> 진한 갈색 탁자에 다소곳이
> 말을 건네기도 어색하게
> 너는 너무도 조용히 지키고 있구나.
> 너를 만지면 손끝이 따뜻해
> 온 몸에 너의 열기가 퍼져
> 소리 없는 정이 내게로 흐른다.

이 노래의 제목으로 가장 많이 나오는 것이, '커피(차)'와 '찻잔(커피 잔)'이다. 이 노래의 제목을 맞추는 것이 중요하지 않다. 그러나 그 제목으로 내세운 어휘의 범주가 문제가 되는 것이다. 자신이 선택한 언어가 어떤 범주에 속하는지 알기 위해 사전을 찾아서 그 어휘를 정의해 보라. 이때 다른 친구가 다른 제목을 선택하였다면 어휘의 범주가 얼마나 거리가 있는지 비교해 보는 것도 좋은 방법이 될 것이다.

커피: 1. 커피나무 열매의 씨를 볶아 갈아서 만든 가루.
   2. 커피로 만든 차.
찻잔: 차를 담아 마시는 잔.

커피와 찻잔은 완전히 다른 범주에 속한다. 전자는 '가루'나 '차'라는 분말 형태의 물질이나 액체성 물질이고, 후자는 차를 담는 고체성 물질이다. 이 두 어휘는 전혀 유사성이 없다. 다만 인접성을 지니고 있을 뿐이다. 이런 인접성 때문에 두 어휘를 동일한 어휘라 해서는 안 된다. 시에 있어서 두 어휘의 거리는 이보다 더 멀어질 수 있다.

이 문제와 관련해서는 한 가지만 기억하면 된다. 시를 쓰는 데 있어서 가장 모욕적인 말은, '그 말이 그 말이지 뭐.' 혹은 '이 말이나 그 말이나'라는 말이란 걸. 이것은 언어에 대한 무책임한 대범함을 보여 주는, 시에 있어서 가장 경계해야 말이다.

언어 규범의 사소함

시적 언어의 특수성을 강조하면 할수록 시를 쓰려는 초보자는 언어의 권위에 주눅 들기 쉽다. 그동안 시인이 누려온 '시적 허용'이라는 것도 극히 제한적으로만 사용될 것이다. 그러나 맞춤법이라는 것, 언어 규범이란 것은 우리의 자연스러운 언어 현상에 뒤따라오는 것이다. 그것은 절대로 언어에 앞서 존재한 법은 없었다.

사소한 언어 규범의 위반은 배워서 고쳐 가면 되고, 언어 규범이 자신이 생각하는 시적 표현에 장애가 될 때는 과감히 벗어날 수도 있다. 언어 규범에 주눅 들지 않아야 시적 창조성이 자유롭게 발휘될 수 있다. 다음 작품을 보며 이에 대하여 생각해 보자.

부서진 은비늘이 모여
복귀할 수 없는
원시의 수초를 모래밭에 그리는
하얀 눈물자국.
과학적으로 말하면
이온 결합일 테지만, 미완의 입자들이
손 마주잡고
태양 아래서
날아갈 것은 날아가고
결정을 이룬 무리들이
맛을 낸다.

나의 몸이 싱거운 터라
한줌 집어 상처 위로 뿌리니
잊었던 꿈들이
일제히 강줄기 따라
횃불을 밝힌다.
그것은 하얀 불이었구나
피톨이 불을 당겨
곰팡이 훌씨 둥둥 떠다니며
간이나 위, 뼈 위로 꽃피우는
온몸으로
퍼지는 화염
청청(青青)한 몸이로구나.

― 서영효,「소금에 대하여」 전문

이 작품(1993년 한국일보 신춘문예 당선작)은 소금을 소재로 다룬 시로, 소금에 대한 새로운 인식을 보여 준 작품이라 할 수 있다. 언어 규범과 이 시는 어떤 관련을 지니는가. 시에 대한 다음 평을 보면 그 관련성을 알 수 있다.

> 서영효의 '소금에 관하여'에서 작자는 소금을 "하얀 불"이라고 말하면서 그 불이 온몸에 퍼져 몸을 청청하게 하고 꿈도 되살린다고 한다. 맛도 내고 방부제 노릇을 하는 "세상의 소금"을 떠올리게 하는 작품이다. 다만 맞춤법이 까다롭지 않은 낱말, 그래서 틀리기 어려운 낱말들을 몇 군데서 틀리게 쓰고 있고, 한자 표시 역시 그렇다. 있을 수 있는 실수 같지만 여러 군데서 그러면 의심을 받기 쉽다.
>
> ─ 심사평(김남조, 신경림, 정현종) 부분

아마도 투고 작품의 상태에서 이 작품은 기본적인 맞춤법을 제대로 지키지 못한 모양이다. 그것이 꽤 심각하였기에 이렇게 심사평에서도 지적하고 있는 것이리라. 그러나 심사위원들은 그런 언어 규범의 실수(혹은 무지)보다 시의 참신성을 높이 샀다. 언어 규범보다는 주목할 만한 시의 내적 가치를 더 높이 산 것이다. 언어 규범의 오류는 출판사 편집부에서 잡아 줄 수도 있다. 시에서는 그런 오류조차 가볍게 누르는 시각의 참신성과 형상화의 수준을 획득하는 게 문제인 것이다.

시 창작을 위한 토론

1. 다음 시에서 문법적으로 부자연스러운 부분을 찾아보고, 적절한 표현으로 바꾸어 보자.

   수만호 빛이래야 할 내 고향이언만
   노랑나비도 오잖는 무덤 위에 이끼만 푸르리라.

   슬픔도 자랑도 집어삼키는 검은 꿈
   파이프엔 조용히 타오르는 꽃불도 향기론데

   연기는 돛대처럼 내려 항구에 들고
   옛날의 들창마다 눈동자엔 짜운 소금이 저려

   바람 불고 눈보래 치잖으면 못살이라.
   매운 술을 마셔 돌아가는 그림자 발자취 소리

   숨 막힐 마음속에 어데 강물이 흐르뇨
   달은 강을 따르고 나는 차디찬 강 맘에 드리라.

   수만호 빛이래야 할 내 고향이언만
   노랑나비도 오잖는 무덤 위에 이끼만 푸르리라.

   ― 이육사, 「자야곡」 전문

2. 다음은 박남수 시인의 작품이다. 이 시의 '나'(제목이기도 함)가 구체적으로 무엇을 가리키는지 생각해 보고, 다른 의견과 비교하여 타당성을 따져 보자.

　　나는 떠난다. 청동(靑銅)의 표면에서
　　일제히 날아가는 진폭(振幅)의 새가 되어
　　광막한 하나의 울음이 되어
　　하나의 소리가 되어.

　　인종(忍從)은 끝이 났는가.
　　청동의 벽에
　　'역사'를 가두어 놓은
　　칠흑의 감방에서.

　　나는 바람을 타고
　　들에서는 푸름이 된다.
　　꽃에서는 웃음이 되고
　　천상에서는 악기가 된다.

　　먹구름이 깔리면
　　하늘의 꼭지에서 터지는
　　뇌성(雷聲)이 되어
　　가루 가루 가루의 음향이 된다.

3. 다음 글을 읽고 우리 시에서 이런 기본적인 오류를 범하고 있는 작품이 있는지 찾아보자.

　　이청준, 김원일, 조정래, 김주영, 황석영, 최명희, 윤대녕, 신경숙, 공지영 등 국내 내로라하는 작가들의 글 실수를 지적한 책 「우리말 지르잡기」(문학수첩 刊)가 출간됐다.
　　저자는 1968년 「학원」 편집기자로 출발해 「KBS 여성백과」 편집장에 이르기까지 30여년간 잡지의 취재·편집기자로 일했던 시인 권오운(60)씨. 이번 책은 유명작가들의 문학작품을 비롯해 교과서, 신문, 방송 등에서 잘못 쓰인 우리말의 용례를 조목조목 짚어냈다.
　　저자에 따르면 조정래는 「태백산맥」에서 '공중제비'를 '공중바퀴'라고 썼고, 황석영은 「장길산」에서 "광주를 지날 때 해가 뉘엿뉘엿 떠오르고 있었다"며 지는 해의 모양을 나타내는 부사 '뉘엿뉘엿'을 잘못 사용했다.
　　김주영이 「홍어」에서 "집에 갖다 놓으면, 알을 빼내 놓을 것같이 옹알이를 하고 있는 암탉 두 마리를…"이라고 묘사한 대목에서 '옹알이'는 '아직 말을 못하는 어린아이가 혼자 입속말처럼 자꾸 소리를 내는 짓'을 가리킨다. 저자는 암탉이 알을 겯는 소리는 '골골'이 맞다고 작가에게 일침을 놓았다.
　　최명희는 「혼불」에서 '악머구리'(참개구리)를 '엉머구리'라고 썼고, 신경숙은 「부석사」에서 '무의 잎과 줄기'를 이르는 '무청'의 위에 "새파란 무잎이 아침햇살을 받고…"라고 중복 표현했다.
　　신경숙은 또 「멀리, 끝없는 길 위에」에서 "가난한 여인이 생각에 잠길 때는 발자국을 들고 걸어야…"라고 썼는데 저자는 "발자국을 들고 어떻게 걷나?"라고 묻고 있다.
　　이청준은 「날개의 집」에서 명사에 붙는 '-시'를 형용사인 '하찮다'에 붙여 '하찮시하여'라고 잘못 썼고, 김원일은 「나는 두려워요」에서 "여기저기 얼굴을 내밀며 사부자기댔으나…"라는 문장 중 '사부자기댔으나'는 '사부자기' 나

'사부작댔으나'로 고쳐 써야 옳다는 지적을 받았다.

저자는 윤대녕을 '형용사와 부사를 맘대로 훼손하는 작가'로, 공지영의 소설「인간에 대한 예의」를 '문장에 대한 예의'를 지키지 않는 작품이라고 꼬집었다.

저자는 제약회사 광고문구로 자주 사용될 뿐 아니라 초등학교 4학년 체육 교과서에도 실린 '피로회복'이라는 조어도 문제 삼았다. 피로는 '푸는 것'이지 '회복'할 필요가 없기 때문이다.

많은 사람들이 일상적으로 사용하는 '건강하십시오'도 잘못된 표현의 하나다. '건강하다'는 형용사여서 명령형으로 사용할 수 없기 때문. '아름다우십시오,' '예쁘십시오'가 말이 안 되는 이치와 같다.

저자는 "영어발음을 잘하게 하려고 애 혓바닥 수술까지 시키는 시대에 우리말, 우리글을 갈고 닦는 일이 더욱 어려워지고 있다"면서 "제 말 제 글이나 제대로 하고 나서 영어든 뭐든 하라고 통바리를 놓고 싶어 이 책을 썼다"고 머리말에서 밝혔다.

—「유명작가들도 우리말 제대로 못 쓴다」신문 기사

한 장을 마무리하는 시 한 편 2 | 의미 잉여의 시 쓰기

* 다음 시를 참고하여, 의미 잉여가 잘 드러나는 시를 한 편 써 보자.

저 곳

박형준

공중(空中)이란 말
참 좋지요
중심이 비어서
새들이
꽉 찬
저 곳

그대와
그 안에서
방을 들이고
아이를 낳고
냄새를 피웠으면

공중(空中)이라는
말

뼛속이 비어서
하늘 끝까지
날아가는
새떼

이 시는 여러모로 시적 언어의 특성, 즉 의미 잉여를 풍부하게 지니고 있다. 이 때문에 아주 단순한 형식 속에 몇 안 되는 어휘를 사용하고 있지만, 행간마다 어휘들 사이마다 의미들이 충전되어 구절과 구절, 연과 연 사이에 긴장이 유지되고 있다. 수많은 말로 그 간격을 메운다 해도 여전히 채워지지 않은 의미가 남아 있다. 언외에 더 많은 의미들이 떠다니고 있기 때문이다.

■ 문학청년을 위한 세계 명시 산책 ②

동물의 표정

우리 주변에서 어슬렁거리는 수많은 동물들은 시의 좋은 소재가 되어 왔다. 그럼에도 동물에 대한 시 중에 읽어 볼 만한 것이 그다지 많은 편은 아니다. 대부분 동물 자체의 특성에 주목하기보다는 인간의 이야기를 하기 위해 동물을 수단으로 동원하는 경우가 많기 때문이다. 여기에 소개하는 작품은 동물 그 자체에 주목한 것들인데, 의미 잉여에 주목하여 읽어 보자.

테드 휴즈의 「홰에 앉은 매」
 테드 휴즈는 동물에 대한 치밀하고 섬세한 묘사로 유명한 시인이다. 매에 대해서 노래하는 다음 시를 보자.

 나는 숲의 정상에 앉아 있다, 눈을 감고서.
 활동 중지, 내 갈고리 머리와 갈고리 발 사이에
 속이는 꿈은 없다.
 말하자면, 잠자면서 완벽한 사냥을 연습하고 잡아먹는다.

 높은 나무들의 편리함이여!
 공기의 부력과 태양의 광선은
 내게 유리하다.
 그리고 대지의 얼굴은 내가 검열하도록 치켜 올려져 있다.

 내 발은 거친 나무껍질을 움켜쥐고 있다.
 내 발, 내 양 깃을 만드는 데는

창조의 전부가 들었다.
이제 나는 삼라만상을 내 발에 잡는다.

혹은 날아올라 아주 서서히 삼라만상을 회전시킨다—
모두 내 것이기에 나는 죽인다 마음이 내키면.
내 몸에 궤변은 없다.
내 습관은 대가리를 찢어내는 것이다—

죽음의 분배.
왜냐하면 내 비상의 한 길은
살아 있는 것들의 뼛속을 바로 꿰뚫는 것이므로.
내 권리는 논쟁의 여지가 없다.

태양은 내 뒤에 있다.
내가 시작된 이래 아무 것도 변하지 않았다.
내 눈은 어떤 변화도 허락하지 않았다.
나는 이와 같이 현 상태를 유지하려 한다.

— 테드 휴즈, 「홰에 앉은 매」 전문(이철 옮김)

홰대에 앉은 매의 모습이 리얼하게 그려져 있다. 이 시에 나타나는 묘사가 얼핏 보기에 사진이나 그림과 같은 객관적인 묘사인 것처럼 느껴지지만, 사실은 매의 내면에 대한 설명이다. 그러나 설명의 설득력이 높기 때문에 우리는 사진보다 더 잘 묘사된 것처럼 생각할 뿐만 아니라, 그 속에서 매의 위엄까지도 느끼게 되는 것이다.

D.H. 로렌스의 「뱀」

로렌스는 뱀과 관련된 자신의 경험을 서술하는 방식으로 시를 이끌어 간다.

뱀 한 마리 내 홈통에 왔다.
어느 덥고 더운 날, 더위로 파자마만 입은 나도
물을 마시기 위해.

크고 어두운 카롭나무의 깊고 향내 짙은 그늘 아래
나는 물통을 들고 층계를 내려왔다.
허나 기다려야지, 서서 기다려야지, 그가 나보다 먼저 홈통에 왔기에.

그는 어두운 흙담의 구멍에서 나와
황갈색 부드러운 게으른 배를 끌고 돌 홈통까지 와서
홈통에서 물이 맑게 떨어지는
돌바닥에 모가지를 쉬더니
꼿꼿한 아가리로 물맛을 보고는
꼿꼿한 잇몸으로 부드럽게 물을 마셔 게으르고 긴 몸뚱이 속에 넣었다.
조용히.

누군가가 내 물통에 나보다 먼저 왔기에
두 번째로 온 사람처럼 나는 기다린다.

그는 물을 마시다 머리를 들고, 소처럼
나를 멍하니 쳐다본다. 물 마시는 소처럼.
그리고는 찢어진 혀를 입술에서 내밀어 낼름거리며 잠시 생각하더니
몸을 굽혀 조금 더 마신다.
땅빛 갈색, 대지의 이글거리는 내부에서 나온 땅빛 금색.
시실리의 여름날, 에트나 화산이 연기를 뿜는다.

나를 가르친 목소리는
그가 죽어야 한다고 속삭인다.

시실리에선 까만, 까만 뱀은 해가 없지만 금빛은 독이 있는 것.

내부에서 목소리가 말하기를, 네가 만일 사내거든
몽둥이를 들어 지금 그를 쳐서 죽이라고 한다.

그러나 손님처럼 조용히 내 홈통에 와서 물을 마시고는
만족해서 고마운 표정 하나 없이 평화스럽게
대지의 이글거리는 창자 속으로 가버린
그가 몹시도 좋았다고 나는 고백할까?

그를 죽이지 못한 것은 겁 때문이었을까?
그와 말을 나누고 싶었던 것은 괴벽 때문이었을까?
그토록 영광스러웠던 것은 내가 비천한 까닭이었을까
나는 그토록 영광스러울 수가 없었거니.

그러나 내부의 소리는 여전히 속삭인다.
무섭지 않거든 죽여야 한다고!

나는 정말 무서웠다, 아주 무서웠다.
그러면서도 영광스러웠느니
그가 비밀스런 대지의 어두운 문에서 나와
나의 물을 마신 것이.

그는 물을 맘껏 마시고는
술 취한 사람처럼, 꿈꾸듯 머리를 들어
깜깜한 한밤의 천둥처럼 혀를 날름거렸다.
입맛을 다시듯.
그리곤 하느님처럼 아무도 보지 않으면서 하늘을 두리번거렸다.

그리곤 천천히 머리를 돌려
그리곤 천천히 아주 천천히 꿈꾸듯
느리고 긴 몸뚱이를 끌고는
내 깨진 담을 기어올랐다.

그리곤 저 흉한 구멍 속으로 머리를 박았다.
그리곤 천천히 올라가 꿈틀거리며 구멍 속으로 움직여 갔다.
공포감이, 저 흉한 까만 구멍 속으로 들어가는 데 대한 항의가,
고의적으로 까만 구멍으로 천천히 끌고 들어가는 데 대한 항의가,
그의 등 뒤에서 솟아났다.

나는 주위를 둘러보고 물통을 내려
어색한 막대기를 주워들고
홈통으로 철썩 던졌다.

맞지 않았다고 생각했는데
미처 구멍 속에 들어가지 않은 꼬리 부분이 갑자기 체통 없이 꿈틀거리며
번개처럼 꿈틀하고는 사라져 버렸다.
까만 구멍, 담 정면의 갈라진 틈 속으로
나는 홀린 듯 그쪽을 지켜보았다. 이 강렬하고 조용한 정오에.

나는 곧 후회스러웠다.
얼마나 경멸할 야비하고 비열한 짓인가고.
나를 경멸하고, 저주스런 인간교육의 목소리를 멸시하였다.

나는 남해왕조를 생각하고
내 뱀이 다시 돌아오기를 바랐다.

내게는 그가 왕처럼
추방당한 왕, 지하에서 왕관을 쓰지 못한
곧 다시 왕관을 쓸 왕처럼 보였기 때문.

이리하여 나는 모처럼의 기회를 놓치고 말았다.
생명의 왕과의 기회를,
나는 이제 속죄해야 하느니,
나의 비루한 짓을.

— D.H. 로렌스, 「뱀」 전문(정종화 옮김)

뱀을 보면서 느끼는 내면의 싸움, 즉 뱀에게서 거부하기 힘든 위엄을 느끼는 자신과 그렇게 느끼는 자신에 대한 저항이 이 시의 뼈대가 되고 있다. 그 속에 뱀에 대한 묘사가 살아 있어 긴 시가 전혀 지루하지 않게 느껴진다. 이 시의 장점은 내면의 싸움이 그 자체로 뱀의 본질과 연결된 것처럼 느껴지게 만들었다는 데 있다. 참고로 이 시에 등장하는 남해왕조(南海王鳥)는 신천옹(信天翁)으로도 번역되는 알바트로스라는 새를 가리킨다. '남해왕조'라는 번역은 추방당한 왕이라는 뱀 이미지를 효과적으로 드러내기 위한 배려에서 나온 것 같다.

프랑시스 잠의 「나귀와 함께 천당에 가기 위한 기도」

프랑시스 잠은 세계에 대한 따뜻한 시선을 지닌 시인으로, 그는 특히 나귀를 사랑하여 그에 관한 몇 편의 시를 남기고 있다.

오 주여, 내가 당신에게로 가야만 할 때는,
축제에 싸인 듯 흥겨운 들판에 먼지가 이는 날이
되게 하소서. 이승에서도 늘상 그랬듯이,
한낮에도 별이 총총한 '천당'으로 향하는 길을
마음에 들게 택하고 싶습니다.

나는 지팡이 짚고 한길을 따라
나아갈 것입니다. 그리고 친구인 나귀들에겐,
"나는 프랑시스 잠, '천당'으로 가는 거지,
하느님 나라엔 지옥이 없으니까…"라고 말하겠습니다.
나는 말할 것입니다. "자, 가자, 푸른 하늘의 정다운 친구들아,
갑작스럽게 귀를 움직여 빌붙는 파리와
등에와 벌을 쫓는 가엾고도 사랑스런 짐승들아."라고.

나로 하여금 나귀에 둘러싸여 당신 앞에 나타나게 해 주소서.
나는 이 짐승들을 너무 사랑합니다. 나귀는 머리를
고즈넉이 숙이고, 멈출 때도 당신께서 측은해 하실 만큼
작은 두 발을 가지런히 모아 안전하게 서니까요.
나는 수없이 많은 나귀의 귀를 따라서 당도하겠습니다.
옆구리에 주렁주렁 바구니 찬 나귀들,
곡예사의 마차나 깃털 빗자루와
양철 실은 마차를 끄는 나귀들,
등에 울퉁불퉁한 양철통을 실었거나 가죽 포대같이
통통한 암컷을 옆에 데리고 발을 저는 나귀들,
진물이 엉긴 대로 집요하게 꼬여드는 파리 때문에
푸르죽죽 피가 나는 상처를 감싸려고 작은 바지를 입힌
나귀들을 이끌고, 주여, 나는 당신께 당도하겠습니다.
나귀와 더불어 당신께 나아가게 하여 주소서, 주여.
웃음 짓는 처녀의 살결처럼 매끄러운
버찌가 햇살대는, 우거진 숲 속의 실개천으로
평화로운 가운데 천사가 우리를 인도하게 하옵시고,
영혼들이 살아 머무는 그곳에서
당신의 신성한 시냇물 위에 몸을 기울인 내가
저 영원한 사랑의 투명함 속에 저들의 겸손하고

온화한 가난을 비출 나귀들을 닮게 하여 주소서.
— 프랑시스 잠, 「나귀와 함께 천당에 가기 위한 기도」 전문(김기봉 옮김)

시인은 기도문의 형식을 빌려 나귀에 대하여 찬사를 보내고 있다. 자신과 함께 천국에 갈 수 있는 존재는 지상에 나귀밖에 없다는 찬사다. 그런데 귀를 움직여 파리를 쫓거나 두 발을 가지런히 모으고 서 있는 나귀의 앙증맞은 모습이 제대로 표현되지 않았다면 아마도 이 시는 죽은 기도문이 되고 말았을 것이다.

더 읽어야 할 작품들

동물에 관한 시 중에 더 읽으면 좋을 시를, 일부분이나마 몇 편 더 소개하니 전편을 찾아 읽어 보기 바란다.

이리 온, 내 예쁜 나비야, 사랑하는 이 내 가슴에 발톱일랑 감추고
금속과 마노가 뒤섞인 아름다운 네 눈 속에
나를 푹 파묻게 해주렴.

네 머리와 유연한 등을 내 손가락으로
한가로이 어루만질 적에
전율하는 네 몸 만지는 쾌락에
내 손이 도취할 적에
— 보들레르, 「고양이」 부분(김인환 옮김)

고양이에 대하여 시를 쓰려면 반드시 읽어야 할 보들레르의 작품이다. 보들레르는 이 외에도 고양이에 대한 시를 몇 편 더 남기고 있다.

오, 쾌활한 새 손님이여! 네 소리 일찍 듣고
지금 또 들으니 기쁘구나!

오, 뻐꾹새여! 너를 불러 '새'라 할까
헤매이는 '목소리'라 할까?

풀 위에 누워 있노라면
네 이중의 외침 들린다.
언덕에서 언덕으로 지나는 듯하고
동시에 멀고 가까운 듯.

— 워즈워스, 「뻐꾹새에게」 부분(이재호 옮김)

뻐꾸기를 쾌활한 새로운 손님이라 부르며 경쾌하게 시작하는 이 시는 뻐꾸기에 대한 묘사와 어린 시절의 회상을 잘 조화시킨 작품이다.

바싹 마른 길에서
근사한 도마뱀(악어의
한 퇴화인)이
명상에 잠겨 있는 걸 보았다.
악마의 수도원장의
초록 프록코트,
적절한 거동과
빳빳이 선 깃,
그는 늙은 교수의
슬픈 모습을 하고 있었다.

— 로르카, 「늙은 도마뱀」 부분(정현종 옮김)

로르카의 재치가 돋보이는 동물시이다. 길에서 만난 늙은 도마뱀에 대한 느낌과 생각을 재미있게 풀어 나가고 있다.

3장
인스턴트 시 창작 1
부분 쓰기 - 간편 요리의 시작

요리에 대한 기본적인 준비가 안 되어 있는 상태에서 간단하게 만들 수 있는 요리가 간편 요리이다. 라면처럼 주어진 재료를 바탕으로 자신의 솜씨를 최대한 발휘하는 요리 방식이다. 이는 전문적인 요리와 거리가 있지만, 일단 무엇이라도 만들어 보고 이를 통하여 본격적인 요리의 단계를 이해할 수 있다는 점에서 의미가 있다.

시 창작에 있어서도 가장 중요한 것은 무엇이든 직접 써 보는 것이다. 그러나 아무런 준비도 없이 한 편의 작품을 완성하는 것은 불가능하므로, 기존 시의 일부를 보완하는 방법을 통하여 시의 맛을 조금이나마 느껴 보자.

1. 제목만 잘 붙여도 시가 된다

제목의 다양한 비중

　시의 내용을 이해하여 적절한 제목을 붙여 보는 훈련은 시의 이해와 시 창작의 연습에 매우 유용하다. 그러나 모든 작품이 제목을 붙여 보는 훈련에 적절한 것은 아니다. 시에 있어서 제목이 중요한 역할을 할 때도 있고, 그렇지 않을 때도 있기 때문이다. 시인이 제목에 어떤 의미를 부여하느냐에 따라서 그 비중이 달라진다. 그리고 이것은 시의 우열과는 무관하다. 여기서 다루고자 하는 작품은 제목이 작품의 중요한 구성 요소가 되는 경우를 가리킨다.
　제목이 작품에서 그다지 큰 의미를 지니지 않는 경우는 시 속에 명확하게 드러나는 중심 소재를 제시하거나, 작품 속에 나오는 구절을 발췌해 온 경우를 말한다.

　　밤새 두런두런
　　어느 길을 걸어
　　그 불빛 켜들고들 오셨나
　　푸르스름 밝아오는 새벽 길가에
　　올망졸망

이슬에 함뿍 젖은 흰 초롱 걸어놓고
말없이 돌아서는 등이 보인다.

— 김진경, 「초롱꽃」 전문

    이 작품의 제목은 시의 중심 소재(초롱꽃)를 가리키고 있다. 길가에 피어 있는 초롱꽃이 마치 등불처럼 보인다는 다소 흔한 착상에 바탕을 둔 이 작품은 자세하게 읽지 않아도 그 소재를 짐작할 수 있게 되어 있다. 제목이 그 소재를 더욱 분명하게 확인시켜 주는 역할을 한다. 그럼에도 불구하고 이 시는 상투적이지 않다. 그것은 초롱불을 걸어둔 누군가를 작품에 등장시켜 시적 상황을 새롭게 설정한 점에 있다. "밤새 두런두런" 이야기한 것으로 보아 그 사람은 한 사람이 아니다. '두런두런'은 '여럿이 모여 낮은 목소리로 수선스럽게 혹은 정답게 이야기하는' 소리나 그 모습을 가리키기 때문이다. 마지막에 등장하는 '등'은 어둠 속을 걷는 누군가를 말동무해 주고 돌아가는, 마음이 따뜻한 사람을 가리킨다고 보는 것이 좋을 것이다.

시의 이해력을 요구하는 제목

    이와 달리 제목이 없다면 시의 이해가 불가능할 정도로 시의 구성에 있어서 제목이 결정적인 역할을 하는 경우도 있다. 이것은 두 가지 종류로 나눌 수 있는데, 하나는 시에 대한 정확한 이해력을 측정하는 데 도움을 주는 경우이고, 다른 하나는 독자의 창조력을 측정하는 데 도움을 주는 경우이다.
    먼저 시의 이해력을 요구하는 제목을 사용한 경우로, 김현승의 다음 작품을 들 수 있다.

더러는
옥토에 떨어지는 작은 생명이고저······

흠도 티도,
금가지 않은
나의 전체는 오직 이뿐!

더욱 값진 것으로
드리라 하올 제,

나의 가장 나중 지니인 것도 오직 이뿐!
아름다운 나무의 꽃이 시듦을 보시고
열매를 맺게 하신 당신은,

나의 웃음을 만드신 후에
새로이 나의 눈물을 지어 주시다.

― 김현승,「눈물」전문

  널리 알려진 작품이라 제목을 지워 놓아도 그것을 아는 사람이 많겠지만, 사전 지식이 없다면 이 작품에 있어서 제목('눈물')은 쉽게 유추되지 않는다. 그것은 시인이 제목을 당연한 전제로 놓고 시에서 '이(것)'라는 대명사로 부르며 시작하고 있기 때문이다. 당연한 전제가 되기 때문에 제목을 없애 버린다면 그 의미를 유추하는 데 어려울 수밖에 없다.
  또한 시 전체가 비유적으로 쓰였기 때문에 이 작품에서 제목의 의미를 읽어내는 것도 쉽지 않다. 시인은 눈물을 "더러는/옥토에 떨어지는 작은 생명," "흠도 티도,/금가지 않은/나의 전체," "나의 가장 나중 지니인 것"

이라 말하고 있지만, 이것은 다소 주관적인 표현이라 시인에 대한 선이해가 없다면 완전하게 이해하기 힘들다. 다만 시인이 일반적인 견해와는 달리 눈물을 긍정적으로 보고 있다는 것만은 분명하다. 또한 초월적인 존재로서 '당신'을 등장시키고 있다는 점에서 시인이 종교적인 감정 속에서 대상을 다루고 있다는 점은 다소 짐작할 수 있다. 이 시를 처음 보는 사람이 읽어 내야 할 최소한의 사항도 바로 이것이다. 이를 바탕으로 하여 이해가 이루어질 때 시의 전체에 온전하게 다가갈 수 있다.

이 작품은 기독교 신앙을 지닌 김현승 시인이 어린 자식이 죽고 난 후에 쓴 시로 알려져 있다. 자식을 잃은 슬픔을 종교적 감성으로 극복한 결과가 이 작품에 담겨 있는 것이다. 자식의 상실을 단순한 일회성의 슬픔으로 보는 것이 아니라 미래에 열리게 될 열매를 위한 예비로 보고, 거기에 신의 섭리가 작용하고 있는 것으로 받아들이는 경건함이 이 작품에 가득하다. 그런 신의 섭리의 총화가 바로 '눈물'인 것이다. 선이해가 없는 상황에서 오로지 시 속의 여러 상황을 고려하여 제목으로 '눈물'을 이끌어 내었다면 그 사람은 시를 보는 눈이 밝다고, 즉 시의 이해력이 뛰어나다고 할 수 있을 것이다.

독자의 창의성을 요구하는 제목

다음으로 다룰 것은 독자의 창의성을 요구하는 제목을 사용하는 경우이다. 최승호의 다음과 같은 짧은 작품이 좋은 예가 된다. 어떤 제목이 이 시를 가장 잘 살릴 수 있을지 생각하며 읽어 보자.

　　놀라워라, 조개는 오직 조개껍질만을 남겼다

그럴듯한 제목이 없이 이 구절만으로는 시라고 할 수 없다. 일상적인 경험에서 조개가 조개껍질을 남긴 것이 전혀 놀라운 일이 아니기 때문이다. 그것이 놀라운 것이 되도록 하는 것이 바로 이 시의 제목이 해야 할 일이다. 즉, 제목을 통하여 조개가 조개껍질을 남겼다는 것을 시인처럼 "놀라워라" 하고 극적으로 반응할 수 있는 어떤 것이 여기에 생성되어야 한다.

 제목이 주어지지 않을 때 독자는 이런 표현에 어울릴 수 있는 많은 제목을 생각해 볼 수 있다. 김현승의 「눈물」과 달리, 이런 시는 시인이 붙인 제목과 다른 것도 얼마든지 가능하다는 점에서 독자의 창조력이 개입할 수 있는 부분이 많다. 이 작품에 어울리는 제목을 학생들에게 물어보았을 때 다음과 같은 대답들이 주로 나왔다.

조개구이
조개탄
허물벗기
죽음
여행

 '조개구이'는 조개의 살점이 조개구이 요리가 되어 사라지는 상황을 생각하며 붙인 것으로, 가장 많이 나오는 제목 중의 하나이다. 그러나 조개가 조개구이가 되어 죽는 것이 어떤 점에서 놀라운 일인지 전혀 설득하지 못하기 때문에 그다지 좋은 제목이라 할 수 없다.

 '조개탄'은 '조가비 모양으로 만든 연탄'으로 조개와 직접적인 관련성 없이 형태상의 유사성에서 나온 어휘로 보인다. 이것은 조개가 죽어서 수많은 세월이 흐른 뒤 연탄이 되어 다시 조개 모양으로 탄생했다는 사실을 상기시키기에 '조개구이'보다 내용을 더 의미 있게 만들고 있다. 그러나 시의 내용이 탄생이 아니라 죽음에 초점을 맞추고 있다는 점에서 시와 거리가 있다.

'허물벗기,' '죽음,' '여행' 등은 조개의 죽음에 초점을 맞춘 어휘로 보인다. '허물벗기'는 껍질을 남기고 떠난 존재가 아름다운 존재로 탈바꿈하여 살아가는 상상을 하게 해준다는 점에서 그중 낫다고 할 수 있다. 그럼에도 시인이 느낀 놀라움과는 거리가 있기 때문에 여전히 한계를 지닌다. 앞에 나온 이런 제목들과 시인이 애초에 붙인 '전집'이라는 제목을 비교해 보면 그 한계가 더욱 분명하게 드러난다.

이런 제목 붙이기는 시의 이해력과 창조력 등을 측정할 수 있다는 점에서 시의 기본적 능력을 키우는 데 유용한 방법이라 할 수 있다. 평범한 내용이라도 시의 효과를 극대화시킬 수 있는 제목이 붙는다면, 그 작품의 평가는 달라질 수 있다. 이것이 바로 '조개구이'와 '전집'의 차이일 것이다.

시 창작을 위한 토론

1. 다음 작품의 내용에 가장 잘 어울리는 제목을 말하고, 그 이유를 설명해 보자.

(가)
  칠

  주
  의
  !

(르나르)

(나)

    꽃의 어드레스를 찾는
    두 쪽으로 접은 러브레터

                                                              (르나르)

(다)

    저 서쪽
    타다 남은 하루치의 울음소리

                                                              (박현수)

(라)

    먹지는 못하고 바라만 보다가
    바라만 보며 향기만 맡다
    충치처럼 꺼멓게 썩어 버리는
    그런
    첫사랑이 내게도 있었지

                                                               (서안나)

2. 다음은 황지우 시인의 시 작품이다. 어떤 제목을 붙일 때 시의 내용을 가장 효과적으로 살려 줄 수 있을지 생각해 보자.

    예비군편성및훈련기피자일제자진신고기간
      자 : 83. 4. 1. ~ 지 : 83. 5. 31.

3. 다음은 마르셀 뒤샹(Marcel Duchamp)이라는 예술가가 1917년 뉴욕 앙데팡당전에 '샘'이란 제목으로 출품한 레디메이드 작품이다. 이 제목의 시적 효과에 대하여 평가하고, 더 적절한 것이 있으면 말해 보자.

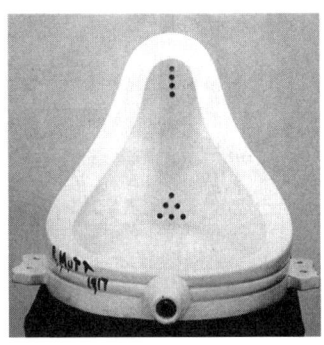

2. 가운데 토막을 새롭게 채우기

봄밤의 정겨운 풍경들

간단하게 시 창작 연습을 하는 방법 중의 하나는 시의 서두와 뒷부분을 살려두고 가운데 부분을 자신의 생각으로 새롭게 메우는 방법이다. 처음부터 한 편의 완성된 시를 쓰기 어려울 때, 좋은 시의 첫 부분과 마지막 부분에 어울리는 가운데 부분을 써 보는 일은 시 쓰기를 부담 없이 시작하는 데 도움이 된다. 다음 작품을 보며 이 문제를 다루어 보자.

나 죽으면 부조돈 오마넌은 내야 돼 형, 요새 삼마넌짜리도 많던데 그래두 나한테는 형은 오마넌은 내야 돼 알았지 하고 노가다 이아무개(47세)가 수화기 너머에서 홍시 냄새로 출렁거리는 봄밤이다.

어이, 이거 풀빵이여 풀빵 따끈할 때 먹어야 되는디, 시인 박아무개(47세)가 화통 삶는 소리를 지르며 점잖은 식장 복판까지 쳐들어와 비닐 봉다리를 쥐어주고는 우리 뽀뽀나 하자고, 뽀뽀를 한 번 하자고 꺼멓게 술에 탄 얼굴을 들이대는 봄밤이다.

좌간 우리는 시작과 끝을 분명히 해야여 자슥들아 하며 용봉탕 집 사장(51

세)이 일단 애국가부터 불러제끼자, 하이고 우리집서 이렇게 훌륭한 노래 들
어보기는 츰이네유 해싸며 푼수 주모(50세)가 빈 자리 남는 술까지 들고 와
연신 부어대는 봄밤이다.

    십이마넌인데 십마넌만 내세유, 해서 그래두 되까유 하며 지갑들 뒤지다 결
국 오마넌은 외상을 달아놓고, 그래도 딱 한잔만 더, 하고 검지를 세워 흔들
며 포장마차로 소매를 서로 끄는 봄밤이다.

    죽음마저 발갛게 열꽃이 피어
    강아무개 김아무개 오아무개는 먼저 떠났고
    차라리 저 남쪽 갯가 어디로 흘러가
    칠칠치 못한 목련같이 나도 시부적시부적 떨어나갔으면 싶은

    이래저래 한 오마넌은
    더 있어야 쓰겠는 밤이다.

— 김사인, 「봄밤」 전문

    이 시는 마지막 구절에 '봄밤이다'는 구절을 반복적으로 삽입하여 리듬
감을 살리며, 다양한 에피소드를 하나의 틀에 묶어 두고 있다. 봄밤에 느
끼는 정취와 사람 사는 맛이 물씬 풍기는 구절들이 '봄밤'이라는 서정적인
색채에 묶이어 완결된 느낌을 준다.

봄밤에 어울리는 구절들

    이 시를 대상으로 가운데 부분에 넣어도 잘 어울릴 한 연을 써 보는 훈
련을 할 수 있다. 여기에서는 시 창작 수업 시간에 학생들이 보여 준 다음

예를 살펴보는 것으로 대신한다.

(가) 시방, 내일 똥강아지들 소풍가는 날인디 이 놈의 하늘을 보아하니 꾸릉꾸릉 거리는거시 어찌 한바탕 뭘 쏟을 분위기란 말여, 시방 내일 소풍가는 날인디, 하고 들뜬 똥강아지들 눈치 보며 둘둘 김밥 마는 봄밤이다.

— 이애진(학생)

(나) 하이고 그래 그 집 딸래미가 무자게 고왔지, 근디 아가 이름이, 하며 더듬거리는 대호사 박 사장 옆에서 연신 사발만 들이키던 황씨가 창숙이, 하고 툭 내뱉고는 이내 안주만 뒤적거리고 있는 봄밤이다.

— 황광욱(학생)

(다) 남천 둑에서 벚꽃 만개할 때 학원 강사 장 아무개(26세)가 강변 포장마차에서 주머니 뒤집어 가며 모은 삼천 원으로 소주 한 병 시키고 술만 주까? 하는 이모의 면박에 고개만 숙이다가 이모가 가져다 준 오뎅국물에 든 오뎅 세 개와 홍합 여덟 마리에 날리던 꽃잎이 볼에 붙어 버리는 봄밤이다.

— 장은철(학생)

(라) 4년지기 대학동기 이 아무개(25세)한테 밥 먹자고 하니 가족식사가 있다고 하고, 또다른 동기 김 아무개(26세)한테 술 먹자고 하니 집에 개 밥 주러 가야 된다고 하는, 갈 곳은 많은데 오라는 곳은 없는, 서러운 봄밤이다

— 유재화(학생)

여기에 선보인 각각의 구절은 모두 원래 시에 잘 어울리는 내용으로 이루어져 있다. 그러나 그 수준이 모두 뛰어나다고 할 수는 없다. 이런 구절들을 비교해 보면서 어느 것이 더 우수한지 따져보고, 자신이라면 어떻게

쓸 것인지 생각해 본다면 시 쓰기의 시작이 어렵지 않게 이루어질 수 있을 것이다.

시 창작을 위한 토론

1. 다음 작품의 앞뒤 구절에 어울리는 내용을 채워 보자.

    엄마야 누나야 강변 살자.

    엄마야 누나야 강변 살자.

— 김소월, 「엄마야 누나야」 부분

2. 다음 작품의 내용에 어울리는 가운데 부분을 써보자.

    한심하고 무능한 측량사였다고 전한다. 아무도 저이로부터 뚜렷한 수치를 얻어 안심하고 말뚝을 꽝꽝 박거나, 울타리를 치거나, 경지정리를 해 본 적이 없다고 말한다. 딴에는 무던히 애를 썼다고도 한다. 뛰어도 한 자, 걸어도 한 자, 슬퍼도 한 자, 기뻐도 한 자가 되기 위해 평생 걸음의 간격을 흐트러뜨리지 않았다고도 한다. 그러나 저이의 줄자엔 눈금조차 없었다고 한다.

> 따뜻하고 유능한 측량사였다고도 전한다.

저이가 재고 간 것은 제가 이륙할 열 뼘 생애였는지도 모른다고 한다. 늘그막엔 몇 개의 눈금이 주름처럼 생겨났다고도 한다. 저이의 꿈은 고단한 측량이 끝나고 잠시 땅의 감옥에 들었다가, 화려한 별박이자나방으로 날아오르는 것이었다고 한다. 별과 별 사이를 재고 또 재어 거리를 지울 것이었다고 전한다.

키요롯 키요롯—느닷없이 날아온 노랑지빠귀가 저 측량사를 꿀꺽 삼켰다 한다. 저이는 이제 지빠귀의 온몸을 감도는 핏줄을 잴 것이라 한다. 다 재고 나면 지빠귀의 목울대를 박차고 나가 앞산에 가 닿는 메아리를 잴 것이라 한다. 아득한 절벽까지 지빠귀의 체온을 전할 것이라고 한다.

— 반칠환, 「자벌레」 부분

3. 화룡점정―마지막 구절의 맛을 살려라

전체 내용을 아우르는 마무리

인스턴트 시 창작의 세 번째 활동은 화룡점정(畵龍點睛), 즉 용의 그림에 생기를 불어넣기 위해 눈에 눈동자를 그려 넣는 연습으로, 시의 마지막 구절을 자신의 생각으로 채우는 활동이다. 이것은 작품의 흐름을 이해하고 그 흐름을 가장 효과적으로 마무리할 수 있는 표현을 찾는 훈련이다. 다음 작품을 예로 들어 이 문제를 다루어 보자.

기침을 하자
젊은 시인이여 기침을 하자
눈 위에 대고 기침을 하자
눈더러 보라고 마음 놓고 마음 놓고
기침을 하자

눈은 살아 있다.
죽음을 잊어버린 영혼과 육체를 위하여
눈은 새벽이 지나도록 살아 있다.

기침을 하자
젊은 시인이여 기침을 하자
눈을 바라보며
....
....

— 김수영, 「눈」 부분

  이 시의 마지막 구절을 효과적으로 완성하기 위해서는 먼저 이 시가 어떤 방식으로 전개되고 있는지 그 흐름을 파악해야 한다. 널리 알려진 대로, 이 작품은 점층적으로 시의 의미를 강조해 나가는 운율감이 풍부한 시다. 이 작품은 '기침을 하자'라는 기본적인 구절에다 다른 구절을 첨가하며 의미를 강조해 가고 있다.

    기침을 하자
    젊은 시인이여 기침을 하자
    눈 위에 대고 기침을 하자
    눈더러 보라고 마음 놓고 마음 놓고 기침을 하자

  이런 흐름을 고려할 때 마지막 생략된 부분에는 점층적인 의미의 강조가 최정점에 올라가는 내용이 와야 한다. 리듬에 있어서 무의미하게 이완될 수 있는 흐름을 인상적으로 마무리할 강렬한 구절이 필요한 것이다. 각자 자연스러운 흐름에 어울리면서 시인이 애초에 썼던 구절보다 더 뛰어난 구절을 만들도록 노력해 보자. 시인이 썼다고 해서 모든 구절이 뛰어난 것은 아니니까. 그리고 그 결과를 다음의 원 구절과 비교해 보자.

    기침을 하자

젊은 시인이여 기침을 하자
눈을 바라보며
밤새도록 고인 가슴의 가래라도
마음껏 뱉자

김수영 시인의 마무리는 전체 내용의 흐름을 인상 깊게 만드는 역할을 잘해 내고 있다. 특별한 내용 전개가 없으면서 리듬이 강조되는 이 시는 이러한 마무리가 최상의 선택이라 할 수 있다.

부분적이면서 포괄적인 마무리

다음 시는 김수영의 「눈」과 다른 시적 흐름을 지닌 작품이다. 어떤 흐름인지 먼저 살펴보고 적절한 마무리 구절을 생각해 보자.

시 한 편에 삼만 원이면
너무 박하다 싶다가도
쌀이 두 말인데 생각하면
금방 마음이 따뜻한 밥이 되네
시집 한 권에 삼천 원이면
든 공에 비해 헐하다 싶다가도
국밥이 한 그릇인데
내 시집이 국밥 한 그릇만큼
사람들 가슴을 따뜻하게 덥혀줄 수 있을까
생각하면 아직 멀기만 하네
시집이 한 권 팔리면
내게 삼백 원이 돌아온다

> 박리다 싶다가도
> 굵은 소금이 한 됫박인데 생각하면
> ....

— 함민복, 「긍정적인 밥」 부분

  일단 이 마지막 구절을 어울리게 마무리하려면 이 시의 흐름이 어떤 식으로 전개되는지를 살펴보아야 한다. 이 작품은 시 한 편의 값(원고료)이 충분하지 않지만, 그래도 다른 것을 생각하면 위안이 된다는 식으로 이루어진다. 그리고 그것의 가치를 다음과 같이 구체적인 사물을 들어 풀어내고 있다.

> 시 한 편 3만 원 → 쌀 두 말 → 따뜻한 밥
> 시집 한 권 3천 원 → 국밥 한 그릇 → 가슴을 덥혀줌
> 시집 인세 3백 원 → 소금 한 됫박 → (　？　)

  이런 흐름을 고려할 때 지금 풀어내야 할 마지막 구절은 '소금 한 됫박'의 가치와 관련이 되어야 한다. 즉, 소금의 심상과 연계된 상태에서 긍정적인 가치를 이야기하는 표현이 필요한 것이다. 다양한 표현이 나올 수 있지만 그것이 소금과 관련되지 않으면 아무리 훌륭한 표현이라 해도 시에 불필요한 구절이 될 것임을 명심해야 한다.

  그리고 시 전체의 끝에 오는 부분이라는 점 때문에 마지막 구절은 한 부분만의 마무리가 되어서도 안 된다. 내용의 흐름이 이 구절로 마무리되고 있다는 느낌을 주는 것이어야 한다. 그래서 이런 마무리는 쉽지 않다. 시인은 다음과 같이 이 시를 매듭짓고 있다. 앞에서 설명한 것이 잘 드러나고 있는지 살펴보자.

시집이 한 권 팔리면
내게 삼백 원이 돌아온다
박하다 싶다가도
굵은 소금이 한 됫박인데 생각하면
푸른 바다처럼 상할 마음 하나 없네

시 창작을 위한 토론

1. 다음의 (가), (나), (다)는 송수권 시인의 「나팔꽃」의 생략된 부분에 어울릴 만한 내용으로 쓴 학생 작품이다. 어느 것이 더 좋은 마무리인지 말해 보자.

바지랑대 끝 더는 꼬일 것이 없어서 끝이다 끝 하고
다음날 아침에 나가보면 나팔꽃 줄기는 허공에 두 뼘은 더 자라서
꼬여 있는 것이다. 움직이는 것은 아침 구름 두어 점, 이슬 몇 방울
더 움직이는 바지랑대는 없을 것이었다.
그런데도 다음날 아침에 나가보면 덩굴손까지 흘러나와
허공을 감아쥐고 바지랑대를 찾고 있는 것이다.
이젠 포기하고 되돌아올 때도 되었거니 하고
다음날 아침에 나가보면

....
....
....

....
— 송수권, 「나팔꽃」 부분

(가) 제 무게 견디지 못해 기울어진 줄기 끝에
　　　기어코 꽃 한 송이 피워내고 만 것이다.

(나) 동녘 햇살까지 꼬옥 움켜진 채
　　　출전을 앞둔 군악대 마냥
　　　나팔을 위로 뻗쳐 올리고 있는 것이다

(다) 나팔꽃 줄기는
　　　수평의 빨랫줄을 주황색으로 움켜쥐고 있었다.
　　　더 이상 허공에 기대지 않기로 한 것이다. 이제
　　　시작이다, 시작 하면서.

2. 다음 시를 마무리할 적절한 내용을 만들어 보자.

　　　-아버지 송지호에서 좀 쉬었다가 가요.
　　　-시베리아는 멀다.
　　　-아버지, 우리는 왜 이렇게 날아야 해요?
　　　-그런 소리 말아라. ....

— 이상국, 「기러기 가족」 부분

3. 내용의 흐름을 고려하여 다음 작품의 마지막 부분을 다른 방식으로 마무리해 보자.

아침 밥상에서 모처럼
익힌 꽃게가 한 마리 통째로 올라와 있었다
꽃게가 담긴 접시를 들고 나는 식탁의
구석진 자리 의자에 가 앉았다
왜 귀퉁이에 들어가 앉고 그래요?
응, 어렸을 때부터 맛있는 것이 있으면
구석진 곳에 가서 먹었거든
개처럼?
비유가 좀 그렇다!
우리는 모처럼 마주 보며 크게 웃었다.

— 나태주, 「개처럼」 전문

한 장을 마무리하는 시 한 편 3 | 부분 쓰기

* 다음 시의 2연을 자신만의 독창적인 방식으로 마무리해 보자.

석양

김충규

거대한 군불을 쬐려고 젖은 새들이 날아간다
아랫도리가 축축한 나무들은
이미 그 쪽으로 방향을 잡았다
매운 연기 한 줌 피어오르지 않는 맑은 군불,
새들은 세상을 떠돌다 날개에 묻혀온
그을음을 탁탁 털어내고 날아간다
깨끗한 몸으로 쬐어야 하는 맑은 군불,
어떤 거대한 혀가 몰래 천국의 밑바닥을 쓱 핥아와
그것을 연료로 지피는 듯한 맑은 군불,
숨 막힐 듯 조여 오는 어둠을 간신히 밀쳐내고 있는 맑은 군불,
그곳으로 가서 새들은 제 탁한 눈알을 소독하고 눈 밝아져
아득한 허공을 질주하면서도 세상 훤히 내려다보는 힘을 얻는다

저 거대한 군불 앞에 놓인 지구라는 제단,
그 제단 위 버둥거리는 사람이라는 것들,
누구의 후식인가
살짝 그슬러 먹으려고 저리 거대한 군불을 지폈나

석양, 노을 이미지는 시가 탄생한 이래 수없이 많은 시인들에 의하여 수없이 다루어져서 식상한 이미지로 타락한 바, 이제 우리 업계(시문학판)에서 퇴출 직전에 놓이게 되었다. 그런데 김충규 시인은 자신의 삶에서 우러나오는, 오래오래 삭혀 곰익을 대로 익은 '군불'이라는 이미지를 통하여 시사에 새로운 노을 이미지를 등록하였다. 제2연은 군불 이미지의 최종 의도를 드러낸다. 만일 이와 다른 방식으로 마무리한다면 어떤 맛이 날까.

■ 문학청년을 위한 세계 명시 산책 ③

사랑과 욕망

사랑과 욕망은 인간을 움직이게 하는 근원적인 힘이다. 사랑은 남녀 간의 감정적 동요가, 욕망은 성적 욕망이 본질이다. 둘은 서로의 원인이고 결과다. 윤리적이거나 형이상학적인 말로 이 본질을 희석시키지 않는 것이 시의 시작이다.

사랑과 욕망이 없다면 인류의 삶은 더욱 단순해졌을 것이다. 그러나 삶을 삶답게 만드는 것도 이것이며, 삶을 짐승처럼 만드는 것도 이것이다. 그러니 어떤 시인인들 이 문제를 비켜 갈 수 있겠는가.

브로드스키의 「사랑에 관하여」

요세프 브로드스키는 부재 때문에 더욱 간절한 어느 사랑에 대해 말하고 있다.

오늘 밤 나는 두 번씩이나 잠에서 깨어났네.
그리고 그때마다 나는 정처 없는 발걸음을 창가로 옮겨 갔네.
말없음표처럼 점점이 흩어진 창백한 가로등의 모습은
토막난 내 잠꼬대를 이어 보려는 안스런 몸짓 같았으나
결국에는 파편처럼 어둠 속으로 스러지고 말았네.

나는 그대가 아기를 갖는 꿈을 꾸었네.
그리고 그토록 오랜 세월을 헤어져 살았음에도
나는 여전히 그대에게 미안한 마음뿐이네.
내 달아오른 손은 내 곁에 누운 그대의

둥그스름한 배를 어루만지고 내 바지와 벽의 스위치를 더듬네.

전등이 밝아지자
나는 그제야 그대를 그만 어둠 속에, 꿈 속에, 남겨 두고 왔음을 알아차렸네.
그곳에서 그대는 우리의 매정한 이별에
대해 나를 원망할 생각도, 나를 야단칠 생각도 않은 채
조용히 내가 돌아와 주기만을 기다리고 있었지.

환한 빛이 주지 못하는 것을 어둠은 회복시킬 수 있기에
그곳 어둠 속에서 우리들은 결혼을 했으며, 축복을 받았네.
그리고 또다시 등이 둘 달린 짐승이 되었네.
아기는 우리가 벌거벗은 몸이 되지 않으면 안 되는
충분한 구실이 되었네.

어느 날 밤, 그대는 다시 내게로 오리라.
지금처럼 지치고 뼈만 앙상한 모습으로
그대는 다시 내게로 오리라.
그맘때면 나는 아직은 이름이 붙여지지 않은
내 딸을, 아니면 내 아들을 보게 되리라
그러나 이번만큼은 스위치로 향하는 나의 손을 거두리라.
두렵고 떨리는 마음으로

그대 눈을 멀게 하고 그대 목소리를 거두어 가는,
그리고 영원히 나의 손이 닿지 않을 진정한 빛을 부인하는
한낮의 눈부신 빛이 만든 그림자처럼
그대를 그렇게 내버려 둘 권리가 내겐 없다는 것을
나는 두렵고 떨리는 마음으로 깨달으리라.

— 브로드스키, 「사랑에 관하여」 전문(박형규 옮김)

자신의 나라 소련에서 직업 없이 놀고먹는 '사회의 기생충'이라는 죄명으로 강제 노동을 하고 급기야는 추방당한 시인. 그는 꿈속에 남겨 둔 사랑을 그리워한다. 불이 켜지면 손 안의 모래처럼 사라져 버리는 그리운 사랑은 그의 추방과 관련된 어떤 사랑일지도 모른다. 그 사랑은 관념적이지 않다. '등이 둘 달린 짐승'은 성적 결합을 의미하는 말로, 셰익스피어의 비극 「오셀로」에 나오는 유명한 말이다. '한 몸이 되었다'는 말보다 얼마나 리얼하고, 얼마나 따뜻한 피가 느껴지는 표현인가!

네루다의 「한 여자의 육체…」

사랑은 육체에 대한 욕망이다. 거기에 어떠한 화려한 수사가 붙을지라도 이것은 움직일 수 없는 근원적인 사실이다. 네루다의 다음 시를 보라.

> 한 여자의 육체, 흰 언덕들, 흰 넓적다리,
> 네가 내맡길 때, 너는 세계처럼 벌렁 눕는다.
> 야만인이며 시골사람인 내 몸은 너를 파 들어가고
> 땅 밑에서 아들 하나 뛰어오르게 한다.
>
> 나는 터널처럼 외로웠다. 새들은 나한테서 날아갔다.
> 그리고 밤은 그 막강한 군단으로 나를 엄습했다.
> 살아남으려고 나는 너를 무기처럼 버리고
> 내 활의 화살처럼, 내 투석기의 돌처럼 버렸다.
>
> 허나 이제 복수의 시간이 왔고, 나는 너를 사랑한다.
> 피부의 육체, 이끼의 단호한 육체와 갈증나는 밀크!
> 그리고 네 젖가슴 잔들! 또 방심으로 가득 찬 네 눈!
> 그리고 네 둔덕의 장미들! 또 느리고 슬픈 네 목소리!
>
> 내 여자의 육체, 나는 네 경이로움을 통해 살아가리.

내 갈증, 끝없는 내 욕망, 내 동요하는 길!
영원한 갈증이 흐르는 검은 하상(河床)이 흘러내리고,
피로가 흐르며, 그리고 가없는 슬픔이 흐른다.

— 네루다, 「한 여자의 육체…」 전문(정현종 옮김)

네루다를 세계적인 시인으로 만든 시다. 한 여자의 육체를 통해 사랑의 본질을 말하고 있다. 사랑에 본질적으로 존재하는 영원한 갈증, 피로, 가없는 슬픔을 이보다 더 피가 뜨거워지도록 표현할 수 있겠는가! 그리고 시골 사나이가 거칠게 여인의 몸을 파 들어가서 "땅 밑에서 아들 하나 뛰어오르게" 하듯이 난데없이 솟아난 구절, "나는 터널처럼 외로웠다. 새들은 나한테서 날아갔다"라는 표현이 주는 감동은 또 어쩌겠는가! 역시 네루다의 시를 이야기할 때 느낌표를 자제하는 일은 어렵다.

로르카의 「부정(不貞)한 유부녀」

그리고 사랑과 욕망의 문제라면 빗나간 욕망이 역시 그 한가운데에 있을 수밖에 없을 것이다. 로르카의 다음 시를 보자.

그래서 나는 그녀가 미혼인 줄 알고
강가로 데리고 갔는데,
허나 그녀는 남편이 있었다.
그날은 성 제임스의 밤이었고
나는 은혜를 받은 기분이었다.
등불들은 꺼지고
귀뚜라미 소리만 환했다.
아주 동떨어진 거리 모퉁이에서
나는 그녀의 잠든 유방을 만졌고,
그러자 그건 히아신스 화서(花序)처럼
홀연히 나한테 열려 왔다.

풀먹인 속치마는
열 자루 칼에 찢긴
비단인 듯이
내 귀에는 그렇게 들렸다.
옆에 은빛 광선을 받지 않고도
나무들은 크게 자랐고
개들의 지평선이
강 저쪽 아주 멀리서 짖어댔다.

산딸기 덤불을 지나고,
갈대밭과 산사시나무숲을 지나,
그녀의 머리 다발 아래
나는 우묵한 자리를 마련했다.
나는 넥타이를 풀었다.
그녀는 옷을 벗었다.
나는 권총이 달린 혁대를 풀었다.
그녀는 네 개의 보디스를 벗었다.
감송(甘松)도 진주조개도
그렇게 좋은 피부를 갖고 있지 않으며,
은잔도 또한
그런 광채가 나지는 않으리라.
그녀의 허벅지는 놀란 물고기처럼
내게서 미끄러져 빠져 나갔다.
반은 불로 넘치고
반은 차가움으로 넘쳐서.
그날 밤 나는
고삐도 안장도 없이
진주 암말을 타고

길 중에 제일 좋은 길을 달렸다.
남자로서, 나는 되풀이하지 않으련다
그녀가 내게 얘기한 것들을.
이해의 빛이
나를 한껏 신중하게 만들었다.
모래와 키스 범벅이 되어
나는 그녀를 강에서 데려왔다.
백합의 칼들이
공기와 싸우고 있었다.

나는 나답게 행동했다.
정통의 집시처럼.
나는 짚색 공단으로 만든
커다란 반짇고리를 그녀한테 주었고,
그리고 사랑에 빠지지 않았다.
내가 그녀를 강가로 데리고 갔을 때
남편이 있으면서도 내게
자기가 미혼이라고 말했으므로.

― 로르카, 「부정(不貞)한 유부녀」 전문(정현종 옮김)

    로르카를 세계적으로 유명하게 만든 시로, 시인 자신도 이 사실을 너무 의아하게 생각했다고 한다. 그러나 시 전편에 넘쳐 나오는 비릿하고 뜨거운 피 냄새가 이처럼 강렬한데, 어찌 이 시가 유명해지지 않을 수 있겠는가! 이 시에서 "남자로서, 나는 되풀이하지 않으련다"를 "남자로서, 나는 떠벌리고 다니지 않으련다"로, "이해의 빛이/나를 한껏 신중하게 만들었다."를 "지혜의 빛이/나를 한껏 신중하게 만들었다."로 고쳐 읽으면 뜻이 더욱 명료해질 것이다.

더 읽어야 할 작품들

사랑과 욕망에 대해서 더 읽어야 할 작품들은 너무나 많다. 그중 다음 세 편만 부분적으로 보여 줄 테니 나머지는 찾아서 읽기 바란다.

> 미라보 다리 아래 센 강은 흐르고
> 우리의 사랑을
> 나는 기억해야 하는가
> 기쁨은 항상 슬픔 뒤에 왔었다
>
> 밤이여 오라 종이여 울려라
> 날들은 가고 나는 머무네
> ― 아폴리네르, 「미라보 다리」 부분(이규현 옮김)

센(Seine) 강 위에 놓인 미라보 다리에서 사랑의 추억을 노래하고 있는 이 시는 사랑을 노래하는 세계 명시에서 빠지지 않는 작품이다. 아폴리네르는 이런 서정시뿐 아니라 칼리그람(calligrammes)이라는 문자 형상을 시도한 실험시로도 유명하다.

> 그러면 우리 갑시다, 그대와 나,
> 지금 저녁은 마치 수술대 위에 에테르로 마취된 환자처럼
> 하늘을 배경으로 펼쳐져 있습니다.
> 값싼 일박여관(一泊旅館)에서 편안치 못한 밤이면 밤마다
> 중얼거리는 말소리 새어 나오는 골목으로 해서
> 굴껍질과 톱밥이 흩어진 음식점들 사이로 빠져서 우리 갑시다.
> ― T.S. 엘리엇, 「J. A. 프루프록의 연가」 부분(이창배 옮김)

이 작품은 사랑에 대한 시로 너무나 유명하다. 하지만 엄청 긴 시라 본문에 소개하지 못하였다. 프루프록이라는 남자의 소심한 사랑이 잘 그려져 있다.

이 부분은 저녁노을을 '에테르에 마취된 환자'에 비유한 것으로 유명하다.

> 나 그대를 사랑한다 사귀어보지 않은 모든 여인들 대신에
> 나 그대를 사랑한다 살아보지 않은 모든 세월 대신에
> 드넓은 바다 냄새와 따뜻한 빵 냄새 대신에
> 첫 꽃들을 피워내기 위하여 녹아가는 눈 대신에
> 사람을 무서워하지 않는 순량한 짐승들 대신에
> 나 그대를 사랑한다 사랑하기 위하여
> 나 그대를 사랑한다 내가 사랑하지 않고 있는 모든 여인들 대신에
> ― 폴 엘뤼아르, 「나 그대를 사랑한다」 부분(김현곤 옮김)

물 흐르듯 연결되는 연상으로 시를 이끌어 가는 엘뤼아르의 연애시다. 호흡이 자연스러우면서도 끊임없이 솟아나는 이미지가 이 시를 생생하게 만든다.

4장
인스턴트 시 창작 2
패러디 – 간편 요리의 시작

라면과 달리 주어진 재료들에 자신의 창의적인 방식을 적용해야 할 간편 요리도 있다. 싱싱한 해산물들과 양념이 포장되어 있는 간편 해물탕이 대표적이다. 끓이는 방식, 재료 첨가를 통하여 새로운 맛을 낼 수 있다는 점에서 조금 더 진보된 간편 요리라 할 수 있다.

시 창작에 있어서 이런 간편 요리는 패러디가 될 것이다. 패러디는 주어진 재료를 자신만의 창의적인 방법으로 다시 창조한다는 점에서 접근하기 쉬운 창작법이다. 여기에서는 기존 문학 작품이나 비문학 자료를 대상으로 패러디를 연습해 본다.

1. 패러디만 잘해도 시가 된다 — 문학작품 패러디

패러디의 의미와 지위 상승

패러디는 '희작(burlesque),' 즉 '장난스러운 창작'과 같은 말로 인식된다. 이 말의 어원은 '어울리지 않은 모방,' '부적절한 모방'이라는 의미를 지니며, 진지한 문학작품이나 문학 장르가 가지고 있는 제재나 태도를 장난스럽고 어긋나게 모방하는 것을 말한다. 패러디에서도 '희작'과 비슷하게 '장난삼아 만든 작품'이라는 의미가 지배적이다.

그러나 패러디는 기존 원작에 대한 '창의적 모방'이라는 점에서 단순한 희작을 넘어선다. 과거에는 패러디가 이미 이루어진 원작을 유사하게 반복한다는 점에서 이것을 본격적인 창작으로 보지 않았다. 그러나 근래에 들어 패러디 작품은 과거의 희작 이미지에서 벗어나서 독립적인 가치를 지닌 창조적 행위의 결과로 인식된다. 패러디의 이런 지위 상승은 탈근대주의, 즉 포스트모더니즘의 유행과 관련이 깊다.

탈근대주의 예술 이론의 중심 개념 중의 하나는 상호 텍스트성(intertextuality)이다.[1] 이것은 '주어진 어느 한 텍스트가 다른 텍스트와 맺고 있는 상호 관계'를 의미한다. 이것은 모더니즘의 대표적인 시인인 T.S. 엘리

---

[1] 이하 상호 텍스트성 관련 내용은 김욱동, 『모더니즘과 포스트모더니즘』(현암사, 1992), 195-200쪽을 참고하였음.

엇이 본격적으로 도입한 개념인데, 그는 "삼류 시인들은 남의 작품을 〈빌려 오지만〉 일류 시인들은 〈훔쳐 온다〉"라고 말한 적 있다. 빌려 오건 훔쳐 오건 창조성이 온전히 자기 자신으로부터 오는 것이 아니라는 생각이 이런 발화에 깔려 있다. 이런 생각의 연장선상에서 크리스테바는 "모든 텍스트(발화)는 마치 모자이크와 같아서 여러 인용문들로 구성되어 있다. 모든 텍스트는 어디까지나 다른 텍스트들을 흡수하고 그것들을 변형시킨 것에 지나지 않는다"고 하였다.

포스트모더니즘의 관점에서 보면 태양 아래에는 새로운 것이 존재하지 않듯이 모든 텍스트는 언제나 그 이전에 이미 존재하고 있던 것을 재결합해 놓은 것에 지나지 않는다. 바르트라는 학자가 말했듯이 옛날의 권위적인 저자라는 개념은 이제 단순한 편집자의 수준으로 떨어져 버렸다. 이것이 바로 〈저자의 죽음〉이라는 것이다.

윌리엄 H. 개스는 "전통적으로 작가들은 초서가 그의 이야기를 남에게서 훔쳐 왔듯이 그들의 이야기를 남한테서 훔쳐 왔다. 또는 그 이야기들은 어느 한 문화나 공동사회의 공유재산으로 생각되었다"라고 지적하였다. 미셸 푸코가 문학작품이나 예술 작품을 일종의 '기록 보관소'로 간주한 것도 이 때문이다.

이런 상호 텍스트성과 그로부터 도출되는 완전한 창조성이라는 개념에 대한 불신이 패러디를 일종의 창조적 행위로 인정하게 만들었다. 이제 독창적인 상상력과 뛰어난 창의력을 지닌 천재의 이미지로서의 '저자'는 죽었다. 탈근대주의자가 보기에 독창적인 창조성이란 낭만주의가 만들어 낸 허구적인 신화에 불과하다. 저자의 본질은 기존의 여러 작품과 자료들을 짜깁기하는 편집자, 혹은 남의 작품을 베끼는 필사자인 것이다. 이것을 창조성이라 믿어 온 것이 그동안의 공인된 약속이었다는 것이다.

장정일, 「꽃」의 패러디

그래서 탈근대적인 시인으로 평가되는 장정일이 김춘수의 「꽃」을 패러디한 작품을 한 편의 시로 당당하게 발표한 것은 그다지 놀라운 일이라 할 수 없다.

(가) 내가 그의 이름을 불러 주기 전에는
　　그는 다만
　　하나의 몸짓에 지나지 않았다.

　　내가 그의 이름을 불러 주었을 때
　　그는 나에게로 와서
　　꽃이 되었다.

　　내가 그의 이름을 불러 준 것처럼
　　나의 이 빛깔과 향기에 알맞은
　　누가 나의 이름을 불러 다오.
　　그에게로 가서 나도
　　그의 꽃이 되고 싶다.

　　우리들은 모두
　　무엇이 되고 싶다.
　　너는 나에게 나는 너에게
　　잊혀지지 않는 하나의 의미가 되고 싶다.

　　　　　　　　　　　— 김춘수, 「꽃」 전문

(나) 내가 단추를 눌러주기 전에는
그는 다만
하나의 라디오에 지나지 않았다.

내가 그의 단추를 눌러주었을 때
그는 나에게로 와서
전파가 되었다.

내가 그의 단추를 눌러준 것처럼
누가 와서 나의
굳어버린 황량한 가슴 속 버튼을 눌러다오.
그에게로 가서 나도
그의 전파가 되고 싶다.

우리들은 모두
사랑이 되고 싶다.
끄고 싶을 때 끄고 켜고 싶을 때 켤 수 있는
라디오가 되고 싶다.

— 장정일, 「라디오와 같이 사랑을 끄고 켤 수 있다면 — 김춘수의 〈꽃〉을 변주하여」 전문

이 작품은 「꽃」의 어투나 구조를 그대로 모방하면서, '나'와 '너'의 관계를 '나'와 '라디오'의 관계로 어긋나게 만들고 있다. 「꽃」은 상호 신뢰와 상호 소통의 관계(대표적으로 '사랑'의 관계)를 중요하게 생각하고 있는데, 그 바탕에는 기표와 기의의 행복한 일치에 대한 믿음이 깔려 있다. 장정일의 시는 이런 엄숙한 생각에 대한 조롱과 그 극복을 시도하고 있다. 라디오를 다루듯 인간관계를 가볍게 생각하는, 즉 자신의 편리에 따라 취사선

택하는 현대의 이기적인 관점을 앞세우며 진정한 인간관계에 대해 반성적으로 생각할 것을 주문하고 있는 것이다. 장정일의 패러디가 지닌 의미를 나름대로 이해할 수 있을 때, 우리는 패러디의 가치를 새롭게 인정할 수 있을 것이다.

시 창작을 위한 토론

1. 다음은 정현종 시인의 「섬」과 이것을 패러디한 작품이다. 어떤 점을 창의적으로 모방하고 있는지 말해 보자.

(가) 사람들 사이에 섬이 있다
    그 섬에 가고 싶다.

— 정현종, 「섬」 전문

(나)   사람들 사이에
        사이가 있었다 그
        사이에 있고 싶었다

    양편에서 돌이 날아왔다

— 박덕규, 「사이」 전문

(다) 미국과 소련 사이에
    섬이 있었다
    나도 그 섬에 태어났다

북한과 남조선 사이에
섬이 있다
나도 그 섬에 가보았다

— 함민복, 「이북 5도민 회관에서」 부분

2. 다음 작품은 어떤 작품들을 패러디하고 있는지 원문을 찾아 비교해 보고, 어떤 점을 창의적으로 모방하고 있는지 말해 보자.

제1의 백인이 걸어가오.
제2의 백인이 걸어가오.
제3의 백인이 걸어가오.
....
....
제13의 백인이 걸어가오.

길은 화려한 데파트먼트 앞 네거리가 적당하오.

제1의 백인이 가슴에 총을 숨겼다 해도 좋소.
제2의 백인이 가슴에 총을 숨겼다 해도 좋소.
제3의 백인이 가슴에 총을 숨겼다 해도 좋소.
....
....
제13의 백인이 가슴에 총을 숨겼다 해도 좋소.

총은 21구경 리벌버 6연발 피스톨이오.

제1의 흑인이 걸어가오.
제2의 흑인이 걸어가오.
제3의 흑인이 걸어가오.
………………………
………………………
제13의 흑인이 걸어가오.

길은 한적한 은행 빌딩 모퉁이가 적당하오.

제1의 흑인이 가슴에 총을 숨겼다 해도 좋소.
제2의 흑인이 가슴에 총을 숨겼다 해도 좋소.
제3의 흑인이 가슴에 총을 숨겼다 해도 좋소.
………………………………………
………………………………………
제13의 흑인이 가슴에 총을 숨겼다 해도 좋소.

그들은 모두 무서워하는 사람과 무서운 사람들뿐이오.

제1의 백인이 "하이" 하고 웃소.
제2의 백인이 "하이" 하고 웃소.
제3의 백인이 "하이" 하고 웃소.
………………………
………………………
제13의 백인이 "하이" 하고 웃소.

제1의 흑인이 "하이" 하고 웃소.
제2의 흑인이 "하이" 하고 웃소.
제3의 흑인이 "하이" 하고 웃소.

....

....

제13의 흑인이 "하이" 하고 웃소.

그들은 그렇게 무서우니까 웃는 사람과 무서워서 웃는
사람들뿐이오.

"하이" 하고 제1의 황인이 걸어가오.

— 오세영, 「부르클린 가는 길」 전문

3. 다음 시가 의미하는 바가 무엇인지 이해한 뒤, 이를 창의적으로 모방한 패러디 작품을 써 보자.

벚꽃 지는 걸 보니
푸른 솔이 좋아
푸른 솔 좋아하다 보니
벚꽃마저 좋아

— 김지하, 「새 봄」 전문

2. 패러디만 잘해도 시가 된다―비문학 자료 패러디

　패러디로 만들어진 문학작품은 이미 명성을 획득한 기존 작품을 대상으로 하기 때문에 일종의 아류작이라는 느낌을 준다. 그런데 패러디 시 창작은 기존 작품뿐 아니라 이 세계의 모든 기성 자료를 대상으로 이루어질 수 있다. 문학작품이 아닌 것을 대상으로 할 때 그 모방은 단순한 모방이 아니라 완전한 창조로서 그 격이 더욱 높아진다. 이때 패러디는 문학작품이 아닌 것을 문학의 경지로 올려놓는 창의적 행위가 되는 것이다. 다음의 주기도문과 이를 패러디한 박남철 시인의 작품을 보자.

(가) 하늘에 계신 우리 아버지여
　　이름을 거룩히 여김을 받으시오며
　　나라이 임하시오며 뜻이 하늘에서 이룬 것 같이
　　땅에서도 이루어지이다.
　　오늘날 우리에게 일용할 양식을 주옵시고.
　　우리가 우리에게 죄 지은 자를 사하여 준 것 같이
　　우리 죄를 사하여 주옵시고
　　우리를 시험에 들게 하지 마시옵고 다만 악에서 구하옵소서.
　　(대개 나라와 권세와 영광이 아버지께 영원히 있사옵나이다 아멘).
　　　　　　　　　　　　　　　　　　　　　　― 주기도문 전문

(나) 지금, 하늘에 계신다 해도
　　도와 주시지 않는 우리 아버지의 이름을
　　아버지의 나라를 섣불리 믿을 수 없사오며
　　아버지의 하늘에서 이룬 뜻도 아버지 하늘의 것이고
　　땅에서 못 이룬 뜻은 우리들 땅의 것임을, 믿습니다.
　　(믿습니다? 믿습니다를 일흔 번쯤 반복해서 읊어 보시오)
　　오늘날 우리에게 일용할 고통을 더욱 많이 내려 주시고
　　우리가 우리에게 미움 주는 자들을 더더욱 미워하듯이
　　우리의 더더욱 미워하는 죄를 더, 더더욱 미워하여 주시고
　　제발 이 모든 우리의 얼어 죽을 사랑을 함부로 평론치 마시고
　　다만 우리를 언제까지고 그냥 이대로 내 버려 둬, 주시겠습니까?

　　대개 나라와 권세와 영광은 이제 아버지의 것이
　　아니옵니다(를 일흔 번쯤 반복해서 읊어 보시오)
　　밤낮없이 주무시고만 계시는
　　아버지시여

　　아멘

　　　　　　　　　　　　　　　　― 박남철, 「주기도문, 빌어먹을」 전문

　(가)는 성서에 나오는 주기도문이다. 여기에는 절대자에 대한 절대적인 신뢰와 귀의가 경건한 어조로 표현되어 있다. (나)는 이런 경건성의 기원이 되는 절대자의 존재 자체를 부정하고 희화화하고 있다. 이를 통해 이 시는 초월적 존재의 허구성과 지상적 가치에 대한 옹호를 드러내고 있다. 이 작품은 기존의 경건한 종교적 대상을 정면으로 부정하고 있다는 점에서 논란을 야기하며 관심을 끌었다. 신성시되는 기존의 자료를 패러디함

으로써 자신이 지닌 세계관을 도전적으로 보여 준 경우라 할 수 있다.

　이처럼 이미 이루어져 있는 세상의 모든 것(특히 언어로 이루어진 것들!)은 패러디 시의 좋은 소재가 될 수 있다. 이때 패러디의 대상이 되는 자료는 단순한 자료가 아니라 이 세계의 비밀을 간직한 암호문이라 할 수 있다. 따라서 시인은 세계의 암호 해독자가 된다. 우리가 모두 본 적이 있지만 아무도 그것이 지닌 중요한 의미를 해독하지 못한 어떤 암호문을 시인이 처음 발견하여 우리에게 알려주는 것이다. 시인이 어떤 암호를 해독하고 있는지 생각하며 다음 작품을 읽어 보자.

　개미란, 개미과의 곤충을 이르는 말로서 몸길이 1mm인 작은 것에서부터 13mm 이상인 것도 있어 종류가 많다 몸 빛깔은 검거나 갈색이고 머리·가슴·배로 구분되며 허리가 잘록하다 여왕개미를 중심으로 질서 있는 집단적 사회생활을 이루며 땅 또는 썩은 나무 속에 집을 짓고 산다 여왕개미와 수캐미에는 날개가 있으나 일개미에는 없다 여왕개미와 수캐미가 발정기에 교미하여 여왕개미와 몇몇 수캐미 그리고 수많은 일개미들을 낳지만 일개미들은 암수 구분이 없어 새끼를 낳지 못한다 일개미는 일평생 일개미일 뿐 절대로 여왕개미와 수캐미가 되지 못한다(법이 그렇다) 일개미는 일평생 오직 일에만 매달리며 전쟁이 나면 일제히 전선으로 투입된다 여왕개미와 수캐미는 일평생 오직 교미를 위한 체력관리에만 신경을 쓸 뿐 전쟁 같은 천한 일에는 일체 눈을 주지 않는다《극지를 제외한 전지구상에 살며 그 수는 1992년 현재 약 500조임》

　사람이란, 가장 진보된 고등동물로서 지능이 높고 두 발로 꼿꼿이 서서 걷는다 말·연모·불을 사용하면서 문화를 만들어내고 사유하는 능력을 지녔다 1500mm인 작은 것에서부터 2000mm 이상인 것도 있어 종류가 많다 몸 빛깔은 검거나 누런 색 또는 흰색이고 머리·가슴·배로 구분되며 허리가 비

대한 것에서부터 잘록한 것까지 있어 종류가 다양하다 권력사람을 중심으로 질서 있는 집단적 사회생활을 이루며 땅 또는 시멘트 속에 집을 짓고 산다 권력사람과 재벌사람이 수시로 야합하여 차세대 권력사람과 재벌사람을 낳으며 일개 말단사람들 역시 암수 구분이 있어 일개 말단사람끼리 수시로 교미하여 새끼를 낳는다 일개 말단사람은 일평생 일개 말단사람으로 썩지 아니하고 노력 여하에 따라 권력사람이나 재벌사람이 될 수도 있다(법이 그렇다) 일개 말단사람은 법이 정한 바 하루 8시간만 일에 매달리며 전쟁이 나면 법이 정한 바 현역과 예비병력에 한해서만 일제히 전선으로 투입된다 권력사람과 재벌사람은 일평생 오직 즐겁고 질서있는 집단적 사회생활의 안녕과 우주평화를 위한 체력관리 및 권력·금력관리에만 신경을 쓸 뿐 전쟁 같은 천한 일에는 일체 눈을 주지 않는다 《극지를 제외한 전지구상에 살며 그 수는 1992년 현재 약 50억임》

  이웃과 함께 하는 즐거운 하루 하루 —
  사람들이 좋다
  OB가 좋다
  　　　　　　　　　— 전광옥, 「개미에게도 동족은 있다 — 자본주의 5」 전문

이 작품은 사전에 나오는 '개미'에 대한 설명을 그대로 가져와서 인간의 상황에다 적용하고 있다. 사람을 개미의 설명에 대입함으로써 인간의 부정적인 면이 희화적(戱畵的)으로 잘 드러나게 했다. 이때 개미에 대한 사전적 설명은 단순히 사전의 한 항목에 불과한 것이 아니라, 인간의 비밀을 넌지시 우리에게 알려주는 암호문이 된다. 시인이 이것을 간파하여 독자에게 제시한 것이다. 마지막의 광고 문구도 마찬가지 역할을 한다. 이런 자료는 주위에 흔하지만 시적 대상으로서 아무에게나 발견되는 것이 아니다. 자료는 새롭게 읽으려는 자에게만 하나의 암호문으로 다가오기 때문이다.

시 창작을 위한 토론

1. 다음 시는 어떤 자료를 패러디의 대상으로 선택하였으며, 이를 통해 말하고자 한 것은 무엇인지 설명해 보자.

    샤를르 보들레르 800원
    칼 샌드버그 800원
    프란츠 카프카 800원
    이브 본느프와 1000원
    에리카 종 1000원
    가스통 바슐라르 1200원
    이하브 핫산 1200원
    제레미 리프킨 1200원
    위르겐 하버마스 1200원

    시를 공부하겠다는
    미친 제자와 앉아
    커피를 마신다
    제일 값 싼
    프란츠 카프카

                              ― 오규원,「프란츠 카프카」부분

2. 다음 자료(컵라면 조리법 안내 문구)를 활용하여 적절한 패러디 시 작품을 만들어 보자.

조리법

뚜껑을 화살표까지 개봉한 후 면위에 분말스프를 넣고 끓는 물(400㎖)을 용기 안쪽 표시선까지 부은 다음 뚜껑을 닫고 약 4분후에 잘 저어 드십시오.
* 나트륨(식염) 섭취를 조절하기 위하여 기호에 따라 적정량의 스프를 첨가하여 조리하십시오
* 물이 뜨거우므로 화상에 주의하세요.
* 간혹 면에 묻어있는 색상은 동봉된 건더기에서 묻어난 것으로 안심하고 드셔도 됩니다.

한 장을 마무리하는 시 한 편 4 — 패러디 시 쓰기

* 다음 작품을 참고로 하여, 패러디 대상(기존 작품이나 각종 자료)을 구하여 이를 패러디하는 시를 써 보자.

서민 생존 헌장

하린

나는 자본주의 중흥의 역사적 사명을 띠고
서민으로 태어났다.
조상의 빛난 가난을 오늘에 되살려,
안으로 불량신용자의 자세를 확립하고,
밖으로 약소국 공영에 이바지할 때다.
이에, 우리의 나아갈 바를 밝혀 생존의 지표로 삼는다.
성실한 출근과 튼튼한 육체로,
저임금 기술을 배우고 익히며,
타고난 저마다의 출신을 계산하여,
우리의 처지를 약진의 발판으로 삼아,
기초수급자의 힘과 월세의 정신을 기른다.
번영과 질서를 앞세우며 일당과 시급을 숭상하고,
비정규직과 아르바이트에 뿌리박은 상부상조의 전통을 이어 받아,
명랑하고 따뜻한 헝그리 정신을 북돋운다.
우리의 창의와 협력을 바탕으로 대기업이 발전하며,
부유층의 융성이 나의 발전의 지름길임을 깨달아,
하청에 하청에 따르는 책임과 의무를 다하여
스스로 잔업 전선에 참여하고 월차를 반납하는 정신을 드높인다.
부자를 위한 투철한 시다발이 따까리가 우리의 삶의 방식이며,
자유주의의 이상을 실현하는 기반이다.
길이 후손에 물려줄 영광된 가난의 앞날을 내다보며,
신념과 긍지를 지닌 근면한 서민으로서,
조상의 궁핍을 모아 줄기찬 노력으로,
새 빈민을 창조하자.

패러디는 단순한 모방을 넘어 자신의 독창적인 시선을 통해 새로운 이야기를 전달할 때 더욱 빛이 난다. 이 시는 오래 전에 많은 학생들이 반강제적으로 암기한 국민교육헌장을 패러디하여 우리 시대 서민의 처지를 다시 돌아보게 한다. 아무리 살아도 삶이 나아지지 않는 서민의 하찮은 삶이 국민교육헌장의 근엄하고 고상한 말투와 만나니, 웃을 수도 울 수도 없는 현실이 더욱 절실하게 다가온다.

■ 문학청년을 위한 세계 명시 산책 ④

풍자와 비판

시인은 나무와 꽃만을 노래하는 것이 아니다. 시인은 현실 문제에 대해서도 관심의 고삐를 늦추지 않는다. 시인 역시 현실 속에서 삶을 살아가야 하기 때문에, 현실의 부조리와 모순, 부자유나 부패 등에 대해 발언할 수밖에 없다.

이런 문제를 다룰 때 시인들은 직설적인 방법으로 시원하게 말하여 독자에게 카타르시스를 주기도 한다. 그러나 대부분 소재가 되는 문제를 효과적으로 전달하기 위해, 우회적이면서도 더 강렬하게 각인되는 표현 방식, 즉 풍자나 비유 등의 시적 전략을 선호한다.

W. 블레이크의 「굴뚝 청소를 하는 아이」

낭만주의적이면서도 신비주의적인 경향을 지닌 영국의 시인 블레이크도 현실 문제에 대해서 무심하지 않았다.

어머니가 돌아가셨을 적에 나는 아주 어렸고,
아버지가 나를 팔았을 적에 내 혓바닥은
울음소리나 낼까 말까 했어요.
그래서 나는 굴뚝을 쓸며, 검정 속에서 잠자지요.

톰 대크르라는 이름을 가진 아이가 있었어요.
그 아이는 양털처럼 곱슬곱슬한 머리를
박박 깎일 때 울었어요, 그래 내가 말했지요.
"울지 마, 톰! 머리를 깎고 나면 검정숯이
너의 흰 머리를 더럽힐 수 없을 거야"

그래서 톰은 조용해졌어요, 바로 그날 밤
잠이 들어서 톰은 보았지요!
굴뚝 청소를 하는 수많은 아이들, 딕, 조, 네드, 잭들이
모두 캄캄한 관 속에 갇혀 있는 모습이었어요.

그런데 빛나는 열쇠를 가진 천사가 와서
관을 열어 모두 자유롭게 해주었지요.
그들은 푸른 들판 아래로 달려, 웃고, 뛰놀며
시냇물에 몸을 씻고, 햇빛 속에 반짝거렸어요.

아이들은 자루도 버려두고, 벌거벗은 하얀 몸뚱이로
구름 위에 서서 바람 속에 까불어댔어요.
그리고 천사는 톰에게 말했어요, 착한 애야
하느님을 아버지로 생각하면 언제나 기뻐질 거야.

그리하여 톰은 잠을 깨고 우리도 어둠 속에 일어났어요.
그러고는 자루와 솔을 들고 우리는 일하러 갔지요.
아침은 차가웠지만, 톰은 기쁘고 따뜻했어요.
그렇게 모두 제 할 일을 하면 아무것도 두려울 게 없어요.
　　　　　　　— W. 블레이크, 「굴뚝 청소를 하는 아이」 전문(김종철 옮김)

　이 시가 나올 당시 영국에서는 어린아이를 굴뚝 청소 노동에 동원하는 비인간적인 문제가 사회적 이슈가 되었다. 서양에서는 벽난로를 사용하는데, 그을음이 눌어붙어 굴뚝이 막히면 연기가 실내로 유입되기 때문에 정기적으로 굴뚝 청소를 해주어야 한다. 그런데 당시 몸집이 작은 어린아이를 시켜 좁은 굴뚝으로 들어가 청소를 하게 하여 문제가 된 것이다. 이 어린이들은 물론 가난 때문에 버려지거나 팔려간 아이들이 대부분이다. 시인은 별다른 설명 없이 어

린아이의 꿈을 통해 어린아이가 누려야 할 기본적인 상황을 생각하게 한다.

W.H. 오든의 「무명 시민」

또 다른 영국 시인 오든은 아주 재미있는 방식으로 현대사회의 대중이 지닌 문제적인 측면을 다루고 있다.

> 그는 통계국에 의해
> 당국에 불만이 없는 사람으로 드러났다.
> 그의 행동에 관한 모든 보고서는
> 진부한 단어의 현대적 의미에서 그가 성인(聖人)이었음에 동의한다.
> 그는 모든 일에서 국가에 이바지했으므로
> 전시를 제외하고는 퇴직할 때까지
> 공장에서 일했고 해고당한 적이 없었고
> 퍼지 회사 사장을 만족시켰다.
> 그러나 그는 불량배가 아니었고
> 이상한 생각을 갖지도 않았다.
> 왜냐하면 그의 조합 보고서에는 그가 회비를 납부했다고 보고하고 있고
> (그의 조합은 건전한 종류의 것이다)
> 사회심리학 연구원들은 그가 동료에게 인기가 있으며
> 술을 좋아했음을 발견했다.
> 신문은 그가 날마다 신문을 구독했다고 믿고 있고
> 또한 광고에 대한 그의 반응은 어느 모로 보나 정상적이었다.
> 그의 명의로 된 증권보험은 그가 보험 가입자임을 입증하고
> 그의 건강 기록부는 그가 한 번 입원했다가 완치 후 퇴원했음을 보여 준다.
> 〈생산자 연구〉와 〈고급 생활〉은 그가
> 할부 제도의 이점을 잘 알고 있었음을 선포한다.
> 그는 현대인에게 필요한 모든 것을 갖추었으니
> 축음기, 라디오, 차와 전기 냉장고.

우리의 여론 조사원들은 그가
시사에 적절한 견해를 지녔음을 흡족해 한다.
평화시엔 그는 평화를 주장했고, 전시에는 출전했다.
그는 결혼하여 인구에 다섯 명을 추가시켰는데
우생학자의 말에 따르자면 그 세대의 부모에겐 적절한 숫자였다고 한다.
또한 선생님들은 그가 아이들 교육에 전혀 간섭하지 않았다고 보고한다.
그는 자유로워졌는가? 그는 행복했는가? 이러한 질문은 쓸데없다.
왜냐하면 무엇인가 잘못된 게 있었다면 확실히 우리는 들었음이 틀림없었으므로.

— W.H. 오든, 「무명 시민」 전문(범대순 옮김)

이 시는 시인이 무명 군인의 묘비에 적힌 헌사를 보고 패러디한 것이라고 한다. 이 작품에는 "- JS/07/M/378에게. 이 대리석 기념비는 국가가 세운 것이다"라는 부제가 달려 있다. 이 영문자와 숫자는 우리나라의 주민등록번호와 같은 것이다. 이것은 현대사회에 만연한 인간의 개성 상실이나 소외 문제를 암시한다. 시 전체의 주제도 이와 동일한 맥락을 지닌다.

브레히트의 「칠장이 히틀러의 노래」

풍자와 비판이라면 브레히트를 빼놓을 수 없다. 그가 독일의 독재자 히틀러를 다루는 방식을 보자.

1
칠장이 히틀러는
말했네, 친애하는 국민 여러분, 나에게 일할 기회를 주십시오!
그리고 그는 갓 만든 회반죽을 한 통 가져와
독일 집을 새로 칠했다네.
모든 독일 집을 온통 새로 칠했다네.

2
칠장이 히틀러는
말했네. 이 신축가옥은 곧 완공됩니다!
그리고 구멍난 곳과 갈라진 곳과 빠개진 곳들
모든 곳을 모조리 발라 버렸다네
모든 똥덩이를 온통 발라 버렸다네

3
오 칠장이 히틀러여
왜 자네는 벽돌장이가 되지 못했나? 자네의 집은
회칠이 비를 맞으면
그 속의 더러운 것들이 다시 드러난다네.
그 똥뒷간 전체가 다시 드러난다네.

4
칠장이 히틀러는
색깔을 빼놓고는 아무것도 배운 바 없어
그에게 정작 일할 기회가 주어지자
모든 것을 잘못 칠해서 더럽혔다네.
독일 전체를 온통 잘못 칠해서 더럽혔다네.

— 브레히트, 「칠장이 히틀러의 노래」 전문(김광규 옮김)

　　시인은 독일 사회 전체를 부정과 부패, 악의 소굴로 만든 히틀러를 칠장이에 빗대어 마음껏 조롱하고 있다. '똥덩이'로 비유된 사회문제를 근원적으로 고치지 않고, 회덧칠하듯이 미봉책으로 일관함으로써 사회 전체를 망쳐버린 히틀러에 대한 비판이다. 그러나 이 시는 그 보편성에 힘입어 히틀러라는 특정 개인의 풍자에 그치지 않고, 모든 나라 정치가에 대한 신랄한 풍자로 읽힌다. "색깔을 빼놓고는 아무것도 배운 바 없"는 것이 독일 정치가만의 문제일까.

더 읽어야 할 작품들

비판적인 현실 인식을 보여 주는 시 중에 몇 편을 소개한다. 관심이 있다면 전편을 찾아보기 바란다.

안 된다, 잠들지 마라! 이 세계의 주재자들이 분주한 동안은!
당신들을 위하여 획득해야만 한다고 주장하는 그들의 권력을 믿지 말라!
당신들의 마음의 공허가 예측될 때, 당신들의 마음이 비어 있지 않도록 깨어 있거라!
유익하지 못한 일을 하라, 사람들이 당신들의 입에서 기대하지 못했던 노래를 불러라!
편안하게 살지 말라, 이 세계의 원동기 속에서 기름이 되지 말고, 모래가 되라!
― G. 아이히, 「꿈」 부분(김광규 옮김)

이것은 아이히의 라디오 방송극 「꿈」에 나오는 시다. 이 작품은 잘못된 방향으로 돌아가는 세계라는 기계가 잘 작동하게 만드는 기름이 되지 말고, 그것을 멈추게 하는 모래가 되라며 독자에게 비판적 현실 인식을 주문하고 있다. 1960년대 서독의 학생운동이 한창일 때, 강렬한 메시지를 담은 이 부분이 하이델베르크 대학 건물 벽에 몇 달 동안 격문으로 씌어 있었다고 한다.

마나님은 더 이상 참을 수가 없었다.
"다찌아나!" 하고 그녀는 말했다. "생각해 봐요! 이게 무슨 꼴이오! 그래 당신은 죽은 아들이 불쌍하지도 않소? 이럴 때 어떻게 식욕이 생긴단 말이오? 어떻게 양배추 국이 목구멍을 넘어갈 수 있담!"
"바아샤는 죽었어요." 노파는 나직이 말했다. 그러자 또다시 비통한 눈물이 우묵 패인 양 볼을 따라 흘러내렸다. "결국 나에게도 끝장이 온 겁니다 ― 생매장을 당한 거나 마찬가지에요. 하지만 양배추 국을 버릴 수는 없어요. 소금을 뿌려두었으니까요."
마나님은 그저 어깨를 흠칫하고 ― 밖으로 나가 버렸다. 그녀에게는 소금처럼 싼 것이 없었던 것이다.

— 투르게네프, 「양배추 국」 부분 (김학수 옮김)

러시아의 시인 투르게네프의 산문시 중 일부다. 아들이 죽은 슬픔에도 불구하고 너무나 비싼 소금이 들어갔기 때문에 양배춧국을 버리지 못하는 노파의 비참한 현실을 다루고 있다.

자기 쾌속선의 크림색 선실에서
닉슨 씨는 지체 말고 출세할 것을 친절히
충고해 주셨다. "평론가에 유의하게!"

"나도 자네처럼 가난했었네.
내가 시작했을 때는 물론
인세의 전도금을 받았지. 처음에는 오십 파운드."라고
닉슨 씨는 말하였다.
"내 말을 듣고 문예란을 담당하게,
무보수라 하더라도."

— 파운드, 「휴 셀윈 모벌리」 부분 (이영걸 옮김)

에즈라 파운드의 장시 「휴 셀윈 모벌리」 중, 「닉슨 씨」라는 시의 일부이다. 닉슨 씨는 문학가로 성공하기 위해서는 전략적으로 문단의 권력을 잡고 연줄을 만들고, 평론가를 구워삶아야 한다는 세속적인 충고를 하는 인물이다. 이런 인물을 통해 시의 본질을 비판적으로 성찰하게 한다.

5장

인스턴트 시 창작 3

발상 연습 – 간편 요리의 완성

모든 것이 주어진 포장 음식물을 적절하게 조리하는 간편 요리에서 한 걸음 더 나아가 보자. 감자 몇 개만을 주고 요리를 하는 경우를 생각해 볼 수 있다. 하나의 주요 재료만이 주어진 상태에서 전체 요리를 구상해 보면 간편 요리 실력은 새로운 단계로 업그레이드될 것이다.

시 창작에 있어서 이와 비슷한 것은 백일장에서처럼 주어진 제재를 하나의 시로 완성하는 경우이다. 이때 그 제재를 어떻게 소화할 것인지, 그리고 그것을 어떻게 풀어 나갈 것인지가 문제이다. 여기에서는 창의적 발상과 그것의 전개에 초점을 맞추어 연습해 보자.

1. 창의적 발상의 몇 가지 방법

시적 발상의 의도적 생성

지금까지 부분적인 쓰기와 패러디를 통하여 시 창작의 첫걸음을 간단하게 연습하여 보았다. 이제부터는 한 단계 더 나아가서 시의 출발점이 되는 창의적 발상을 하는 연습과 이것을 시로 풀어 나가는 간단한 방법에 대하여 다루기로 한다.

시를 쓸 때 소재의 자유로운 선택과 충분한 시간이 주어지는 경우도 있지만 그렇지 않은 경우도 있다. 시인이 특별한 청탁에 의해 시를 쓸 때가 이런 경우에 속하고, 학생일 경우 백일장에서 시를 쓸 때가 여기에 속한다. 이럴 때는 주어진 시간 동안 주어진 제재로부터 의도적으로 시상을 전개시켜야 한다. 그것은 사실상 고통스러운 일이라 할 수 있지만, 시에 있어서 전혀 부자연스러운 경우는 아니라는 점도 기억하여야 한다.

학생의 경우를 예로 들어 설명해 보자. 백일장에서 제재가 주어지면 먼저 시를 시작하게 하는 시적 발상을 의도적으로 생성해야 한다. 발상의 의도적 생성은 제한된 시간 내에 자신의 직접적, 간접적 경험을 총동원하여 독창성을 획득하여야 하는 어려운 일이다. 이런 경우에 중요한 것은 그 소재에 자신의 위액을 잔뜩 묻혀 자신이 소화할 수 있는 대상으로 만드는 능력이다. 자신이 소화할 수 있는 것으로 만들어야 그 소재가 이질적으로 남지 않아 자연스러운 감동을 이끌어 낼 수 있는 것이다. 이 과정은 '시작 과 정 모델'에서 '최초의 시상'을 인위적으로 만드는 단계라 할 수 있다.

'벽'을 바라보는 몇 가지 방법

이때 제재와 관련된 자유연상을 적극적으로 활용하는 것이 도움이 된 다. 그 제재와 관련하여 떠오르는 것을 모두 적어 보고 그중 시적으로 의 미가 있는 것을 선택하여 한 구절의 표현으로 정리해 보는 것이다. 직접적 혹은 간접적 경험이 풍부할수록 이런 과제를 해결하기에 유리하다.

그리고 제재를 정밀하게 살펴보는 것도 도움이 된다. 우리는 수많은 사 물을 대충 보며 살기 때문에 자세하게 살펴볼 때 이전에는 몰랐던 전혀 새 로운 면을 발견하기 쉽다.

가령 '벽'이라는 제재가 주어졌을 경우를 생각해 보자. 우리가 모두 알 고 있는 '벽'의 사전적인 의미는 다음과 같다.

1. 집이나 방 따위의 둘레를 막은 수직 건조물.
2. 극복하기 어려운 한계나 장애를 비유적으로 이르는 말.
3. 관계나 교류의 단절을 비유적으로 이르는 말.
4. 〈공업〉 둘레를 형성하거나 공간을 규정하는 수직의 구조나 골조(骨組).

이런 사전적 의미만으로는 시를 쓰기 어렵다. 시를 쓰더라도 평범하고 상투적인 단계에 머물고 말 것이다. 이것을 풀어 나가기 위해서는 무엇인 가 참신한 시상을 만들어 내어야 한다. 자신만이 발견하고 표현할 수 있는 벽, 자신의 위액으로 소화해 낸 자신만의 벽이 필요한 것이다.

이때 자신의 경험을 적극적으로 뒤지는 방식이 도움이 된다. 벽과 관련 되어 떠오르는 어휘를 두서없이 적어 보는 자유연상의 방식으로 이런 경

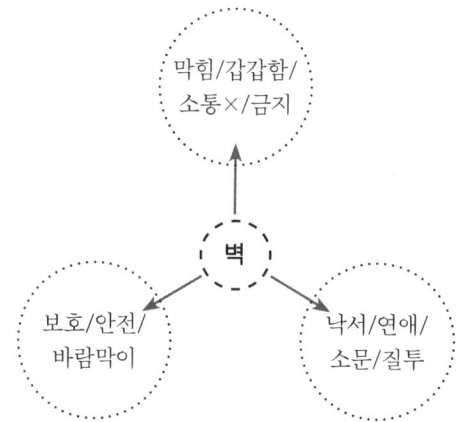

험을 끄집어 낼 수 있다.

  자유연상은 무한하게 퍼져 나갈 수 있다. 이것은 자신의 무의식에 저장된 이미지를 기억하게 하고 새로운 이미지를 촉발시키기도 한다. 의도하지 않고 생각나는 대로 나열하다 보면 그중에 쓸 만한 것이 한두 개 반드시 있게 마련이다. 그것을 잘 선택하여 시상을 정리하면 된다.

  또는 그 소재를 구체적으로 이리저리 살펴보는 것도 도움이 된다. 직접 자신의 눈앞에 있는 벽을 바라보며 마치 세상에 갓 나온 아이가, 혹은 낯선 곳에 도착한 여행객이 생전 처음 보듯이 벽을 바라보는 것이다. 그러면 벽의 새로운 모습이 나타날 것이다(이를 통하여 새로운 자유연상이 시작될 수 있다). 그것을 바탕으로 시를 쓰면 추상적이지 않고 실감 나는 작품이 될 가능성이 높아진다.

  구체적으로 시를 써 나가기 위해서는 이런 발상법을 통하여 얻은 생각을 'A = 무엇'이라는 언어적 표현으로 정리하여야 한다. 이 표현이 시의 실마리가 되는 일종의 시상이다. 앞의 자유연상을 이런 방식으로 표현하면 다음과 같이 된다.

'벽 = 소통 부재의 대상'

'벽 = 바람막이'

'벽 = 낙서'

이것은 '시작 과정 모델'에서 시를 발생시키는 초기 단계로서의 '최초의 시상'이라 할 수 있다. 이렇게 언어적 표현으로 정리되어야 시적 발상이 시 창작 단계에 본격적으로 진입할 수 있다. 시를 전개함에 있어서 이 중에 어떤 것을 고르느냐에 따라 시의 내용과 방향이 달라질 것이다. 중요한 것은 자신이 가장 잘 쓸 수 있는, 그래서 가장 자연스럽고도 신나게 전개할 수 있는 발상을 선택하는 것이다. 그것은 자신이 말할 것이 가장 많은 발상이자, 동시에 사람들이 가장 듣고 싶어 할 발상이기도 할 것이다.

시 창작을 위한 토론

1. 다음은 구두를 소재로 한 작품이다. 각각의 시에 나타난 시적 발상을 '구두 = 무엇'이라는 표현으로 정리해 보자.

(가) 나는 새장을 하나 샀다.
   그것은 가죽으로 만든 것이다
   날뛰는 내 발을 집어넣기 위해 만든 작은 감옥이었던 것

   처음 그것은 발에 너무 컸다
   한동안 덜그럭거리는 감옥을 끌고 다녀야 했으니
   감옥은 작아져야 한다

새가 날 때 구두를 감추듯

새장에 모자나 구름을 집어 넣어본다
그러나 그들은 언덕을 잊고 보리 이랑을 세지 않으며 날지 않는다.
새장에는 조그만 모이통과 구멍이 있다
그것이 새장을 아름답게 하는 것인지도 모른다

나는 오늘 새 구두를 샀다
그것은 구름 위에 올려져 있다
내 구두는 아직 물에 젖지 않은 한 척의 배

한때는 속박이었고 또 한때는 제멋대로였던 삶의 한켠에서
나는 가끔씩 늙고 고집 센 내 발을 위로하는 것이다.
오래 쓰다 버린 낡은 목욕통 같은 구두를 벗고
새의 육체 속에 발을 집어넣어 보는 것이다

— 송찬호, 「구두」 전문

(나) 그에게는 계급이 없습니다

그는 세상에서 가장 좁은 동굴이며
구름의 속도로 먼 길을 걸어온 수행자입니다
궤도를 이탈한 적 없는 그가 걷는 길은
가파른 계단이거나 어긋난 교차로입니다
지하철에서부터 먼 풍경을 지나
검은 양복 즐비한 장례식장까지
그는 나를 짐승처럼 끌고 왔습니다
오늘 나는 기울기가 삐딱한 그를 데리고

수선가게에 갔다가 그의 습성을 알았습니다
그는 상처의 흔적을 숨기기 좋아하고
내가 그의 몸을 닳게 해도 불평하지 않습니다
나는 그와 정면으로 마주한 적은 없지만
가끔 그는 코를 치켜들기 좋아합니다
하마의 입으로 습기 찬 발을 물고 있던 그가
문상을 하러 와서야 나를 풀어줍니다
걸어온 길을 돌아보는 마음으로 그를 만져보니
새의 날개 안쪽처럼 바닥이 움푹 파였습니다
두 발의 무게만큼 포물선이 깊어졌습니다
그의 입에 잎사귀를 담을 만큼
소주 넉 잔에 몸이 가벼워진 시간
대열에서 이탈한 코끼리처럼
이곳까지 몰려온 그들이 서로 코를 어루만지며
막역 없이 어깨를 부둥켜안고 있습니다
취한 그들이 영정사진처럼 계급이 없어 보입니다
그가 그에게 정중한 인사도 없이
주인이 바뀐 지도 모르고
구불구불 길을 내며 집으로 갑니다

― 김성태, 「검은 구두」 전문

2. 앞의 활동을 참고로 하여, 자신의 시적 발상을 찾아 '구두 = 무엇'으로 정리하고, 다른 사람과 비교해 보자.

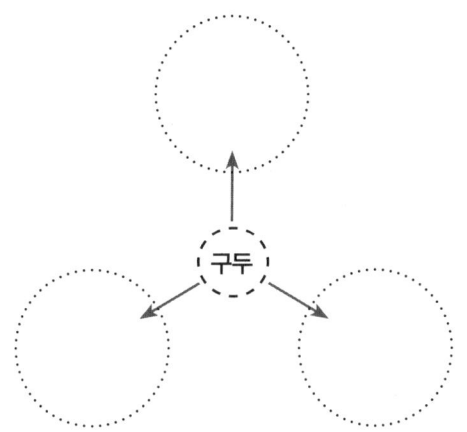

2. 신기한 것만 찾는 것도 병이다

새로움 추구라는 강박관념은 해롭다

처음 시를 쓰는 사람은 자신만의 창조성을 보여 주기 위해 많은 신경을 쓴다. 그래서 세계의 모든 것들을 새롭게 보아야 한다는 강박관념을 갖고, 눈에 띄는 모든 것을 비틀어보려고 애쓴다. 그러나 이런 노력은 사람을 지치게 하여 시 창작을 자포자기의 상태에 이르게 만든다. 새로운 발상을 찾는 일이 즐거움이 아니라 일종의 강박관념이 될 경우, 그것은 오히려 시에 장애가 되는 것이다. 새로운 발상이 중요하긴 하지만, 시에 있어서 가장 중요한 것은 아니다.

― 김병화, 「밥그릇과 무덤 1」

이 작품은 "밥그릇 = 무덤"이라는 발상을 바탕으로 만든 그림시(논란이 있으나 여기서는 이것을 시 작품으로 보자)다. 이것이 하나의 작품으로 평가될 수 있다면 그것은 오로지 그 발상 덕분이라 할 수 있다. 그러나 우연하게 다른 사람이 이 작품과 상관없이 이런 생각을 가질 수도 있다. 이때 김병화 시인이 먼저 표현했다고 해서 이 발상을 포기할 필요는 없다. 다만 그것을 이 작품과는 다른 방식으로 풀어 나가는 것이 문제가 된다.

창의적인 전개 방식이 중요하다

재치 있는 발상법으로 만든 김기림의 「구두」라는 시를 통해 이 문제를 다루어 보자.

> 항로 없는 이 배는 어디로 가나?
> 지금은 시인의 애수를 싣고
> 눈물을 흘리려 한강으로 나가는 길이랍니다.
>
> 선장들이 상륙한 뒤면 배는
> 마루의 부두(埠頭)에서 말없이 다음의 항행(航行)을 기다립니다. 온순한 강아지여.
>
> 길가의 구두 수선인의 독크야드에서까지 거절을 당하면
> 상처를 걸머진 그러나 한때는 화려하던 에나멜 혹은 키드의 군함들은
> 그리스도의 관대한 마음을 가진 쓰레기통이 삼켜버립니다.
> ― 김기림, 「구두」 전문

이 작품은 '구두 = 배'라는 시적 발상을 바탕으로 하고 있다. 지금까

지 알려진 바로는 우리 현대시에서 이런 생각을 가장 먼저 시도한 시인은 김기림 시인이다. 그는 이 발상을 논리적으로 풀어 나가고 있다. 그래서 선장은 구두 주인이 되고, 마루는 부두가 되고, 구두 수선방은 조선소(dockyard)가 되는 것이다. 이 시의 비유 체계를 도표화하면 다음과 같다.

비유 기표	비유 기의
배, 군함	구두
선장	사람
항행	외출
부두	마루
독크야드	구두방

그러나 시적 발상이 너무 공식적으로, 기계적으로 전개되고 있어 지적인 유희만 보여 줄 뿐 독자에게 별다른 감흥을 주지 못하고 있다. 마치 수수께끼처럼 답을 알기 전에는 흥미가 있지만 풀고 나면 시시해지는 것과 마찬가지다. 내용이 빈약하게 보이는 것도 이 때문이다. 한마디로 말하자면, 시적 발상의 독특함 외에 별다른 장점이 있다고 할 수 없다. 이재무 시인의 다음 시는 이와 다른 길을 걷고 있다.

　신발장 속 다 해진 신발들 나란히 누워 있다
　여름날 아침 제비가 처마 떠나 들판 쏘다니며
　벌레 물어다 새끼들 주린 입에 물려주듯이
　저 신발들 번갈아, 누추한 가장 신고
　세상 바다에 나가
　위태롭게 출렁, 출렁대면서
　비린 양식 싣고 와 어린 자식들 허기진 배 채워 주었다

밑창 닳고 축 나간,
옆구리 움푹 파인 줄 선명한,
두 귀 닫고 깜깜 적막에 든,
들여다볼 적마다 뭉클해지는 저것들
살붙이인 양 여태도 버리지 못하고 있다

— 이재무, 「폐선들」 전문

　이 시는 신발을 배에 비유하고 있다는 점, 즉 '신발 = 배'라는 시적 발상을 바탕으로 하고 있다는 점에서, 그리고 버릴 때가 다 된 낡은 신발을 소재로 삼고 있다는 점에서 김기림의 시와 유사하다. 그러나 이재무 시인은 체험에서 우러나오는 살아 있는 표현들을 통해 기본적인 발상을 설득력 있게 만듦으로써 시적 효과를 더욱 극대화시키고 있다.
　이처럼 발상 자체가 반드시 새로워야 할 필요는 없다. 따지고 보면 하늘 아래 새로운 것은 전혀 없다고 할 수도 있기 때문이다. 그렇기 때문에 발상 자체가 새롭지 않더라도 자신만의 새로운 방식으로 풀어 나가는 것이 중요하다. 너무 신기한 발상에만 초점을 맞출 경우, 자신의 삶과 동떨어진 것에만 집착하여 시를 망치게 된다. 일상 속에서 얻은 감동이나 깨달음을 시적 발상으로 끌어안아야 시적 전개에 부자연스러움이나 억지스러움이 생기지 않는다.

시 창작을 위한 토론

1. 다음은 '새로운 행성 발견'이라는 제목으로 인터넷에 회자되었던 사진이다. 실제로 이 사진은 행성이 아니라 프라이팬의 뒷모습을 찍은 것이다.

이런 발상('프라이팬 = 행성')을 시로 쓴다면 어떻게 풀어 나갈지 생각해 보자.

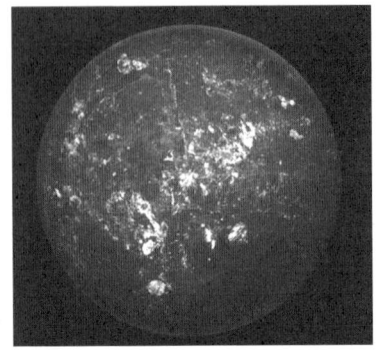 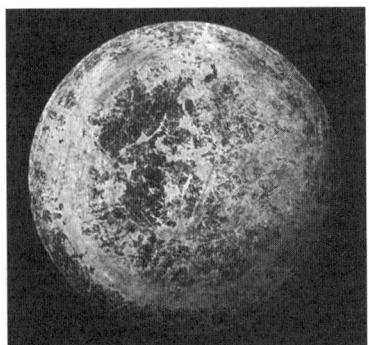

2. 다음 시는 '매미 = 우표'라는 발상을 바탕으로 하고 있다. 동일한 발상을 다른 방식으로 전개해 보자.

> 매미는 우표였다
> 번지 없는 굴참나무나 은사시나무의 귀퉁이에
> 붙어살던 한 장 한 장의 우표였다 그가
> 여름 내내 보내던 울음의 소인을
> 저 나무들은 다 받아 보았을까
> 네가 그늘로 한 시절을 섬기는 동안
> 여름은 가고 뚝뚝 떨어져 나갔을 때에야
> 매미는 곁에 잠시 살다간 더운
> 바람쯤으로 기억될 것이지만
> 그가 울고 간 세월이 알알이
> 숲 속에 적혀 있는 한 우리는 또

무엇을 견디며 살아야 하는 것이냐

모든 우표는 봉투 속으로 들어가지 못한 사연이다

허나 나무여 여름을 다 발송해 버린
그 숲에서 너는 구겨진 한 통의 편지로
얼마나 오래 땅 속에 잠겨 있어 보았느냐
개미떼 올라오는 사연들만 돌보지 말고
그토록 너를 뜨겁게 흔들리게 했던 자리를
한번 돌아보아라 콸콸콸 지금쯤 네 몸에서
강이 되어 풀리고 있을
저 울음의 마디들을 너도 한번
뿌리까지 잡아 당겨 보아야 하지 않겠느냐

굳어지기 전까지 울음은 떨어지지 않는 법이란다

— 김경주, 「나무에게」 전문

3. 시적 발상의 간단한 전개

'벽'을 보는 두 가지 방식

앞에 예를 든 과정을 거쳐 '벽'이라는 제재를 다음과 같이 푼 경우가 있다(물론 이것은 작품을 보고 소급적으로 추리한 것에 불과하다). 시작 과정 모델을 머리에 떠올리며 시적 전개를 짐작해 보자.

   1) 벽 = 소통 부재 → 학교 → 선생님과 학생
   2) 벽 = 지하실 → 습기 찬 벽 → 곰팡이 무늬 → 아쿠아리움

  1)은 선생님과 학생 사이의 넘을 수 없는 소통의 장애를 '벽'으로 보고 있다. 그러나 이것은 추상적이라 구체적인 시상이 아니다. 그 소통 부재의 괴리감을 구체적으로 어떻게 보여 줄 것인가를 나타내는 더 좁은 시상이 필요하다. 이것은 구체적 상황으로 '학교에서 선생님과 학생의 소통 부재'와 같은 것으로 좁혀질 수 있다. 이를 통해 선생님과 학생 간에 질문과 대답이 서로 빗나가는 '동문서답의 상황'이라는 시적 상황 설정이 가능할 것이다. 그리고 구체적인 얼개는 대화의 흐름을 어떻게 만들까를 고민하면 어느 정도 해결될 것이다.
  2)는 자신의 경험을 많이 투영할 수 있는 발상이라 시적 전개를 구체적

으로 진행시킬 수 있다는 장점을 지닌다. '벽'을 '습기 찬 벽'으로 더욱 좁혀 자신만의 벽으로 소화해 내었다. 그리고 습기 찬 벽을 아쿠아리움으로 설정하여 자신의 생각을 충분하게 표현할 수 있는 단계에 도달하였다. 이 점에 이 발상의 장점이 있다. 자신의 구체적 경험(예를 들어 반지하 주택 거주 경험)을 바탕으로 하면 시적 상황 설정과 얼개 구성도 생각보다 손쉬울 수 있다.

'벽'이 시가 된 두 가지 경우

이런 시상의 의도적 획득과 시적 전개를 바탕으로 하여 이루어진 작업이 다음과 같은 결과로 이어졌다면 그것은 대단히 성공적이라 평가할 수 있을 것이다. 실제 작품을 감상해 보자.

(가) 선생: 개집에는 뭐가 살지요?
    아이: 선생님 문제에 답이 있는 걸요.
    선생: 그럼, 내가 답을 얘기했나요?
    아이: 아니요, 답 있는 문제를 얘기했어요.
    선생: 문제에 답이 있어야 하는 건 당연하잖아요.
    아이: 문제에 문제가 있다는 말이에요.
    선생: 난 한 문제만 냈는데….
    아이: 문제는 문제에 있는 게 아니고 선생님에게 있군요.
    선생: 내겐 다른 문제가 정말 많아요.

― 박오수, 「벽」 전문[1]

---

1. 박성수 외, 『형제산고』, 명상출판사, 1992, 247쪽.

(나) 벽에 아쿠아리움이 들어섰다.
　　　계속된 장마를 틈타
　　　습한 벽을 넘어온 물고기들이
　　　우둘투둘한 비늘을 곤두세운 채
　　　물기 젖은 벽을 헤엄쳐 다닌다.
　　　검은 물고기들이 내뱉은 숨이
　　　악취가 되어 방안을 가득 채운다.
　　　헐렁한 내복이 지느러미처럼
　　　갈라진 채 방 안에 걸린 아이
　　　난생처음 보는 아쿠아리움에
　　　아이의 놀란 입이 뻐끔거렸겠다.
　　　손에 들린 몽땅 크레파스로
　　　작은 해초를 하나씩 그려 넣는다.
　　　저녁 어스름이 깨금발을 들고
　　　골목길을 올라올 때쯤
　　　비늘이 다 떨어진 아빠가 문을 연다.
　　　아쿠아리움을 보던 아이가
　　　세차게 지느러미를 흔들며 반긴다.
　　　한 쪽 벽을 가득 채운 아쿠아리움,
　　　버석하게 마른 아빠의 눈동자가
　　　축축하게 젖어 들어간다.
　　　아이는 더 이상 외롭지 않다.

— 전승혜, 「벽」 전문[2]

---

2. 이 작품은 창원대학교 제29회(2011년) 전국 고교생 문예백일장 최우수작이다.

(가)는 재치가 돋보이는 작품이다. 대화의 어긋남이 연쇄적으로 전개되어 유창한 달변을 듣는 듯한 즐거움을 준다. 벽을 선생님과 학생의 대화로 풀어내었지만, 실제 교실에서 벌어진 대화가 아니라는 점에서 다소 관념적으로 만들어진 것임을 짐작해 볼 수 있다. 그럼에도 소통 부재가 성공적으로 그리고 재미있게 표현되었음은 인정하지 않을 수 없다.

(나)는 '벽 = 아쿠아리움'이라는 시적 발상을 중심으로 비유를 파생시켜 나간 작품이다. 비유의 파생이 구체적인 장면을 바탕으로 하고 있어 실감을 느끼게 한다. 습기 찬 벽에 그려진 무늬를 통해 가난의 문제와 그 속에서 형성되는 아이와 아빠의 끈끈한 유대감이 서정적으로 잘 처리되어 있다.

물론 이미 발표된 작품을 대상으로 시적 과정을 역으로 유추한 것이라 설득력에 문제가 있을 수 있다. 그러나 어떤 작품을 이런 식으로 그 과정을 재구성해 보는 것은 시작 과정을 이해하고 시를 창작하는 데 도움이 된다. 이를 통해 자신의 시 창작의 지도를 그려볼 수 있기 때문이다. 특히 시간적으로나 소재 상으로 제한된 조건에서 시를 완성하고자 할 때, 이런 방식을 고려하고 그 과정을 따라 해 보는 것이 도움이 된다.

시 창작을 위한 토론

1. 다음은 '볼펜'을 소재로 창작한 학생 작품이다. 이 작품을 참고하여 볼펜을 소재로 시를 쓰고자 한다. 자유연상을 통하여 시적 발상을 '볼펜 = 무엇'으로 정리해 보자.

   네가 나를 잡으면 나는 과년한 처녀가 된다

달거리가 시작되면 노래를 부르고 싶다 하반신의 피를 왈카닥 쏟으면서 춤을 추는 미친 계집애가 되고 싶다 심술이 나면 개새끼 나쁜 년 욕의 피를 토하고 싶다 슬픔이 나면 누구보다 슬프게 토하고 싶다 누구에게도 지워지지 않는 붉은 색이고 싶다

나는 문란한 처녀이고 싶다 흰 곳이 보이면 무작정 달려가 흘려 제끼고 싶다 형형색색의 고운 피를 흘리고 싶다 세상의 모든 불행들과 추문을 일으키고 싶다 그 중 가장 순결한 불구자와 결혼해서 시(詩)라는 자식을 낳고 싶다 하나 둘 셋 넷 힘닿는 데까지 낳고 싶다

네가 나를 놓으면 나는 폐경기 노파가 된다.

— 이지현(학생), 「달거리 — 볼펜」 전문

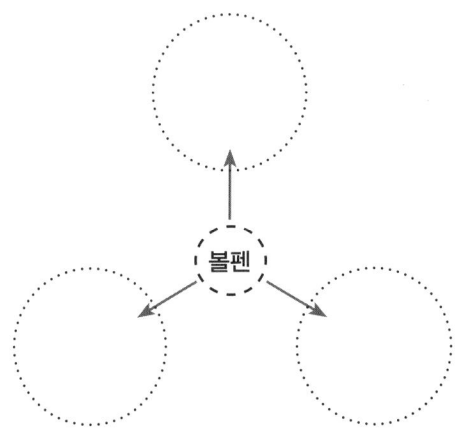

2. 앞의 활동을 참고로 하여, 시작 과정 모델에 입각하여 자신의 시적 발상을 전개하고, 이를 한 편의 시로 완성해 보자.

		최초의 시상
⇩		
		시상의 표현
⇩		
		상황 설정
⇩		
		얼개 구성
⇩		
		퇴고 후 완성

| 한 장을 마무리하는 시 한 편 5 | 시적 발상 살리기 |

* 다음 시를 참고하여, 사물을 소재로 한 시적 발상을 한 편의 작품으로 완성해 보자.

감자의 몸

길상호

감자를 깎다 보면 칼이 비켜가는
움푹한 웅덩이와 만난다
그곳이 감자가 세상과 만난 흔적이다
그 홈에 몸 맞췄을 돌멩이의 기억을
감자는 버리지 못하는 것이다
벼랑의 억센 뿌리들처럼 마음 단단히 먹으면
돌 하나 깨부수는 것 어렵지 않았으리라
그러나 뜨거운 하지의 태양에 잎 시들면서도
작은 돌 하나도 생명이라는
뿌리의 그 마음 마르지 않았다
세상 어떤 자리도 빌려서 살아가는 것일 뿐
자신의 소유가 없다는 것을 감자의 몸은
어두운 땅속에서 깨달은 것이다
그러고 보니 그 웅덩이 속에
씨눈이 하나 옹글게 맺혀 있다
다시 세상에 탯줄 댈 씨눈이
옛 기억을 간직한 배꼽처럼 불거져 있다
모르는 사람들은 독을 가득 품은 것들이라고
시퍼런 칼날을 들이댈 것이다

시인은 '감자'라는 대상을 세밀하게 관찰하여 '감자의 홈 = 세상과 만난 흔적'이라는 시적 발상을 끌어내었다. 이 발상의 전개에 주목해 보자. 먼저 일종의 상처일 수도 있을 그 홈(웅덩이)에서 작은 돌마저 하나의 생명으로 끌어안은 감자의 마음을 읽어 낸다. 그리고 그 상처 속에 맺힌 씨눈을 통해 그 마음이 계속 전해져감과 그것을 알지 못하는 사람들의 천박함을 비판한다. 이를 통하여 단순한 것 같은 발상이 깊이를 획득하고 있다.

■ 문학청년을 위한 세계 명시 산책 ⑤

사물의 내면

　우리는 일상 속에서 수많은 사물들을 접촉하지만 그것을 새롭게 보는 일은 거의 드물다. 그래서 사물에 대한 시를 읽는 일은 문학청년에게 아주 중요한 일이다. 우리 주변에 있는 사물들에 대한 우리의 시선이 얼마나 상투적이었나를 반성하는 데 도움이 되기 때문이다.
　평소 우리의 인식은 자동화되어 사물이 쉽게 지각되지 않는다. 이 때문에 러시아 형식주의자들이 시 쓰기의 본질을 '낯설게 하기'라 불렀는지도 모른다. 상투적인 시선의 자동화된 흐름을 끊고 사물을 직시하는 것, 이것이 사물을 낯설게 보는 방식이다.

　프랑시스 잠의 「식당」
　프랑시스 잠은 사물의 외면보다는 그 내면에 대하여 노래하기를 즐긴다. 다음은 오래된 물건들의 내면에 대한 시다.

　　우리 집 식당에는 윤이 날 듯 말 듯한
　　장롱이 하나 있는데, 그건
　　우리 대고모들의 목소리도 들었고
　　우리 할아버지의 목소리도 들었고
　　우리 아버지의 목소리도 들은 것이다.
　　그들의 추억을 언제나 간직하고 있는 장롱.
　　그게 암 말도 안 하고 있다고 생각하면 잘못이다.
　　그건 나와 이야기를 나누고 있으니까.

거기엔 또 나무로 된 뻐꾹 시계도 하나 있는데,
왜 그런지 소리가 나지 않는다.
난 그것에 그 까닭을 물으려 하지 않는다.
아마 부서져 버린 거겠지,
태엽 속의 그 소리도.
그냥 우리 돌아가신 할아버지들의 목소리처럼.

또 거기엔 밀랍 냄새와 잼 냄새, 고기 냄새와 빵 냄새
그리고 다 익은 배 냄새가 나는
오래된 찬장도 하나 있는데, 그건
우리한테서 아무것도 훔치지 말아야 한다는 것을
알고 있는 충직한 하인이다.

우리 집에 많은 남자들이, 여자들이
왔지만, 아무도 이 조그만 영혼들이 있음을 믿는 사람은
없었다. 그래 나는 빙그레 웃는 것이다,
방문객이 우리 집에 들어오며, 거기에 살고 있는 것이
나 혼자인 듯 이렇게 말할 때에는
― 안녕하신지요, 잠 씨?

— 프랑시스 잠, 「식당」 전문(곽광수 옮김)

시인은 식당에 있는 오래된 물건들에 대해 말한다. 시간의 세례를 받은 장롱, 뻐꾹 시계, 찬장 등은 단순한 사물을 넘어서서 대화가 가능한 하나의 인격체로 인정된다. 사물은 사람처럼 내면, 즉 영혼을 지닌 존재가 되어 시인과 말을 주고받는 것이다. 단순히 생각한다면 사물에 대한 정감을 이런 식으로 표현했다고 생각할 수도 있겠지만, 시인은 어쩌면 그 이상을 마음에 두고 있었는지도 모른다.

네루다의 「소금을 기리는 노래」

파블로 네루다는 우리가 일상 속에서 자주 보는 소금에 대하여 노래한다. 시인의 눈에 띄는 순간 사소한 물질은 새로운 맛을 낸다.

염전의
세이커 속에 있는
소금을 나는 보았다.
당신은
내 말을 믿지 않겠지만,
허나
그건 노래한다.
소금은 노래한다, 염전의
숨겨진 곳,
그건 노래한다
흙으로 메워진
입을 통해.
그 황무지에서
내가
소금
의
목소리를 들었을 때
나는 그 깊은
고독
속에서 몸을 떨었다.
안토화가스타 근처
전체
염전이
말한다:

그건
부서진
목소리,
슬픔에
가득 찬 노래.
그러고는 그 자신의 광산 속에서
소금은 진동한다, 묻힌 빛의
산,
빛이 통과하는 대성당,
파도에 의해 버려진
바다의 수정.

한편 지구 위의
모든 식탁에
소금,
네 영특한
몸이
그 발랄한 빛을
우리 음식
위에
퍼붓는다.
상점들의
옛 배들의
보존자,
너는
대양의
탐험가였고
물거품의 길을 겨우

열며, 미지의 곳으로
제일 먼저 간
물질.
바다의 찌꺼기, 혀는
너로부터 밤바다의
키스를 받는다:
입맛은 소금에 절은 낱낱 조각에서
대양을 알아차리고,
그리하여 아주 작은
지극히 작은
세이커의 물결도
우리한테 집을 가져다 준다
가정적인 백색뿐만 아니라
무한한 것의 내적인 맛을.

— 네루다,「소금을 기리는 노래」전문 (정현종 옮김)

 네루다는 사소한 것들에 대하여 여러 편의 시를 썼다. 이 시도 그중의 하나다. 짧은 시행으로 구성된 긴 시이지만 빛나고도 흥미로운 상상력 덕택에 전혀 지루하게 느껴지지 않는다. 앞부분에서는 소금의 내면에 대하여, 뒷부분에서는 사회문화사적 시각에서 소금을 이야기하고 있다.

프랑시스 퐁주의「굴」

 사물에 대한 시로 프랑시스 퐁주를 빼놓고 이야기할 수 없을 것이다. 그는 시란 '사물의 편'에 서야 한다고 주장하는 시인이다.

 굴은 중간 정도의 조약돌만한 크기로, 겉이 다소 거칠고 색은 고르지 않지만 눈부시게 희끄무레하다. 그것은 고집스럽게 닫힌 세계이다. 하지만 우린 그걸 열 수 있다. 그러기 위해선 헝겊에 싸서 잘 들지 않는 이 빠진 칼로 여러 번 시도해야 한다. 그러다 호기심어린 손가락이 베이고 손톱이 부서진다. 그것은 거친 작업이다. 그것에 가해지는 타격들은 무리진 듯한 하얀 원 모양의 막에 흔적을 남긴다.

그 안에는 모든 세계가 있다. 마실 것과 먹을 것 모두. 자개로 된 창공(정확하게 말해서) 아래엔, 위 천장이 아래로 내려앉아 초록빛 도는 끈적끈적한 주머니 하나. 늪 하나만이 가장자리에 거무스레한 레이스로 술장식을 달고, 후각과 시각을 따라 밀려왔다 쏠려갔다 한다.

때로 아주 희귀한 어떤 양식이 그 자개 목구멍에 맺히고, 우린 곧 장식할 만한 것을 발견한다.

— 프랑시스 퐁주, 「굴」 전문(허정아 옮김)

사물에 대한 시가 대부분 시인의 주관 속에서 사물을 왜곡하고 있다고 비판하는 퐁주는 사물의 시각에서 노래해야 한다고 말한다. 그래서 그는 주관화하지 않는 방법으로 사전적 정의, 객관적 묘사 등을 적극 사용한다. 이 시에서도 조그만 굴의 여러 면모가 냉정한 시선으로, 그러면서도 내밀한 상상력을 자극하는 방식으로 그려지고 있다.

더 읽어야 할 작품들

사물에 대해 노래한 시는 그다지 많지 않다. 대부분의 시가 사람의 문제와 관련된 소재를 많이 취하여, 사물 자체를 독립적으로 다루지 않기 때문이다. 그중에 다음 작품들은 사물에 대한 시로 볼 수 있다.

알맹이들의 과잉에 못 이겨
방긋 벌어진 단단한 석류들아,
숱한 발견으로 파열한
지상(至上)의 이마를 보는 듯하다!

너희들이 감내해 온 나날의 태양이,
오 반쯤 입 벌린 석류들아,

오만으로 시달림받는 너희들로 하여금
홍옥의 간막이를 찢게 했을지라도,

— 발레리, 「석류」 부분(김현 옮김)

석류의 모습을 인상적으로 표현하고 있다. 석류를 최고의 '이마'라 한 것은 그 알맹이들이 머릿속의 찬란한 생각에 비유되었다는 뜻이다.

너 아직도 겁탈당하지 않은 정적(靜寂)의 신부(新婦)여,
너 침묵과 느린 시간의 양자(養子)여,
우리들의 시보다 더 감미로이 꽃다운 이야기를
이처럼 표현할 수 있는 삼림의 역사가여.
무슨 가장자리 잎으로 꾸며진, 신들 혹은 인간들 혹은 둘 다의
전설이 네 모습가에 떠도는가,

— 키츠, 「희랍고병부」 부분(이재호 옮김)

낭만주의 시인 존 키츠가 격정적으로 노래하고 있는 그리스 옛 항아리에 대한 찬사이다. 항아리에 그려진 그림에 초점을 맞추고 있다.

어떤 물질에도 스며 나오는, 강하게 쏘는 향기가 있다.
유리도 파고드는 향기라고 할까
동양에서 만든 작은 함
오만상 찌푸리며 삐걱대는 자물쇠 열어 보면

텅 빈 집 곰팡이 냄새 물씬 나는 혹은
먼지투성이 새까만 어느 옷장을 열면
가끔 옛 추억 간직한 낡은 향수병이 보이고
거기 옛 사람의 영혼 되살아나 생생하게 용솟음친다.

— 보들레르, 「향수병」 부분(김인환 옮김)

향수병에 대해 노래하고 있는 작품이다. 이후의 구절 중에 "침울한 번데기처럼, 그 속엔 수많은 상념이 잠들어" 있다는 구절도 인상적이다. 향수병이 자신의 시집 『악의 꽃』을 의미한다는 해석도 참조할 만하다.

짧은 시, 시상의 포착

한 번에 사로잡는 맛

이제 간편 요리에서 나아가 일품요리에 도전할 단계가 되었다. 일품요리는 맛의 발견이다. 좋은 요리란 재료를 살리는 최고의 맛을 선사하여 먹는 사람으로 하여금 감탄하고 기억하게 만드는 요리다. 오로지 그 맛을 위해 요리의 모든 과정이 바쳐진다.

시 창작에서 그 맛은 시상이라 할 수 있다. 시는 상투적인 소재를 새롭게 발견하게 하는 신선한 시상을 핵심으로 하여 구성된다. 이런 시상을 가장 쉽게 시로 만드는 방식이 짧은 시 쓰기이다. 짧은 시 쓰기는 가장 쉬우면서 가장 어려운 시 창작 방식이다.

1. 시상, 만만치 않은 무게

시상, 깨달음의 요약

시를 쓰기 위해 고민하다 보면 문득 떠오르는 괜찮은 생각이 있다. 이것을 시상이라고 한다. 시상은 시의 씨앗이 성장하여 나타난 순간적인 생각으로, 흔히 간략한 언어적 표현으로 나타난다. 시상이 간단한 형식으로 나타난다고 하여 이것을 만만하게 봐서는 안 된다. 시상은 의식적·무의식적으로 축적된 고민과 사색의 결과가 일종의 깨달음과 같이 나타난 것이다. 그것이 한순간에 나타난 것이라 해서 일종의 우연이라 생각해서도 안 된다. 시상이 지닌 의미는 다음 언급에 잘 나타나 있다.

여러분도 아시다시피 한 개의 시상(詩想)이라는 것은 한 순간에만 의거하는 것은 아니올시다. 또 모든 과거의 상념(想念)들과 전연 무관하게 단독으로 우연히 성립될 수 있는 것도 아니올시다.

가령 미비하나마 졸작 「국화 옆에서」를 예로 들어 말씀드리더라도 여기에는 네 개의 이미지가 중첩되어 있습니다만, 이것들은 어느 하나도 한 순간에 우발적으로 투영된 것에만 의거한 것은 아닙니다.

4연 중 맨 첫 연의 "한 송이의 국화꽃을 피우기 위하여서 봄부터 소쩍새는 그렇게 울었나 보다"의 한 송이의 피어 있는 국화꽃의 색채와 향기의 배후에 봄부터 초가을까지 계속되었던 저 소쩍새의 울음의 음향을 첨가시킬 이미지에는 물론 색채와 음향을 조화시켜 보려는 표현적 의도에 의해서 결정을 보게 된 건 사실입니다마는, 이 한 송이의 국화를 중심으로 하는 이미지가 고정되기까지에는 그 전에 이와 비슷한 많은 상념이 내 속에 이루어지고 인멸하고 다시 이루어지면서 은연중에 지속되어 왔었던 것을 나는 기억합니다.

그 중에 몇 가지를 예를 들어 말씀 드리면, '저 우리 이전의 무수한 인체가 사거(死去)하여 부식해서 흙 속에 동화된 그 골육은 거름이 되어 온갖 풀꽃들을 기르고, 그 액체는 수증기로 승화하여 구름이 되었다가 다시 비가 되어 우리 위에 퍼부었다가 다시 승화하였다가 한다'는 상념이라든지 '한 개의 사람의 음성에는 ― 그것이 청(淸)하건 탁(濁)하건 절실하면 절실할수록 거기에는 반드시 저 먼 상대(上代) 본연의 음성이 포함되리라'는 상념이라든지, '저 많은 거리의 젊은 소녀들은 사거(死去)한 우리 애인의 분화된 갱생(更生)'이라는 환상이라든지 ― 이런 것들입니다.

이러한 여러 가지 상념들은 언뜻 보기엔, 「국화 옆에서」의 첫 연의 시상과는 아무 관계도 없는 것 같기도 하지만, 사실은 그렇지 않습니다. 전 '인체윤회'의 상념이나, 저 '음성(音聲) 원형(原型)'의 상념이나, 저 '애인갱생'의 환각 등은 ― 요컨대 이러한 상념과 환각의 거듭 중복된 습성은, 한 송이의 국화꽃을 앞에 대할 때, '이것은 저 많은 소쩍새들이 봄부터 가을까지 계속해 운 결과려니' 하는 동질의 시상을 능히 불러일으킬 수가 있기 때문입니다. 뿐만 아니라, 또한 제2연의 내용이 되는 국화 개발(開發)의 원인으로서 여름의 천둥소리들을 끌어 올 수도 있는 때문입니다.

— 서정주, 「시작 과정 ― 졸작 「국화 옆에서」를 하나의 예로」에서[1]

시인의 설명에 따르면 '한 송이의 국화꽃'과 '소쩍새'를 연계시킨 이런

---

[1] 서정주, 「시작 과정 ― 졸작 「국화 옆에서」를 하나의 예로」, 서정주, 박목월, 조지훈, 『시 창작법』, 선문사, 1954, 106-108쪽.

시상은 한순간에 우연히 떠오른 것이 아니다. 이 시상의 탄생은 모든 존재가 죽음으로써 끝나지 않고 윤회를 거듭한다는 심오한 생각이 바탕에 놓여 있었기에 가능한 것이다. 서정주 시인은 이런 생각을 영육불멸과 윤회 인연 사상을 바탕으로 하고 있는 우리의 정신적 원형으로서의 '신라 정신'이라 부른다. 즉, 모든 생명은 하나로 고립되어 탄생하는 것이 아니라 우주 전체와 그물망같이 연계된 인과관계에 의해 생성한다는 생각이다.

생사에 대한 깨달음, 「두이노의 비가」의 시작

시상은 이처럼 시인이 의식적으로든 무의식적으로든 오래도록 삭혀 온 생각이 축적되어 나타나는 것이다. 따라서 시상이 그 가치를 지니기 위해서는 한순간의 재치가 아니라 평소의 깊이 있는 생각이 바탕에 놓여야 한다. 시인들의 행사시나 학생들의 백일장 작품들이 한계를 지니는 것도 이 때문이다. 가령 독일 최고의 시 중 하나로 평가 받는 릴케의 「두이노의 비가」의 시상을 보자.

> 내가 이렇게 소리친들, 천사의 계열 중 대체 그 누가
> 내 목소리를 들어줄까? 한 천사가 느닷없이
> 나를 가슴에 끌어안으면, 나보다 강한 그의
> 존재로 말미암아 나 스러지고 말 텐데. 아름다움이란
> 우리가 간신히 견디어내는 무서움의 시작일 뿐이므로.
>
> — 릴케, 「두이노의 비가」 부분[2]

이것은 1912년 하순에 시작하여 1922년 2월 26일에 완성되었다는, 10

---

2. 라이너 마리아 릴케, 김재혁 옮김, 『두이노의 비가 외 — 릴케전집 2』, 책세상, 2000, 443쪽.

년이 넘게 걸린 대작 「두이노의 비가」라는 작품의 탄생을 가져온 구절이다. 이것은 릴케가 이탈리아 어느 후작 부인 소유의 두이노 성 절벽 아래를 산책하다가 바람결에 들려온 소리를 그대로 받아 적었다는 구절이다. 유한한 인간과 초월적인 존재인 천사의 대립을 강렬하고도 웅장하게 보여주는 이 구절은 인간 존재의 본질에 대한 릴케의 심오한 고민이 없었다면 절대 탄생하지 않았을 것이다. 이때 천사는 인간의 한계를 극명하게 보여주는 존재이다. 릴케의 천사는 이에 대해서 수많은 검토와 해설이 시도되었을 정도로 난해함과 심오함을 품고 있는 개념이다. 이 천사의 의미에 대해서는 릴케 자신의 다음과 같은 해설을 참조할 수 있다.

> 그렇습니다. 여기(「두이노의 비가」: 인용자)에서는, 젊은 말테가 '긴 학습'이라는 옳고 힘든 과정에서도 아직 이르지 못한 삶의 '긍정'이 이루어지고 있는 것입니다. 삶의 긍정과 죽음의 긍정은 하나라는 것이 「비가」 안에서는 입증되고 있습니다(강조는 원문의 것임. 이하 동일). 여기에서 경험되고 찬미되기로는, 다른 편을 인정하지 않고 한 편만을 인정한다는 것이 결국 모든 무한한 것을 배제하는 제한이라는 사실입니다. 죽음은 우리로부터 방향을 돌린, 우리의 빛이 미치지 않는 삶의 한 면입니다. 우리는 두 개의 제한되지 않는 영역에서 살고 있는 우리의 현존재의 가장 위대한 의식(意識)을 성취해내도록 시도해야 합니다. 그것은 두 영역으로부터 다함없이 부양되고 있는 것이기에…. 진정한 삶의 형상은 두 영역에 걸쳐 있습니다. 가장 커다란 순환의 피가 두 영역을 통해서 돌고 있습니다. 하나의 이승도 없고 하나의 저승도 없으며, 커다란 통일이 있을 뿐입니다. 이 통일 안에서 우리를 뛰어넘는 존재, '천사들'이 살고 있습니다. 그리하여 이제는 사랑의 문제의 상황도 그보다 더 큰 다른 반쪽만큼 확대되어 이제 비로소 완전한, 이제 비로소 온전한 세계 안에 있게 된 것입니다.[3]

---

3. 라이너 마리아 릴케, 안문영 옮김, 『두이노의 비가/오르페우스에게 바치는 소네트』, 문학과지성사, 1991, 124쪽.

이 천사의 등장은 "삶의 긍정과 죽음의 긍정은 하나"라는 릴케의 깨달음을 바탕으로 하고 있다. 이승과 저승은 통일된 하나인데 우리 인간은 스스로의 한계 때문에 그런 통일을 인식하지 못하고 있으며, 이 통일을 성취하고 있는 존재가 바로 천사라는 것이다. 이런 관점에 따르면 인간은 가시적인 세계에만 집착하는 낮은 차원의 존재로서 초월적인 천사를 통해 새로운 가능성을 꿈꾸어야 하는 임무를 지니는 존재가 된다. 이를 통해 릴케가 인간 존재의 근원적 한계와 가치에 대해 얼마나 고민하였는지를 짐작할 수 있다. 바로 이런 고민을 바탕으로 앞에 제시한 웅장한 시상이 탄생한 것이다.

　시상은 이처럼 만만한 것이 아니다. 그렇다고 하여 이런 깊이 있는 생각만이 시상이 된다고 생각하여 미리 겁내거나 주눅들 필요는 없다. 우리가 생각하는 모든 것은 그 나름의 깊이가 있는 것이다. 다만 그것의 가치를 발견할 안목과 지식, 그리고 감각이 모자랄 뿐이다. 그래서 좋은 시인이 되기 위해서는 우선 시를 산출하는 시인의 자질을 먼저 갖추어야 한다는 부담감을 일생 동안 가져야 한다. 누구나 인정하다시피 좋은 시는 절대 손끝에서 탄생하지 않기 때문이다.

시 창작을 위한 토론

1. 다음 시를 쓴 시인은 이 시의 시상이 허무주의에 기반을 두고 있다고 설명한 적이 있다. 어떤 점에서 그런지 시를 읽고 생각해 보자.

　　영화는 끝났다
　　예정대로 조연들은 먼저 죽고

에이허브 선장은 마지막에 죽었지만
유일한 생존자
이스마엘도 이제는 간 곳이 없다
남은 것은 다만
불이 켜져 그것만 커다랗게 드러난
아무것도 비쳐주지 않는 스크린
희멀건 공백
그러고 보니 모비 딕 제놈도
한 마리 새우로
그 속에 후루룩 빨려가고 말았다
진짜 모비딕은
영화가 끝나고 나서야 이렇게
만사를 허옇게 다 지워버리는
그리하여 공백으로 완성시키는
끔직한 제 정체를 드러낸다

― 이형기, 「모비 딕」 전문

2. 자신의 수첩이나 메모지에 적어 두었던 시상을 찾아 적어 보고, 이것이 자신의 어떤 근원적인 생각과 연계되어 있는지 설명해 보자.

* 시상의 메모:
* 연계된 생각:

2. 시상은 실마리에 불과하다

광고 카피는 시가 아니다

하나의 시상을 얻었다면 한 편의 시를 창작할 준비가 된 셈이다. 그러나 애초에 떠오른 시상은 시에 있어서 하나의 실마리에 불과하다. 문득 떠오른 시상을 한 구절로 적어 놓았다고 해서 그것이 저절로 시가 되는 것은 아니다. 만약에 시가 시상 한 구절만으로 충분하다면 광고 카피 한 구절도 한 편의 완결된 시라 할 수 있을 것이다. 가령 다음과 같은 광고 카피를 보자.

그녀의 자전거가 내 마음속으로 들어왔다 ― 의류 브랜드 광고

아내는 여자보다 아름답다 ― 커피 광고

사랑은 움직이는 거야 ― 휴대폰 광고

침대는 가구가 아닙니다. 침대는 과학입니다. ― 침대 광고

여기에 든 광고 카피는 광고계의 전설에 속할 정도로 유명한 것들이다.

그러나 어떤 성공적인 광고 카피도 간단한 언어적 표현만으로 성공을 거둘 수가 없다. 이 짧은 한 구절을 살리기 위한 배경 그림의 선택, 구도의 조정, 글자 모양과 크기, 적절한 상황 설정, 스토리 구성 등이 필수적이다. 어떻게 보면 이 구절보다 그런 배후의 작업들이 더 중요하다고 할 수 있을 정도로, 광고에서 이런 작업의 비중이 크다. 이런 말이 믿기지 않는다면 이 광고 카피 중에 별로 와 닿지 않는 것을 해당 광고를 찾아 감상해 보면 될 것이다. 이를 통해 기억할 것은 인상적인 구절도 중요하지만, 그것의 생명은 결국 주위의 의도적인 설정에 달린 것이라는 사실이다.

마찬가지로 한 편의 좋은 시를 창작하는 데 있어서, 인상적인 한 구절의 시상을 어떤 위치에 놓느냐, 어떻게 풀어 가느냐 하는 언어적 조율이 가장 중요한 작업이라 할 수 있다. 시상은 시를 시작하게 하는 하나의 실마리에 불과하기 때문이다. 이런 작업을 통해 애초의 시상이 그대로 한 편의 시로 완성되는 경우도 있지만, 애초의 의도와 달리 전개되는 경우도 많다.

인상적인 구절만으로는 시가 되지 않는다

마찬가지로 인상적인 구절이 들어 있는 부분만 떼어 놓아도 시가 될 수 없다. 물론 시에서 인상적인 구절이 중요하다. 한 편의 좋은 시를 읽고 나서, 한 편의 시 전체를 기억하는 독자는 없다. 보통 그 시의 인상적인 한 구절에 독자의 모든 마음이 가 있기 때문이다. 한 편의 시가 유명해지는 것도 이런 구절 때문이다. 이런 구절에는 그 시를 만들게 된 핵심적인 시상이 응축되어 있다. 사람들은 시를 읽으면서 그런 구절에 밑줄을 긋고 싶어 한다. 어떤 경우든지 시 전체를 밑줄 긋고 싶은 작품은 거의 없다고 보아야 한다. 그래서 시는 밑줄 그을 만한 구절을 지니고 있느냐 없느냐에 따라 작품의 성패가 결정된다고 할 수 있다.

사람들이 기억하는 인상적인 구절은 주로 다음과 같은 것이다. 그리고 이런 구절을 가지고 있지 못한 사람은 진실로 가난한 사람이라 할 수 있다. 시인으로서나 독자로서나.

거울 속의 나는 왼손잡이요
내 악수를 받을 줄 모르는… 악수를 모르는 왼손잡이요
— 이상, 「거울」 부분

스물 세 해 동안 나를 키운 건 팔 할이 바람이다
— 서정주, 「자화상」 부분

인생은 살기 어렵다는데
시가 이렇게 쉽게 씌어지는 것은
부끄러운 일이다
— 윤동주, 「쉽게 씌어진 시」 부분

겨울은 강철로 된 무지갠가 보다
— 이육사, 「절정」 부분

나는 지금 이 세상에 없는 계절이다
— 김경주, 「부재중」 부분

나는 터널처럼 외로웠다. 새들은 나한테서 날아갔다.
— 네루다, 「한 여자의 육체…」 부분

그리고 오월, 기차여행 중 한 조그만 역에서
까미쉰 간선철도의 열차시간표를 읽을 때

그것은 읽고 또 읽어도
성경보다 위대하나니.

— 파스테르나크, 「마르부르그」 부분

시는 바로 이러한 한 구절을 통해 독자의 마음에 파문을 일으킨다. 시에 따라 다르긴 하지만, 보통 이와 같은 파문을 일으키지 못한 시는 좋은 시로서 한계를 지닌다고 할 수 있다. 김수영 시의 한 구절이 일으킨 그 파문을 천양희 시인은 다음과 같이 기록하고 있다.

비가 오고 있다
여보
움직이는 비애(悲哀)를 알고 있느냐

— 김수영, 「비」 부분

"시를 쓰지 않으면 살아 있는 이유를 찾지 못할 때 시를 쓰라"(릴케)는 말 앞에서 오래 마음이 들리던 시절, 움직이는 비애란 말은 "내 속엔 언제나 비명이 살고 있다"(실비아 플라스)라는 구절과 함께 내 정신을 내리치는 죽비였다.
움직이는 비애가 내면을 훑고 지나갈 때 나는 시라는 위독한 병을 철저히 앓을 수 있었다. 정신의 지문 같은 이 한 구절은 내가 초극해야 할 또 다른 절망이며 시작(詩作)에 가해야 할 박차이다. 오늘도 시가 내게 묻는다. 움직이는 비애를 알고 있느냐고.[1]

그러나 이와 같이 파문을 일으키는 구절이라 해도 그 자체로 완결된 시 작품이 되는 것은 아니다. 김수영의 이 구절 역시 전체 속의 한 부분일 때

---

1. 천양희, 「내 속엔 언제나 비명이 살고 있다」, 『벼락치듯 나를 전율시킨 최고의 시구』, 문학세계사, 2009, 147쪽.

어떤 의미를 지니지만, 따로 독립시켜 놓으면 시를 쓰기 위한 일시적인 메모로 보인다. 그래서 시상을 한 편의 완결된 작품으로 보이게 만드는 시적 조율이 필요한 것이다. 짧은 시건 긴 시건 완결된 느낌을 주는 시적 조율은 필수적이다.

시 창작을 위한 토론

1. 다음은 윤제림 시인의 「예토(穢土)라서 꽃이 핀다」를 달리 보인 것이다. (가)와 (나)를 비교하여 어느 것이 하나의 작품으로서 완결성을 지니고 있는지 설명해 보자.

(가) 대여섯 살 먹은 여자아이와 서너 살 사내아이
　　어린 남매가 나란히 앉아 똥을 눈다
　　먼저 일을 마친 동생이 엉거주춤 엉덩이를 쳐든다
　　제 일도 못다 본 누나가
　　제 일은 미뤄두고 동생의 밑을 닦아준다
　　손으로,
　　꽃잎 같은 손으로

(나) 대여섯 살 먹은 여자아이와 서너 살 사내아이
　　어린 남매가 나란히 앉아 똥을 눈다
　　먼저 일을 마친 동생이 엉거주춤 엉덩이를 쳐든다
　　제 일도 못다 본 누나가
　　제 일은 미뤄두고 동생의 밑을 닦아준다

손으로,
꽃잎 같은 손으로

안개가 걷히면서 망고나무 숲이 보인다
인도의 아침이다

2. 다음은 함민복 시인의 「가을」이라는 시에서 가져온 구절이다. 이 구절이 완성된 한 편의 시인지, 아니면 일부 구절인지에 대해 설명해 보자.

당신 생각을 켜놓은 채 잠이 들었습니다

3. 짧은 시, 시상의 직역(直譯)

짧은 시, 시상의 간단한 조율

　간단한 시상의 표현 그 자체는 물론, 앞에서 본 인상적인 구절조차도 한 편의 시라 하기에는 부족함이 있다. 그래서 시상을 하나의 작품으로 만들기 위해서는 그것을 빛나게 해줄 어떤 언어적 조율이 필요한 것이다. 그런 조율이 조금만 가해져도 그 시상은 그 자체로 독립적인 시가 될 수도 있다. 5행 내외의 짧은 시는 바로 이런 시상의 직역(直譯)이라 할 수 있다. 다음과 같은 작품들이 좋은 예가 될 것이다.

(가) 사월은 게으른 표범처럼
　　인제사 잠이 깼다.
　　눈이 부시다.
　　가려웁다.
　　소름친다.
　　등을 사린다.
　　주춤거린다.
　　성큼 겨울을 뛰어 넘는다.

— 김기림, 「4월」 전문

(나) 외로운 마음이
　　한종일 두고

　　바다를 불러—

　　바다 우로
　　밤이
　　걸어 온다.
　　　　　　　　　　　　　　　　— 정지용, 「바다 3」 전문

(다) 능금한알이추락하였다. 지구는부서질정도만큼상했다. 최후.
　　이미여하(如何)한정신도발아하지아니한다.
　　　　　　　　　　　　　　　　— 이상, 「최후」 전문

(라) 아카시아들이 언제 흰 두레방석을 깔았나
　　어데서 물쿤 개비린내가 온다
　　　　　　　　　　　　　　　　— 백석, 「비」 전문

　짧은 시는 한시, 시조, 하이쿠 등 동북아 시문학의 전통적인 양식의 하나로 많은 사람들이 즐긴 바 있다. 그러나 현대시에 들어 이런 경향이 다소 주춤하였으나, 모더니즘 시에서 이 방식을 새롭게 도입하면서 현대시의 주요 경향의 하나가 되었다. 앞에 든 김기림, 정지용, 이상, 백석도 모두 모더니즘 시풍을 보여 주는 시인이다. 이들의 시는 신선한 감각과 주지적 쾌감을 바탕으로 짧은 시를 짓곤 하였다.

근래에 발표된 짧은 시들

　모더니즘 이후에 짧은 시는 시조나 하이쿠 등과 같은 단시를 대체하는 양식으로 자연스럽게 현대시의 일부가 되었다. 다음에 드는 작품은 근래에 발표된 것이다.

(가) 풍경이 운다

　　적요의 강을 치솟아오르는 저 등 푸른 그리움 한 마리

　　아, 하고 온몸이 짜릿해 온다

— 허형만, 「등 푸른 그리움」 전문

(나) 발자국
　　아, 저 발자국
　　저렇게 푹푹 파이는 발자국을 남기며
　　나를 지나간 사람이 있었지

— 도종환, 「발자국」 전문

(다) 나무를 베면

　　뿌리는 얼마나 캄캄할까

— 이상국, 「어둠」 전문

(라) 낯선 방에서 창을 열면

바다가 한 줄

금빛 숨결 달아오른

눈부신 한 줄

— 강신애, 「바다」 전문

(마) 발자국도 남기지 않으려

허공에 난 길을 가고

그림자마저 발에서 떼어

지상에 남겨 둔다

— 권정우, 「새는」 전문

    이 시들은 모두 5행 이내의 구절로 이루어진 짧은 시들이다. 산문 형식으로 붙여 놓으면 보통 두 줄도 채 안 될 짧은 구절이지만, 우리에게 주는 인상은 강렬하다. 그리고 더 이상의 시적 전개가 불필요할 정도로 그 생각이 완결되어 있다. 짧은 시의 미적 가치는 바로 이런 데 있다. 완결된 짧은 형식에 담긴 강렬한 인상, 이것이 짧은 시의 장점이다.

    이런 시들은 애초의 시상 자체를 크게 진전시키지 않고 그 상태에서 언어적 조율을 가하여 한 편의 작품으로 완성시킨 것이다. 시적 형식에 있어서 시인의 생각이 충분하게 전개되지 않았다는 점에서 소품(小品)이라는 느낌을 주긴 하지만, 그 자체의 완결성을 지니고 있어 한 편의 작품으로 손색이 없다. 이런 짧은 시를 써 보는 것이 본격적인 시를 쓰는 데 도움이 된다.

시 창작을 위한 토론

1. 다음은 자신의 시 창작 과정을 소재로 다룬 장정일 시인의 작품이다. 이 작품 속에 등장하는 초벌 작품(번호 매긴 것: 원래 작품에는 없음) 중 어느 것이 가장 시상이 완결되어 있는지 생각해 보자.

    길안에 갔다.
    길안은 시골이다.
    길안에 저녁이 가까워왔다. 라고
    나는 썼다. 그리고 얼마나
    많이, 서두를 새로 시작해야 했던가?
    타자지를 새로 끼우고, 다시 생각을
    정리한다. 나는 쓴다.

    ① 길안에 갔다.
    　길안은 아름다운 시골이다.
    　그런 길안에 저녁이 가까워왔다.
    　별이 뜬다.

    이렇게 쓰고, 더 쓰기를
    멈춘다. 빠르고 정확한 손놀림으로
    나는 끼워진 종이를 빼어,
    구겨버린다. 이놈의 시는
    왜 이다지도 애를 먹인담. 나는
    테크놀러지와 자연에 대한 현대인의

갈등을 추적해보고 싶다. 종이를 새로
끼우고, 다시 쓴다.

　②길안에 갔다.
　　길안에서 택시를 기다린다.
　　길안에 택시가 오지 않는다.
　　모든 도시에서 나는 택시를 잡았었다.
　　그러나 길안에서 택시잡기 어렵다.

쓰기를 다시 멈춘다. 너무 딱딱하지
않은가? 모든 문장이, 다.
로 끝나는 것이 이상하게도 번역투의
냄새를 풍긴다. 그렇지 않아도
나는 그런 지적을 많이 들었지 않은가?
쓰던 종이를 빼어 구기고, 한 장의 종이를
다시 끼웠다. 나는 쓴다.

　③길안에 갔다.
　　길안에 택시가 보이지 않는다.
　　나는 모든 도시에서 쉽게 택시를 잡았건만
　　길안에서 택시잡기 어렵고
　　어느새 어두워진 길목마다 별이 쏟아진다.
　　문득 길안이 불편하게 느껴진다.

다시 쓰기를 멈추었다. 좀더
매끄럽게, 좀더 구체적인 풍경묘사로부터

서두를 전개할 수 있어야 한다.
아름다운 길안의 시골 풍경을 묘사한 다음
택시가 서지 않는 곳에서 택시를 기다리는
여행자의 자신만만한 모습을 묘사해내야 한다.
나는 종이를 빼어 구기고, 새로운 종이를
끼워, 이렇게 쓴다.

　④길안에 산이 높고
　그 물이 맑다. 길안에 나무가 푸르고
　나뭇가지 위에 비둘기떼가 지어올린 흰구름은
　마치 건축같이 아름답고 웅장하다.
　멀리서 바라봄이 아니라 길안 가운데 있을 때
　길안은 얼마나 아름다운가?
　여행자는 독일빵같이 커다란 슈트케이스를
　길가에 내려놓고, 택시를 기다린다.

이쯤에서 쓰기를 잠시 멈춘다.
마음에 들진 않지만 시작으로서는 적당히
내 구미를 돋우는 것 같고, 독자로 하여금
계속 읽어 내려가게 할 만큼 경쾌하다.
이제 길안에 밤이 내려오며, 나는 이 여행자를
존재론적 자기인식에 이르게 할 작정이다. 나는 쓴다.

　웬일인지 꽤 오랫동안 택시가 오지 않고
　택시를 기다린 시간만큼. 저녁이 가까워왔다.
　이름 모를 잎새들의 흔들림,

여행자는 자신이 혼자임을 느낀다.
이름 모를 새떼가 햇빛 한 조각씩을 물고
서쪽으로 지고, 연이어
모래단지를 엎지른 듯 이름 모를 별들이 흩어졌다.
사십년 간의 도시생활이 어린시절 시골에서 익힌
동식물과 별자리 이름을 깡그리 잊게 했다. 모두가
이름 모를 것들. 여행자는 갑자기
심한 부끄럼에 휩싸인다.

쓰기를 더 멈춘다. 여행자의 고독이
너무 비현실적이다. 그는 어디서 왔으며
어디로 가고자 하는가? 사십년 간의 도시생활이,
생경스레 튀어나온 것은 아닌가? 나는 출판사의 사장이자
시인인 한 선배로부터, 비약이 심하다는
평을 들은 적이 있다. 사실 구체적이지 않은 시는
내 자신이 질색이다. 지금껏 쓴 것을
빼어 버리고, 다시 종이를 끼운다. 그리고
구체적으로 쓸 결심을 한다. 나는 쓴다.

⑤고향에서 떠나 도시에서 사십년 간 살았던
　한 오십대가 있어 오랫동안 찾아보지 않았던
　고향에 온다. 길안…….

나는 한 숨을 쉰다. 종이를 홱
빼어 던진다. 이놈의 시가 나를 골탕먹이는군.
나는 테크놀러지 이용에 대한 이율배반의

모순성을 갈파하고자 한다. 즉 테크놀러지를 이용할
때의 편리성, 그로 인해 그것에 종속되어가는
현대인들을. 그리고 덧붙여, 테크놀러지에
노예화됨으로써 테크놀러지를 이용할 수 없는
자연적인 상황에 부딪쳤을 때 보이는 현대인의
초조한 반응을 묘사하고 싶었다. 어떻게 될까?
그런 상황 앞에서 비로소 테크놀러지의 불편함을
느끼기도 하겠고, 도리어 테크놀러지화되지 않은
자연에 대해 신경질 부릴 수도 있겠지.
새로운 종이를 끼우고, 나는 쓴다.

⑥길안에 갔다.
  길안이 아름다워 나는 울었다.
  길안에 어둠이 내렸다.
  길안에 택시가 보이지 않는다.
  길안 바깥에서 나는 기다리고 있을 사람들 생각을 한다.
  길안이 불편해진다.
  길안이 내 모든 약속을 퍼지르고 앉았다.
  길안이 불안하다.

연을 띄우고, 잠시 멈춘다. 이 어조로 쓰는 거야,
독하게 마음먹는다. 누가 뭐라건 말건
이런 생각을 한다. 우표를 모으는 우표수집가가
자신의 스토크 북 속에 우표를 수집해두는
일같이, 시 쓰기 또한 내 가슴 속에
시를 모아두는 일일 것! 새로운 시를 쓰고 싶은

열망은 우표수집가가 자신의 스토크 북 속에
없는 볼리비아산 나비 우표를 간직하고 싶어 하는
그 열망 이상의 것에 다름 아닐 것이다. 우표
수집가가 아무리 구하기 어려운 귀한 우표를 구해
간직했다 한들, 그 때문에 세상이 바뀌지 않듯
시인이 아무리 좋은 시를 쓴들, 또한 세계는 변함
없는 것. 우표수집가와 시인 가운데 어느 쪽이 더
위대한가, 우열을 가릴 수 없을 때 우리는 우표수집가의
그, 성취의 기쁨을 위해 시를 써야 한다. 이렇게
밑도 끝도 없는 생각을 하곤, 나는 다시 타자기를
두드려갔다.

　　길안의 바깥에 있을 때 자동판매기에서 커피 빼먹던 생각을 한다.
　　길안을 빨리 벗어나고 싶다.
　　길안 벗어날 수단이 없구나.
　　길안이 불가해하게 느껴진다.
　　길안의 산과 물이 역겨워진다.
　　길안의 나무들이 유령같이 곤두섰다.
　　아아 상종 못할 자연
　　이해 못할 자연이다.
　　길안의 비문명이 공포스럽다.

연을 띄우고 잠시 쉬기로 한다. 여행자는 이미
충분히 불안해졌고, 그는 테크놀러지화되지 않은
길안의 자연상태에 대하여 추악을
느끼고 있다. 그러면 이쯤에서

그가 가야 할 곳에 대한, 현대인의 회의를
끄집어내면서 이 시를 마무리하자. 나는 쓴다.

    그러나 나는 어디로 가게 되는 것인가?
    내가 가야 할 거기가 어딘가?
    택시를 쉽게 잡기 위해
    택시잡기 어려운 이곳으로부터 빠져나가야 할
    그곳은 어딘가?
    과연, 길안을 떠나 다시 길안으로 돌아올 수 있겠는가?
    길안에서 처음으로
    길안 바깥이 불안으로 닥쳐온다.
    나는, 너는, 모든 길들은
    어디로 가게 되어 있는 것일까?
    우리 있을 데가 없다.

다 썼다. 3연의 시.
나는 그것을 읽어본다. 엉망이구나.
한숨을 쉰다. 이렇게 어려운 시.
이렇게 어려운 일을 하며, 한평생
사는 것이 내 꿈이었다니! 나는
방금 쓴 3연의 시를 찢는다. 커피를 한
잔 끓여 마신다. 생각이 이어졌다. 유년시절에
계집애들이 하던 고무줄 놀이가 아닐까, 시 같은
것은. 점점 새로운 세계로 나가는 것. 자꾸
고무줄 높이를 높이면서 고통을 즐기는 것,
고통을 즐기는 것! 이 밤 기어이, 길안에서의

택시잡기를 쓰고야 말겠다. 나는 무섭도록 새하얀
종이를 끼운다. 다시 쓴다.

  ㉠풀이 우거진 자리에
    한 무전여행가가 검은 슈트케이스를 든 채
    택시를 기다리고 있었다.
    늬엿늬엿 해가 지고 있었지만
    택시는 보이지 않았고, 그렇다고
    여행가가 쉽게 포기할 것 같지도 않았다.

여기까지 쓰자 아침이 밝고, 나는 세수를 하러 일어선다.
하룻밤 꿈을 꾼 듯. 밤샘한 어제가
어릿하다. 더운 물에 찬 물을 알맞게
섞는다. 생각이 떠올랐다.
물과 물이 섞인 자리같이
꿈과 삶이 섞인 자리는, 표시도 없구나!
나는 계속, 쓸 것이다.

― 장정일, 「길안에서의 택시잡기」 전문

2. 자신의 수첩에 적힌 시상의 메모를 옮겨 놓고, 이것을 한 편의 완결된 짧은 시로 만들어 보자.

  * 시상의 메모:
  * 짧은 시:

한 장을 마무리하는 시 한 편 6 — 짧은 시 쓰기

* 다음 시를 예시로 삼아, 자신이 메모한 시상을 한 편의 짧은 시로 완성해 보자.

새

이가림

하늘과 땅을
이어주는 이음새

그래서 사람들은
그 이음새를
줄여서 새라 부르나 보다

이 작품은 '새'는 왜 '새'라는 이름으로 불리는 것일까, 하는 의문에 대하여 엉뚱하고도 창의적인 답을 제시하고 있다. 새는 하늘과 땅의 그 엄청난 간격을 메워 주는 '이음새' 역할을 하기 때문에, 그 축약형으로 이 이름이 붙여졌다는 것이다. 물론 이런 추리는 국어학적 어원학이 아니라 시적 어원학에 바탕을 둔 것이다. 간단한 형식에 불과하지만, 시상의 강렬함 때문에 깊은 인상을 준다. 짧은 시가 성공적이기 위해서 이런 강렬함은 필수적이다.

■ 문학청년을 위한 세계 명시 산책 ⑥

재치와 웃음

　시는 진지함 속에 기본적인 재치가 깔려 있을 때 읽는 재미를 준다. 재치는 옛날 시에서는 그다지 중요하게 취급되지 않았지만, 현대의 모더니즘 시에 와서 새롭게 각광을 받게 되었다. 능청스러움과 재기발랄함이 넘치는 시들을 감상해 보자.

　존 던의 「벼룩」
　벼룩이라는 미물을 다루는 존 던의 다음 시는 시상의 기발함 때문에 우리로 하여금 웃음을 머금게 한다.

　　　다만 이 벼룩을 잘 보오, 그리고 이 벼룩 속에서
　　　그대 나를 거절함이 얼마나 사소한가를 잘 보오.
　　　이 놈은 나를 먼저 빨고, 이젠 그대를 빨아,
　　　이 벼룩 속에 우리 둘의 피가 섞였소.
　　　그대는 알고 있소. 이것이 죄나 수치나
　　　처녀성의 상실이라 할 수 없음을,
　　　그러나 이놈은 구혼을 하기에 앞서 즐기며,
　　　두 피가 하나로 된 것을 실컷 마셔 배불렀으니,
　　　이는, 아아, 우리가 하고 싶은 이상이오.

　　　오, 멈추시오, 한 마리 벼룩 속에 세 목숨 살려 주오,
　　　우리는 이 속에서 거의 결혼, 아니, 그 이상을 하였소.
　　　이 벼룩은 그대와 나며, 이것은 우리의 신방이며, 혼례 성당이오.

비록 부모님이, 그리고 그대가 반대할지언정, 우리는 만나서,
이 살아 있는 흑옥(黑玉)의 벽 속에 은거해 있소.
비록 관습이 그대로 하여 나를 죽이려하기 쉬워도,
그것에 자살을 보태지 마시오,
그리고 셋을 죽임으로 죄 셋을 범하는 신성모독을.

잔인하고 황급히, 그대는 이미
죄 없는 피로 손톱을 빨갛게 물들였나요?
이 벼룩 어디가 유죄란 말이오?
그대에게서 빨아먹은 피 한 방울 말고는?
그럼에도 그대는 의기양양해하며, 말하기를
그대 자신도 나도 현재 전혀 아니 약해졌다고.
그게 사실이오, 그러니 두려움이란 얼마나 허위인가를 배우시오.
꼭 그만큼의 정조가, 그대 나에게 몸을 허락할 때,
없어질 거요, 이 벼룩의 죽음이 그대에게서 목숨을 앗은 것만큼.

― 존 던, 「벼룩」 전문(심명호 옮김)

  벼룩 속에 남자와 여자의 피가 섞여, 이곳에서 두 사람의 사랑이 이루어지고 있다는 설정은 진지한 시들만 넘쳐나는 여러 시들 속에서 당연히 주목을 끌 만하다. 사소한 소재인 벼룩을 통해 엄청나게 중요한 이야기를 능청스럽게 풀어놓는 존 던의 재치가 유감없이 드러나고 있는 작품이다. 이 외에도 사랑을 컴퍼스에 비유하고 있는 그의 「고별」이라는 작품도 읽어 볼 만하다.

보들레르의 「잃어버린 후광」

  보들레르는 현대시의 아버지로 현대적인 재기와 실험 정신이 돋보이는 시인이다.

  "아니, 이런! 당신이 여기를? 당신이 다 이런 지저분한 곳에 오다니! 정기(精氣)

만을 마시는 자네가! 암브로시아만 먹는 자네가! 이건 나로선 정말 놀라운 일인데."

"여보게, 당신도 알다시피 나는 말과 수레를 무서워하지 않는가. 난 방금 말일세, 길을 건너 왔는데, 황급히 한꺼번에 죽음이 달려드는 저 소용돌이치는 혼돈 사이를 헤쳐 나아가다가 갑자기 몸을 잘못 놀린 바람에 그만 내 후광이 머리에서 포도(鋪道)의 진흙창 속에 떨어져 버렸네, 나는 그 후광을 주워 올릴 용기가 없었어. 자신의 뼈를 부러뜨리느니보다는 자신의 휘장을 잃어버리는 편이 덜 다친다고 판단했지. 그리고 심지어 나는 전화위복이라는 말이 일리가 있다고 혼자 생각했어. 나는 이제 남이 알지 못하게 돌아다닐 수도 있고, 나쁜 짓을 할 수도 있으며, 평범한 사람들처럼 천한 행동에 빠질 수도 있는 거야. 그래서 보다시피 자네와 똑같이 나도 여기에 와 있는 게 아닌가!"

"하지만 자네는 후광을 잃어버렸다고 알리든지 아니면 분실신고 센터에 문의하도록 해야지."

"아니, 천만에! 그럴 생각은 없어, 나는 여기가 마음이 편해, 나를 알아본 것도 자네뿐이야. 게다가 위엄을 부리는 것도 신물이 났어. 그리고 또 이런 걸 생각하면서 즐거울 수도 있을 걸세. 어느 엉터리 시인이 그걸 주워서 뻔뻔스럽게 쓰고 다니는 꼴을 말야. 사람을 행복하게 해준다는 것은 얼마나 즐거운 일인가! 더구나 날 웃기는 행복한 치들을 말야! X나 Z 같은 치들을 생각해 보게나. 어때! 정말 꼴불견이 아니겠나!"

— 보들레르, 「잃어버린 후광」 전문(반성완 옮김)

이 시는 그의 작품 중에 그다지 주목받지 못 하였지만, 벤야민이 그의 유명한 보들레르론에서 이것을 중요하게 다룸으로써 훌륭한 작품으로 각인되었다. 감정이 과잉되고 영감과 같은 초월적인 가치만 존중하며 점잔을 빼는 기존의 시를 비판하고 있다. 이 시에 나오는, 후광을 잃어버린 천사(뮤즈)는 초월적인 가치를 벗어던진 현대 시인을 말하고, 그것을 주워서 쓰고 다니는 시인은 센티멘털리즘에 빠진 기성 시인을 가리킨다.

르나르의 「개구리」
쥘 르나르라는 작가의 다음 작품은 그야말로 재치로 가득하다.

개구리들은 눌렀다 놓은 용수철처럼 튕겨 오른다.
묵직한 기름방울들처럼 풀잎 위로 톡톡 뛰어 다닌다.
개구리들은 또 넓은 연꽃 잎사귀 위에 마치 청동의 서진(書鎭)처럼 올라가 있기도 한다.
한 놈이 공기를 빨아들여 목젖을 부풀리고 있다. 저놈 입에 동전 한 닢을 넣으면 벙어리저금통처럼 냉큼 집어삼키겠지.
개구리들은 수렁 속에서 탄식처럼 올라온다.
수면 위로 눈만 내놓고 끔벅거릴 때면, 개구리들은 칙칙한 늪에 돋아난 종기들인 것만 같다. 책상다리를 하고 앉아, 몽롱한 눈으로 지는 해를 바라보며 하품을 한다.
그러다가 갑자기, 큰 소리로 그 날의 톱뉴스를 외쳐 대는 신문팔이 소년들처럼, 시끄럽게 울어댄다.
오늘 저녁에는 개구리들이 잔치를 열 모양이다. 내 귀에만 술잔 헹구는 소리 같은 것이 들리는 것인가?
가끔씩 곤충들을 덥석 집어삼키기도 한다.
어떤 놈들은 아랑곳하지 않고 사랑에만 정신이 팔려 있다.
하지만 어떤 놈이든지 개구리들은 모두 낚시꾼들을 유혹한다.
낚싯대 같은 거야 쉽게 만들 수 있다.
낚싯바늘도 겉저고리에 박혀 있는 핀을 뽑아 구부리기만 하면 된다.
줄이야 어디서든 쉽게 얻을 수 있는 것이고.
그러나 꼭 털실 조각은 아니더라도 아무거나 빨간색이 있는 실이 좀 있어야 한다.
몸을 뒤져보고 주위를 둘러보았지만 찾을 수가 없었다.
아무 것도 찾지 못해 허탈해진 내 눈에 문득 갈라진 단춧구멍이 뜨였다. 내가 꼭 붉은색 레지옹 도뇌르 훈장을 타고 싶다는 것은 아니지만, 그래도 언제나 받을 준비가 되어 있는 단춧구멍에 그 누구도 낚싯밥으로 쓸 수도 있을 그 붉은 색 훈장을 달아주지 않았다.

— 르나르, 「개구리」 전문(정장진 옮김)

쥘 르나르는 시인이라기보다 「홍당무」라는 소설로 유명한 작가이다. 그런데 그의 재치 있는 산문집이 『전원수첩』이라는 이름으로 일본에서 번역되었을 때, 그의 글은 산문시로 받아들여졌다. 한국의 시인 이상도 이 작가를 최고의 모더니즘 작가로 대접하였는데, 그는 르나르의 재능을 사랑하여 새로 개업한 그의 카페에 아무런 장식도 하지 않고 이 책을 찢어서 붙여 놓았다고 한다. 개구리들을 용수철, 기름방울, 서진 등에 비유한 이런 표현은 현대적 재기발랄함의 진수라 할 수 있다.

더 읽어야 할 작품들

재치를 바탕으로 쓴 시들은 생각보다 많지 않다. 대부분의 시가 진지하고도 묵직한 포즈로 이루어져 있기 때문이다. 그중 발상에 있어서 재치가 돋보이는 시 몇 편을 소개한다. 부분만 옮기니 전편은 찾아서 읽기 바란다.

슬프다, 가족들과 헤어져
여기 누워 있은 지 수많은 날,
아, 나를 괴롭히는 자들에게
때마다 요리를 해 바쳐야 하다니.

내게 산채로 가져다 준
자색 지느러미의 예쁜 고기들이
희미해진 눈으로 쳐다보는데,
온순한 동물들의 도살자가 되어야 하다니,

— 호프만슈탈, 「포로가 된 해상 요리사의 노래」 부분(강두식 옮김)

이 작품에 등장하는 요리사는 아마도 해적에게 잡힌 해상 요리사이리라. 자신이 미워하는 자들을 위해 맛있는 요리를 해야 하는 요리사의 아이러니한 심정을 재미있게 표현한 시다.

"예, 미일리어야, 애야, 이게 웬일이냐!
시내에서 너를 만나리라 누가 생각했겠니?
헌데 이 고운 옷이랑 이런 호사가 어디서 나온 게니?"
"아 넌, 내가 몸을 버린 걸 몰랐었니?"

"감자나 캐고 수영이나 뽑는 데 지쳐 네 떠났을 적엔
옷은 남루했고 신발도 양말도 없었는데
이젠 멋진 팔찌에 고운 깃털도 모자에 꽂았구나!"
"그래, 몸을 버렸을 땐 그렇게 차린단다."
― T. 하디, 「몸을 버린 가시내」 부분(김종길 옮김)

몸을 버린 여자를 통해 반대급부로 얻어진 화려함과 사치를 재미있게 비판하고 있는 작품이다. 이런 주제를 아무렇지도 않게 다루는 시인의 능청스러움이 시를 더욱 재미있게 한다.

등이 넓은 하마
진흙 속에서 배를 깔고 자빠져 있다.
보기엔 아주 완강한 것 같지만
겨우 살과 핏덩어리에 불과하다.

살과 피는 힘없고 약하여,
신경의 충격에 견디기 어렵다.
그러나 진정한 교회는 끄덕 않는다
바위 위에 세워졌으므로.

― T.S. 엘리엇, 「하마」 부분(이창배 옮김)

현대적인 감각의 재기와 능청을 보여 주는 시인으로 엘리엇을 빼놓을 수가 없을 것이다. 이 시에서 그는 교회를 하마와 비교하는 재치를 통해 교회의 무능과 부패를 비판하고 있다. 이 시의 후반부에서 교회는 천국에 못 가는 데 반하여, 지저분한 하마는 성자처럼 천국에 가는 것으로 그려진다.

7장

시상의 전개 1

비유 – 재료를 어떻게 요리할까 ①

똑같은 재료라고 하더라도 어떻게 요리하느냐에 따라 맛이 달라질 수 있다. 같은 고등어라도 구이, 찌개, 조림, 찜 등의 요리 방법에 따라 맛이 달라진다. 주어진 상황 속에서 그 재료에 가장 어울리는 방식을 택하는 것이 요리 실력의 핵심이다.

시에 있어서 하나의 소재를 요리하는 방식은 시상을 전개하는 방식과 관련된다. 시를 전개하는 가장 중요한 방식 중의 하나가 바로 비유를 사용하는 것이다. 소재를 어떤 것에 비유하면 시의 세부 내용은 그에 따라 저절로 달라질 수밖에 없다.

1. 시상 전개 방식으로서의 비유

비유가 메모를 시로 만들었다

시상을 구체적으로 전개하는 데 비유가 중요한 역할을 한다. 비유 자체를 새롭게 구성하는 순간, 시는 전혀 다른 모습으로 재탄생하게 될 기회를 얻게 된다. 그리고 새로운 비유 설정을 통하여 애초의 구상이 더욱 생생하게 살아나는 경우가 많다. 필자의 경험을 바탕으로 이 문제를 다루어 보기로 한다.

옆의 사진은 필자가 순간적으로 떠오른 시상을 적어 놓는 수첩의 어느 페이지다. 여기에는 몇 가지 메모가 간단하게 적혀 있다. 이 중에 시로 완성된 것도 있고, 아직 그 단계에 도달하지 못하여 지금으로서는 버려진 메모도 있다.

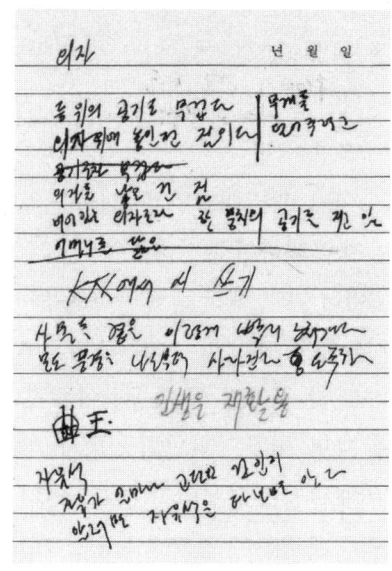

비유에 초점을 맞추어, 메모된 시상이 어떻게 한 편의 시가 되었으며, 구체적으로 어떤 시적 전개 과정, 즉 시적 상황과 얼개를 지니게 되었는지

살펴보고자 한다. 이 메모들 중에서 비유를 새롭게 설정함으로써 시가 살아나게 된 경우는 의자와 관련된 것이다.

　　의자
　　등 위의 공기도 무겁다
　　의자 위에 놓인 건 짐이다

　이것은 의자에 대한 시를 써 보려 고민하다가 떠오른 생각을 기록한 것이다. '등 위의 공기도 무겁다,' '의자를 낳은 건 짐' 등의 메모가 두서없이 적혀 있다. 이 메모의 요점은, 의자가 생긴 이후에 구체적인 짐이 그 위에 놓이는 것이 아니라, 짐이라는 관념이 의자를 태어나게 하였다는 생각이다. 그러나 이 메모는 결과적으로 발표작에 반영되지 않았다. 너무 관념적인 시상이라 시로 형상화하는 데 큰 매력이 없다고, 즉 '창의적 동력'이 부족하다고 판단하였기 때문이다.
　그래서 시상의 조정이 불가피하게 되었다. 시를 쓰다 보면 이런 경우가 종종 발생한다. 애초의 시상이 창의적인 동력을 지니지 못하고 있다고 판단되면 그것을 버리고 다른 방식으로 사고를 전환하는 것이 실제 시 창작에 도움이 된다. 그래서 '짐이 의자를 낳는다'는 생각을 버리고, 의자를 의자 아닌 다른 무엇인가로 볼 수 있을까, 즉 다른 어떤 것으로 비유할 수 있을까에 대하여 고민하였다.
　여러 가지 생각을 하다가 문득, 어릴 때 의자에 거꾸로 앉아 말을 타는 시늉을 했던 경험이 떠올랐다. 예나 지금이나 아이들 대부분이 의자에 똑바로 앉지 않고 의자 등받이를 말의 목처럼 안고 노는 것을 좋아하는 것을 보면, 이것은 나만의 경험이 아니라 의자를 대하는 모든 이의 몸에 기억된 보편적인 본능이라 생각되었다. 그리고 무엇보다 이런 생각은 표현 욕구를 자극하는 창의적 동력을 지니고 있었다. 그래서 시상을 '의자 = 말'

이라는 것으로 정리하였다. 애초의 시상이 폐기되고 비유에 의하여 새로운 시상이 탄생한 것이다.

좋은 비유는 창의적 동력을 지닌다

그런데 '의자 = 말'이라는 새로운 시상만으로 시가 되지 않는다. 의자를 말이라고 보는 것은 누구나 한 번쯤 생각해 볼 수 있는 상투적인 생각이다. 즉, 앞에서 서술한 어릴 적 경험과, 말과 의자의 유사성(이 유사성이 말놀이를 하게 만들었겠지만)이 나만의 생각으로 되기에는 부족한 면이 많다. 따라서 그런 상투성을 극복할 수 있는 참신한 표현이 필수적이다. 그런 고민 끝에 '의자는 말의 영혼을 지니고 있다'는 생각에 도달하였다. 이것이 시를 구체적으로 전개시키는 실마리가 되었다.

이런 생각의 언어적 표현('의자는 말의 영혼을 지니고 있다'), 즉 '시상의 표현'은 시작 상황이나 전개도 저절로 해결해 주었다. 좋은 '시상의 표현'은 창의적 동력을 충분하게 지니고 있어서, 그것이 성립하는 순간 그 전개가 자연스럽게, 그러면서도 창의적으로 이루어지는 것이다. 예를 들어 의자가 말의 영혼을 지니고 있다는 생각이 시적으로 설득력을 지니려면 어떤 상황 설정이 필요하다. 그런데 영혼이라는 말은 어떤 초월적인 대상을 쉽게 환기시킨다. 그래서 자연스럽게 하느님이 등장하는 것이다. 그리고 하느님이 의자를 만들 때 그 곁에 한 떼의 말들이 달려가고 있는 상황이 생성되는 것이다. 이 상황 설정이 시의 전체에 걸쳐 힘을 발휘하고 있다.

이에 따라 시의 얼개도 쉽게 구성된다. 지금은 사물에 불과한 이 의자 속에 말의 영혼이 잠들어 있다가 어느 결정적인 순간 깨어나게 된다는 얼개다. 그 순간은 바로 아이들이 의자를 거꾸로 타고 말놀이를 하는 때이다. 바로 이때 "온 몸을 부르르 떨며/의자에 깃든 말의 영혼은 눈을" 뜨고, 이때마다 "어디선가 또각또각 말발굽 소리 들려"오는 것이다. 지금까지의 시적 전개를 시적 과정 모델에 적용하여 정리하면 다음과 같다.

단계	설명
'의자 = 말'	최초의 시상
'의자는 말의 영혼을 지니고 있다'	시상의 표현
하느님이 의자에다 말의 영혼을 불어넣음	상황 설정
의자에 깃든 말의 영혼은 아이들이 의자를 타고 말놀이를 할 때 깨어남	얼개 구성
전체 구절을 보완하여 완성	퇴고 후 완성

이런 시적 전개를 거쳐 다음과 같은 최종 작품이 완성되었다. 앞서의 시적 전개를 기억하며 읽어 보자.

태초에
하느님이 의자를 만들 때
그 곁을 달려가던
말의 영혼을 불어 넣었다
목뼈를 곧게 펴고
먼 곳을 바라보는 자세에
안장을 얹은 것도
하느님의 전직인 목수였다

사람들이
목뼈에 등을 기대고 돌아앉을 때
의자는
혼이 떠난 사물일 뿐
아이들이
가끔씩 거꾸로 앉아 소리칠 때
온 몸을 부르르 떨며
의자에 깃든 말의 영혼은 눈을 뜬다

그때마다
어디선가 또각또각 말발굽 소리 들려온다

— 박현수, 「의자」 전문

애초의 시상('의자를 낳은 건 짐')을 그대로 발전시켰다면 어떤 결과가 나타났을지 모르겠지만, 이 작품만을 두고 볼 때 시상을 비유 형태로 변경한 것은 결과적으로 괜찮은 선택이었다고 할 수 있다. 비유적인 재설정이 한 편의 시를 탄생시킨 경우라 할 수 있다.

시 창작을 위한 토론

1. 다음 시의 기본적인 비유를 간단한 표현으로 정리하고, 시적 전개의 특징을 설명해 보자.

    혼자 지키는 집,

늪으로 변해버린다
땀이 거머리처럼 머리 밑을 기어다니고
눅눅한 공기가 배밀이를 하며 들어온다
수초가 슬금슬금 살을 뚫고 자라난다

피아노 뚜껑을 연다
쩌억, 아가리를 벌리며 악어가 수면 위로 솟구친다
여든여덟 개의 면도날 이빨이 덥석 양팔을 문다
숨이 멎는다
입에선 토막 난 소리들의 악취
손가락은 악어새처럼 건반 위를 뛰어다녔는데
놈은 나를 이리저리 끌고 다니다 내동댕이친다
물 깊이 물고 내려가 소용돌이 일으킨다
수압에 못 이긴 삶은 흐물거린다

대궁 아래 숨어 있는 눈망울
나는 수초 사이 처박혀 한없이 불어터진다
어디선가 웅성거림 들려오는데
핏물 홍건한 이곳으로
물거품이 궤적을 일으키며 다가온다
죽어라 헤엄치다 돌아본 늪엔
수련이 가득
구설수처럼 피어 있다

— 서영처, 「피아노악어」 전문

2. 다음은 김광섭 시인의 「산」의 일부분이다. 이 시에서 사용하고 있는 비유적 설정을 이어서 시를 전개시켜 보자.

　　이상하게도 내가 사는 데서는
　　새벽녘이면 산들이
　　학처럼 날개를 쭉 펴고 날아와서는
　　종일토록 먹도 않고 말도 않고 엎댔다가는
　　해질 무렵이면 기러기처럼 날아서
　　틀만 남겨 놓고 먼 산 속으로 간다

　　산은 날아도 새둥지나 꽃잎 하나 다치지 않고
　　짐승들의 굴속에서도
　　흙 한 줌 돌 한 개 들성거리지 않는다

　　　　　　　　　　　　　　　— 김광섭, 「산」 부분

2. 시란 근원적으로 비유적이다

비유는 자기 시선의 번역이다

비유는 사전적으로 '사물을 직접 설명하지 않고 그와 비슷한 다른 사물을 빌려 표현하는 일'로 정의된다. 하지만 시에서 비유는 이런 좁은 의미가 아니라, 어떤 대상을 우회적으로 접근하는 언어적 표현 모두를 가리킨다. 시는 시인이 발견한 세계를 자신의 언어로 번역한 것이다. 자신이 본 것을 자신만의 독창적인 표현으로 바꾸어 놓은 것이기에 본질적으로 시는 비유가 아닐 수 없다. 그래서 비유가 없는 시를 찾아보기 어렵다. 다음 시를 통해 생각해 보자.

(가) 발톱 깎는 사람의 자세는
　　둥글다네

　　나는 그 발톱 깎는 사람의 자세를 좋아한다네

　　사람이 사람을 앉히고 발톱을 깎아준다면
　　정이 안 들 수가 없지
　　옳지 옳아 어느 나라에선

발톱을 내밀면 결혼을 허락하는 거라더군
그 사람이 죽으면 주머니 속에 발톱을 넣어 간직한다더군

평생 누구에게 발톱을
내밀어 보지 못한 사람은 불행한 사람

단 한 번도 발톱을 깎아주지 못한 사람은 불행한 사람

발톱을 예쁘게 깎아주는 사람은
목덜미가 가늘고
이마가 예쁘고 속눈썹이 길다더군 비가 오는 날이면
팔베개도 해주고 지짐도 부쳐주고 칼국수도 밀어준다더군
그러니 결혼을 안 할 수가 있겠어
그러니 싸움을 할 수가 있겠어

발톱을 깎는 사람의 자세는
고양이에 가깝고
공에 가깝고
뭉쳐놓은 것에 가깝다네 그는 가장 작고 온순하다네

나는 그 발톱 깎는 사람의 자세를 좋아한다네

— 유홍준, 「발톱 깎는 사람의 자세」 전문

(나) 슬라보예 지젝의 책을 읽어나가다가 나는 다음 구절에서 밑줄을 긋는 것을 잊지 않았다.

"내가 즐겨 드는 예 가운데 하나를 말하자면, 홀로코스트를 구상한 장본인 라인하르트 하이드리히(Reinhard Heydrich)는 한가한 저녁시간에 친구들과 더불어 베토벤의 후기 현악사중주를 연주하기를 좋아했다."

군모를 벗어 벽에 걸어놓고 삼삼오오 혹은 서고 걸터앉아 "übrigens……" 어쩌구 하면서 담소하는 정복 차림의 그들이 떠오른다. 그리고 눈을 지그시 내리감은 다음 털북숭이 두 손을 막 피아노 건반 위에 갖다 대는 라인하르트 하이드리히의 지극히 평온한 얼굴이 커튼 자락 사이로 얼핏 스친다.

— 이시영, 「밑줄을 긋다」 전문

(가)와 (나)는 비유를 적극적으로 사용하지 않고 주로 산문적인 문체로 정서적인 울림을 주고 있는 작품이다. 그러나 이들 작품도 비유와 무관하지는 않다. (가)에서 '발톱 깎는 사람의 자세는 둥글다'는 중심 표현도 사실상 비유라 할 수 있다. '자세가 둥글다'는 말은 비유 없는 단순한 형태 묘사일 수도 있지만, 이것은 '선 사람은 직선이고, 허리 굽힌 사람은 둥글다'는 말에서의 '둥글다'는 말과는 전혀 다른 의미를 지닌다. 위의 시에서 '둥글다'는 단순한 묘사가 아니라, 그 둥근 자세가 지니고 있는 이미지와 의미상의 함축 등을 품고 있는, 앞에서 다룬 바 있는 말로 하자면 의미 잉여가 풍부한 언어적 표현이다. '둥글다'는 둥근 모양만이 아니라 그것이 암시하는 평화, 온순함 등을 포괄하고 있는 것이다. 그것이 비유임은 시 후반부에 "발톱을 깎는 사람의 자세는/고양이에 가깝고/공에 가깝고/뭉쳐놓은 것에 가깝다네"라는 표현에서 확인할 수 있다. 그 자세는 고양이, 공, 뭉쳐놓은 것으로 비유되는 것이다. 바로 이런 비유적 인식으로부터 시가 시작된 것이라 할 수 있다.

기존 구절의 재배치도 비유다

이에 비하여 (나)는 비유라 보기 어렵다고 생각할 수 있다. 단순히 지젝의 책을 읽다가 발견한 인상적인 구절을 옮겨 놓고 그것에 대한 생각을 덧붙이고 있기 때문이다. 그러나 인용한 구절만 던져 놓는다고 해도 그것은 이미 비유적 행위이다. 시라는 형식으로 던져진 그 구절은 이미 지젝의 글이 아니라, 시인이 말하고자 하는 바를 대신하여, 즉 간접적으로 표현한 글이기 때문이다. 유태인 학살이라는 반인류적인 만행을 구상한 인간이 베토벤의 음악을 즐긴다는 충격적인 사실 자체를 시의 자리로 옮겨 놓는 일, 그것은 근원적으로 비유적 행위라 할 수 있다. 시인은 거기에 구체적인 장면을 상상으로 제시하고 있는데, 이를 통해 그 비유적 성격은 더 강화된다. 상상에 의한 구체적인 장면 묘사는 시인이 선택한 대상을 더 효과적으로 드러내기 위한 간접적인 표현 방식인 것이다. 그래서 이 시를 시인의 의도가 직접적으로 표현된 산문적인 작품이라 할 수는 없다.

시에서 어떤 대상 A를 B를 통해 간접적으로 표현한 것, 즉 '–처럼,' '–같은'과 같은 표현이나 'A = B'라는 식의 표현을 하지 않는다 해도, 시는 본질적으로 비유적이다. 이런 비유를 사용하는 것은 자신의 생각을 더 생생하게 나타내기 위해서이다. 즉, 비유는 추상적 사고나 모호한 느낌 등에 구체적인 육체를 주어 우리 눈앞에 하나의 생생한 형태를 제공하는 것이다. 한마디로 비유란 '생각의 감각적 번역'인 것이다. 엘리엇의 "사상을 장미꽃의 향기처럼 느끼게 하라"는 말은 이와 관련이 있다. 이것은 거창한 사상이나 사념이 아니라 모든 사소한 생각을 표현하는 데 있어서도 반드시 명심해야 할 말이다.

시 창작을 위한 토론

1. 다음 시에 비유가 사용되고 있다고 할 수 있는지 근거를 들어 말해 보자.

　　무명 록 가수가 주인인
　　모 라이브 카페 구석진 자리엔
　　닿기만 해도 심하게 뒤뚱거려
　　술 쏟는 일 다반사인 원탁이 놓여 있다
　　기울기가 현저하게 차이지는 거기
　　누가 앉을까 싶지만
　　손님 없어 파리 날리는 날이나 월세날
　　은퇴한 록밴드 출신들 귀신같이 찾아와
　　아이코 어이쿠 술병 엎질러가며
　　작정하고 매상 올려준다는데
　　꿈의 반뼘을 상실한 이들이
　　발목 반뼘 잘려나간 짝다리 탁자에 앉아
　　서로를 부축해 온뼘을 이루는
　　기막힌 광경을 지켜보다가 문득
　　반뼘쯤 모자란 시를 써야겠다 생각한다
　　생의 의지를 반뼘쯤 놓아버린 누군가
　　행간으로 걸어 들어와 온뼘이 되는
　　그런

　　　　　　　　　　　　　　— 손세실리아, 「반뼘」 전문

2. 다음 시에는 비유가 주도적으로 사용되고 있다. 그 기본적인 비유를 정리하고, 시적 효과에 대해 말해 보자.

    굵은 팥알 뿌려놓은 듯 새까맣게 달라붙어 있다. 어물전 좌판이 거둬진 자리 검은 왕파리 떼 보도블록을 더듬고 있다. 아교풀 발라놓은 듯 집요한 허기 손뼉 치고 발 굴러도 떨어질 줄 모른다. 검은 비로드 걸치고 LED투광기 같은 겹눈 달고 한 페이지 한 페이지 훑어보지만 핥을 수 있는 건 감질나는 비린내뿐. 한 자 한 자 철필로 베끼며 책 속에 생애를 빠트린 검은 옷의 수사(修士)들. 배고프면 먹을 일이지 흰 종이에 [포도주, 고기, 빵]이라고 써넣고는 그 종이를 먹는 한심한 영혼이 보도블록 문장에 찍힌 검은 방점을 헤아려보고 있다.

                                    — 장옥관, 「굵은 팥알 뿌려놓은 듯」 전문

3. 열린 비유 체계와 닫힌 비유 체계

비유 체계와 벼리 비유

비유는 세계를 낯설게 하는 데 아주 유용하다. 상투적이고 일상적이어서 자동화된 경험을 마치 처음 겪는 것처럼 낯설게 만드는 것이 비유다. 송수권 시인의 짧은 시로 비유의 힘을 살펴보자.

　　내 사랑하는 쫑이 죽었다
　　어초장 언덕배기 감나무 밑에 묻어주었다

　　이듬해 봄 그 감나무 잎새들 푸르러
　　컹컹 짖었다

— 송수권, 「인연」 전문

이 시는 2연 4행으로 이루어진 짧은 작품으로, 시인이 사랑하는 개가 죽자 감나무 아래 묻어 준 경험을 소재로 다루고 있다. 이런 경험은 누구나 한 번쯤 직·간접적으로 겪을 만한 것이다. 시인은 이런 낯설지 않은 경험을 이 시에서 아주 낯선 것으로 만들어 그것을 새롭게 인식하게 만들었다. 이 구절을 통하여 이 시가 '감나무 = 강아지'라는 비유를 그 바탕에 깔고 있음을 뒤늦게 알아채게 만든다.

비유는 시의 일부 구절에 단 한 번 사용되어 인상을 강조하는 경우도 있고, 하나의 체계를 이루어 논리적인 구조를 형성하는 경우도 있다. 전자를 '일회성 비유'로, 후자를 '비유 체계'로 부를 수 있다. 전자는 시의 일부 구절에만 사용되어 한정된 효과만을 보여 주는 비유를 말하고, 후자는 상관성을 지닌 일련의 이미지들의 정합적인 체계, 즉 이미지의 체계적인 다발을 말한다. 앞에 든 송수권 시인의 시는 짧은 시라서 일회성 비유를 사용한 것 같지만, 시 전체가 이 비유를 통하여 형성되고 있다는 점에서 간단한 형태의 비유 체계를 사용하고 있다고 할 수 있다.

비유 체계에서 중요한 것은 그런 체계를 유지하게 하는 어떤 근본적인 축이 있다는 사실이다. 그것을 '벼리 비유'라 할 수 있다. 그럴 때 비유 체계라는 말은 다시 정리될 수 있다. '벼리 비유를 중심으로 형성된 일련의 이미지들의 정합적인 체계'가 그것이다. '벼리 비유'란 일련의 비유를 파생시키는 기본적인 비유를 말한다.[1] '벼리'는 그물의 위쪽 코를 꿰어 오므렸다 폈다 하는 줄을 가리키는 것으로, 이를 통해 그물을 이루고 있는 요소들의 네트워크는 하나의 체계로 통합되게 된다. 비유에 있어서도 일회성 비유가 아닐 경우 거기에 사용된 각각의 이미지들은 하나의 체계를 이루어 시적 완결성을 도모하는데, 그런 체계를 만드는 데에 기본적인 동기를 제공하는 것이 벼리 비유이다. 어떤 비유가 파생될 때는 근원적으로 벼리 비유가 그 실마리를 제공한다.

---

1. 이와 관련하여 김준오가 사용하는 "근본비교(fundamental comparison)"라는 용어를 참조할 수 있다. 김준오는 "한 작품에서 다른 모든 비교를 성립시키는 토대가 되는 비유"로 설명한다. 김준오, 『시론(제4판)』, 삼지원, 2000, 192쪽.

닫힌 비유 체계의 장점과 한계

비유 체계는 그것의 논리적 체계가 촘촘한 구조로 이루어져 있는 경우를 '닫힌 비유 체계,' 다소 느슨하게 엮어져 있으면 '열린 비유 체계'라 할 수 있다. 먼저 닫힌 비유 체계부터 살펴보자.

> 손끝으로 점자를 읽는 맹인이 저랬던가
> 붉은 벽돌을 완독해 보겠다고
> 지문이 닳도록 아픈 독법으로 기어오른다
> 한 번에 다 읽지는 못하고
> 지난해 읽다만 곳이 어디였더라
> 매번 초심으로 돌아가
> 다시 시작하다 보면 여러 번 손닿는 곳은
> 달달 외우기도 하겠다
> 세상을 등지고 읽기에 집중하는 동안
> 내가 그랬듯이 등 뒤 세상은 점점 멀어져
> 올려다보기에도 아찔한 거리다
> 푸른 손끝에 피멍이 들고 시들어버릴 때쯤엔
> 다음 구절이 궁금하여도
> 그쯤에선 책을 덮어야겠지
> 아픔도 씻는 듯 가시는 새봄이 오면
> 지붕까지는 독파해 볼 양으로
> 맨 처음부터 다시 더듬어 읽기 시작하겠지
>
> — 나혜경, 「담쟁이덩굴의 독법」 전문

이 시에서 벼리 비유는 '담쟁이덩굴 = 독서하는 맹인'이다. 이 시는 이

버리 비유에 절대적으로 의존하여 모든 표현을 촘촘하게 파생시키고 있다. 그래서 담쟁이덩굴의 모든 생태와 행위는 빠짐없이 독서 행위로 번역된다. 그래서 이 시는 두 차원의 평면이 겹쳐진 슬라이드판과 같다. 한쪽 판은 담쟁이덩굴에 대한 생태를 다루는 판이며, 다른 판은 독서 행위를 다루는 판이다. 이 두 판이 하나로 합쳐진 것이 바로 이 작품이다. 이것을 정리하면 다음과 같다.

담쟁이의 생태		독서 행위(비유)
담을 타고 올라가는 것	⇨	손끝으로 점자 읽기
벽돌 벽을 다 올라감	⇨	완독
지난해 올라간 곳	⇨	지난해 읽다만 곳
몇 줄기가 올라간 곳	⇨	여러 번 손닿은 곳
벽만 보고 올라감	⇨	읽기에만 집중함
담쟁이의 단풍	⇨	푸른 손끝의 피멍
다음 봄에 올라갈 곳	⇨	다음 구절

닫힌 비유 체계는 작품의 완결성을 보증해 주는 기능을 한다. 그리고 논리적 아귀가 딱딱 맞아떨어지는 데서 오는 지적 즐거움도 준다. 그러나 너무 논리적 구조에 얽매이게 되면 지적 유희처럼 보이게 된다는 점에서 한계를 지닌다. 그래서 식상하지 않게 참신하게 만드는 방식에 대하여 고민하여야 한다. 이때 필요한 것이 열린 비유 체계이다.

열린 비유 체계의 가능성

　열린 비유 체계는 앞에서 다룬 송수권 시인의 시의 경우에 해당한다. 시 전체가 '감나무 = 개'라는 벼리 비유를 중심으로 이루어져 있지만, 그것이 「담쟁이덩굴의 독법」처럼 논리적으로 촘촘하게 연계되어 있지 않고 더 자유롭고 느슨하다는 점에서 그렇다. 가장 대표적인 작품이 기형도 시인의 다음 작품이다.

　　내가 살아온 것은 거의
　　기적적이었다
　　오랫동안 나는 곰팡이 피어
　　나는 어둡고 축축한 세계에서
　　아무도 들여다보지 않는 질서

　　속에서, 텅 빈 희망 속에서
　　어찌 스스로의 일생을 예언할 수 있겠는가
　　다른 사람들은 분주히
　　몇몇 안 되는 내용을 가지고 서로의 기능을
　　넘겨보며 서표(書標)를 꽂기도 한다
　　또 어떤 이는 너무 쉽게 살았다고
　　말한다, 좀더 두꺼운 추억이 필요하다는

　　사실, 완전을 위해서라면 두께가
　　문제겠는가? 나는 여러 번 장소를 옮기며 살았지만
　　죽음은 생각도 못했다, 나의 경력은
　　출생뿐이었으므로, 왜냐하면

두려움이 나의 속성이며
미래가 나의 과거이므로
나는 존재하는 것, 그러므로
용기란 얼마나 무책임한 것인가, 보라

나를 한번이라도 본 사람은 모두
나를 떠나갔다, 나의 영혼은
검은 페이지가 대부분이다, 그러니 누가 나를
펼쳐볼 것인가, 하지만 그 경우
그들은 거짓을 논할 자격이 없다
거짓과 참됨은 모두 하나의 목적을
꿈꾸어야 한다, 단
한 줄일 수도 있다

나는 기적을 믿지 않는다.

— 기형도, 「오래된 서적」 전문

    이 작품은 '나 = 오래된 서적'이라는 비유를 벼리 비유로 삼고 있지만, 그것이 논리적으로 치밀하게 엮어져 있지 않다. 1연에서는 벼리 비유와 관련된 직접적인 어휘는 나오지 않고, 2연에서는 '내용,' '서표,' '두꺼운 추억'이라는 어휘가 나온다. 3연에서는 '두께,' 4연에서는 '검은 페이지,' '펼쳐볼,' '한 줄' 등이 관련 어휘이다. 이렇게 띄엄띄엄 벼리 비유와 연관된 어휘들이 놓여 있지만, 벼리 비유는 시의 바탕으로 자리하며 시적 전개의 중요한 동기로 작용하고 있다. 이런 열린 비유 체계는 한 편의 시가 정서적인 분위기를 지니면서 일관된 흐름을 유지하는 데 중요한 역할을 한다.

시 창작을 위한 토론

1. 다음 시의 벼리 비유를 파악하여, 괄호를 친 부분에 알맞은 적절한 표현을 넣어 보자.

   태초에 쓴 시는 사막이었다
   자잘한 글씨로만 쓴 대서사시
   타클라마칸 그 불귀(不歸)의 (①   ) 위에
   신이 남긴 불후의 (②   )이었다
   사람은 물론 풀도 나무도 없고
   날고 기는 짐승도 지운 여백이었다
   다만 빛부신 태양과 목마른 시간
   닮은 듯 서로 다른 상징이 모여
   저마다 서걱서걱 빛을 뿜고 있었다
   점자를 짚듯 낙타를 타고 가며
   마음 자주 추슬러도 뒤뚱거리고
   눈에서는 모래가 흘러나와 쓰렸다
   길이 끝나는 곳에 언어가 있고
   언어가 끝나는 곳은 사막이었다
   지평선 멀리 펼쳐진 푸른 호수를
   가이드는 신기루라 하였으나
   마음은 자꾸 호반으로 달렸다, 가서
   모래경 읽는 주민이 되고 싶었다
   가장 오랜 (③   )은/는 바람이었다
   어느 대목엔 결 고운 밑줄을 치고
   수 틀리면 뿌옇게 뒤집어 엎는 과격한

바람도 (④)였다, 읽을수록 난해한
너무 방대해서 번역조차 겁나는
신이 마지막 쓴 불멸의 (⑤)이었다
내가 읽은 타클라마칸 사막은.

— 임영조, 「사막 1 — 타클라마칸」 전문

2. 다음 시의 비유 체계는 '열린 비유 체계'와 '닫힌 비유 체계' 중 어디에 속하는지 근거를 들어 말해 보자.

숲은 만조다
바람이란 바람 모두 밀려와 나무들 해초처럼 일렁이고
일렁임은 일렁임끼리 부딪쳐 자꾸만 파도를 만든다
숲은 얼마나 오래 웅웅거리는 벌떼들을 키워온 것일까
아주 먼 데서 온 바람이 숲을 건드리자
숨죽이고 있던 모래알갱이들까지 우우 일어나 몰려다닌다
저기 거북의 등처럼 낮게 엎드린 잿빛 바위,
그 완강한 침묵조차 남겨두지 않겠다는 듯 숲은 출렁거린다
아니라 아니라고 온몸을 흔든다 스스로 범람한다
숲에서 벗어나기 위해 숲은 육탈(肉脫)한다
부러진 나뭇가지들 떠내려간다

— 나희덕, 「해일」 전문

3. 6장에서 완성한 짧은 시의 시상을 바탕으로, 비유를 새롭게 설정하여 한 편의 시를 완성해 보자(소재의 연속성이 있다면 시상 변경도 가능).

한 장을 마무리하는 시 한 편 7 | **비유를 이용한 시 쓰기**

* 다음 시를 참고하여, 비유의 효과를 잘 살린 작품을 써 보자.

여름산

오세영

자지러져 검푸르기까지 한
여름 산 짙은 녹음은 차라리
짐승의 무성한 털갈기 같다.
태풍이 치는 밤.
쩌렁쩌렁 우는 그 포효소리를 들은 적이 있는가.
언뜻 보인다.
번갯불 사이로
온 몸을 땀에 흠뻑 젖은 채
대지에 웅크리고 있는 그 거대한
수컷 한 마리.
주체할 수 없는 욕망에
꽃을 잡아먹어, 새를, 숲을 잡아먹어 마침내
씩씩대며 나를 노려보고 있는 그
맹수 한 마리.

이 시는 여름 산을 무서운 맹수에 비유하여 여름 산의 본질을 효과적으로 그려내고 있다. 빗속에서 웅크린 짐승이라는 비유를 통하여 울창한 여름 산의 위협적인 모습이 잘 드러난다. '여름산 = 맹수'라는 비유적 설정은 창의적 동력이 풍부하다. 그래서 이런 비유가 성립하는 순간 시적 전개는 일사천리로 이루어진다. 여름의 천둥소리는 짐승의 포효가 되고, 산의 모습은 욕망을 주체할 수 없는 수컷의 웅크린 모습이 되는 것이다.

■ 문학청년을 위한 세계 명시 산책 ⑦

지상과 초월

우리는 지상에 살고 있지만 지상에 전적으로 만족하지 못한다. 그래서 지상을 떠난 초월적인 세계를 꿈꾸는 사람도 있고, 그럼에도 불구하고 이 지상에서 어떤 의미와 가치를 찾으려고 하는 사람도 있다.

그 방향이 어찌되었든 지상과 초월의 문제를 다루는 것은 인간이란 무엇이며, 세계란 무엇인가에 대한 근원적인 질문을 던지는 일이다. 시인이라면 이 문제에 대한 심각한 고민이 있어야 한다.

R. 프로스트의 「자작나무」

프로스트는 자작나무 타는 행위를 비유적으로 해석하여 자신이 생각하는 지상과 초월의 문제를 다룬다.

> 자작나무들이 곧고 검은 나무들의 선(線)에
> 빗겨 좌우로 굽은 것을 보면 나는 즐겨
> 어느 소년이 흔든 것이라고 상정해 본다.
> 그러나 흔드는 것은 폭풍우처럼
> 영 굽혀 놓지를 않는다. 비온 후 화창한 겨울 아침에
> 얼음이 달린 것을 자주 보았을 것이다.
> 바람이 일면 딱딱 소리 내며
> 겉이 갈라져 금이 가면
> 여러 가지 색깔을 띠게 된다.
> 이윽고 태양열은 수정의 껍질을 떨어뜨린다
> 단단한 눈 위로 쏟아져 부서진다.

깨어진 유리조각이 수북이 쌓여
하늘의 안쪽 천정이 꺼져 버린 느낌이다.
그 무게로, 시든 고사리 덤불까지
끌려 내리기도 하지만 부러지지는 않는다.
그처럼 오랜 시간을 일단
굽혀있으면 다시 펴지지 않는다.
몇 년 후에도 숲에 가면 보게 된다
줄기가 휜 채 땅에 잎들을 드리운 모습을.
마치 여인들이 무릎 꿇고 앉아
햇볕에 머리를 드리워 말리는 것처럼.
그러나 사실은
푹풍우의 소행임을 말해주지만
나는 어느 소년이 소를 몰고 오가면서
굽혀 놓은 것이라고 믿고 싶다—.
도회에서 너무 멀리 떨어져 야구를 배울 수 없고
유일한 놀음이란 스스로 발견해야 하고
여름이나 겨울이나 혼자 놀아야 한다.
그는 아버지의 나무들을 하나하나 진압해 나갔다.
되풀이 올라탐으로써
뻣뻣한 기운을 없앨 때까지
그리하여 모두가 축 처지고 더 이상
정복할 것이 없을 때까지. 그는 배울 것을
다 배웠다. 너무 일찍 나섬으로써
나무를 땅까지 끌어당기지 않는 법을.
그는 늘 꼭대기 가지까지
균형을 유지했다
조심스럽게 올라갔다. 잔을 찰찰
넘치도록 채울 때 같은 정성으로.

그리고는 휙 하며 다리를 차 몸을 던진다.
공중을 통과하여 땅으로 돌아온다.
나 역시 한 때 자작나무를 탔었다.
또 타고 싶은 마음이다.
이런저런 생각에 시들해지고
인생은 길 없는 숲 같아
거미줄에 얼굴이 근지럽게 달아오르고
한 눈은 가지에 스쳐
눈물이 흐를 때면
잠시 땅을 떠났다가
돌아와 새 출발을 하고 싶다.
그러나 운명이 나를 오해하여
내 소원의 반만 들어주어 나를 아주 데려가
못 돌아오도록 해서는 안 되겠다. 땅은 사랑을 위한 장소
여기보다 좋은 곳이 어디 또 있을까.
이왕이면 자작나무를 타고 올라가고 싶다.
검은 가지를 타고 눈처럼 흰 줄기를 올라가
하늘로 향하다가 나무가 더 이상 견디지 못해
머리 숙여 나를 다시 내려놓을 때까지.
그렇게 갔다가 그렇게 돌아오는 것이다.
자작나무 타는 일은 괜찮은 일이다.

— R. 프로스트, 「자작나무」 전문(이영걸 옮김)

프로스트는 이 지상에서 어떤 의미를 찾고자 한다. 그래서 자작나무를 타듯이 이 지상에서 솟아올랐다가 결국에는 다시 지상으로 돌아오는 일이 좋다고 생각한다. 지상은 사랑하기에 알맞은 장소이기 때문이다. 젊은 날 이 시에 나오는 '삶은 길 없는 숲 같아'라는 구절에 얼마나 마음이 흔들렸는지 모른다. 여전히 삶은 길 없는 숲이지만, 필자도 자작나무가 있는 이 지상에서 꿈꾸고 싶다.

예이츠의 「비잔티움 항행」

예이츠는 '비잔티움'과 같은 곳을 초월적 세계의 모델로 제시하여 지상에 대한 관점을 보여 준다.

I
저것은 늙은 사람들의 나라가 아니다.
팔에 팔을 낀 젊은이들, 숲 속의 새들,
― 저 죽음의 세대들은 저희들의 노래에 취하고,
연어 오르는 폭포, 고등어 우글거리는 바다
고기나 짐승이나 새들은 온 여름 동안
생겨서 나서 죽는 온갖 것들을 찬양한다.
모두들 관능의 음악에 취하여
늙지 않는 이지의 기념비를 모르는구나.

II
늙은 사람이란 정말 보잘 것 없는 것,
막대기에 걸친 누더기 등거리.
육체의 옷이 갈기갈기 찢어지는 것을
영혼이 손뼉 치며 노래하지 않고, 소리 높이 노래하지 않는다면,
또한 영혼의 장엄한 기념비를 배우지 않는다면,
노래를 배울 곳은 아무데도 없다.
그래서 나는 바다를 건너
이곳 성시(聖市) 비잔티움에 왔다.

III
아! 벽에 아로새긴 황금 모자이크 사이에 있듯이
신의 성스런 불속에 서있는 성자들이여,
그 성화로부터 나와, 하나의 원을 그리며 선회하사

내 영혼에 노래를 가르치는 스승이 되시라.
그리고 내 심장을 소멸시키시라, 욕정에 병들고
죽음의 동물성에 얽매어
스스로를 깨닫지 못하는 그 심장을.
그리하여 나를 끌어들이라
영원한 예술의 손안으로.

Ⅳ
한 번 자연에서 벗어난 후엔 다시는
내 형체를 어떤 자연물에서도 취하지 않고,
그리스의 금공들이 메질한 금덩이와
황금 유약으로 만든 그런 형체를 취하련다,
황제의 졸음을 깨우기 위하여.
또는 황금 가지 위에 앉혀 비잔티움의 귀족남녀들에게
과거와 현재와 미래를
노래해 들려주기 위하여 쓰였던.

— 예이츠, 「비잔티움 항행」 전문(이창배 옮김)

   비잔티움은 동로마제국의 도시로서, 당시 여러 문화의 공존을 통하여 찬란한 문화를 꽃피운 곳이다. 예이츠는 이곳을 인간의 모든 문제가 해결된 곳으로 제시하여 초월적 세계가 어떠해야 하는가를 말하고 있다. 늙음이 아니라 젊음에서 가치를 발견하고 이지보다는 승화된 관능을 누리는, 그럼에도 육체나 물질보다는 영혼과 예술의 가치를 숭상하는 이곳 사람들의 삶은 지금 우리가 추구해야 할 삶의 모델이기도 하다. 실제의 비잔티움의 형편이 어떠했을지는 모르지만, 지상에서 초월의 모델을 발견한 사람은 행복할 것이다.

보들레르의 「신천옹(信天翁)」

   보들레르는 신천옹, 즉 알바트로스라는 새를 통하여 이 지상의 삶이 어떠한 것인지를 넌지시 말한다.

    흔히, 장난삼아, 뱃사람들은
    거대한 바닷새, 신천옹을 잡는다.
    이 한가로운 항해의 길동무는,
    깊은 바다 지치는 배를 따른다.

    갑판 위에 한 번 잡아 놓기만 하면,
    이 창공의 왕자도 어색하고 수줍어,
    가엾게도 그 크고 흰 날개를
    노 모양 옆구리에 질질 끈다.

    이 날개 돋친 나그네도, 얼마나 꼴좋게 풀이 죽었는가!
    아까까지도 그토록 아름다운 게, 어찌 그다지도 우습고 흉측한 몰골!
    어떤 사람은 파이프로 부리를 건드리고,
    또 어떤 사람은 절름절름, 하늘 날던 불구자의 흉내를 낸다!

    시인도 흡사 이 구름의 왕자,
    폭풍 속을 넘나들고 사수(射手)를 비웃건만,
    땅 위의 놀림판 속에 몰리고 보면,
    그 거창한 날개도 걸음을 방해할 따름.
              — 보들레르,「신천옹(信天翁)」전문 (정기수 옮김)

  신천옹은 바다의 큰 새로서, 이 시에서 시인을 상징하는 존재이다. 이상을 꿈꾸는 자는 날개가 있기 마련이다. 그러나 이 지상에서 그런 날개를 가진 자는 올바로 대접받기 힘들다. 사실상 삶에서 그런 날개는 불필요하고 거추장스럽기만 할 뿐이다. 오히려 그 날개 때문에 제대로 걷지 못하여 놀림감이 되기 십상인 것이다. 신천옹과 같은 존재가 살아야 할 곳이 이 지상이 아니라면, 이

지상에서 하늘과 같은 곳은 어디일까. 이 어긋남이 그 자체로 삶의 본질일까.

더 읽어야 할 작품들
지상과 초월의 문제를 정면으로 다루는 시인은 그다지 많지 않다. 다음 시들은 이 중 주목할 만한 작품들이다. 전편을 숙독할 것을 권한다.

> 내가 이렇게 소리친들, 천사의 계열 중 대체 그 누가
> 내 목소리를 들어줄까? 한 천사가 느닷없이
> 나를 가슴에 끌어안으면, 나보다 강한 그의
> 존재로 말미암아 나 스러지고 말 텐데. 아름다움이란
> 우리가 간신히 견디어내는 무서움의 시작일 뿐이므로.
> 우리 이처럼 아름다움에 경탄하는 까닭은, 그것이 우리를
> 파멸시키는 것 따윈 아랑곳하지 않기 때문이다. 모든 천사는 무섭다.
> ― 릴케, 「두이노의 비가」 부분 (김재혁 옮김)

삶과 죽음의 문제를 천사라는 개념을 통하여 성찰하는 기념비적인 작품이다. 시인의 깊이 있는 사색과 표현의 중후함을 충분하게 느낄 수 있다.

> 내 노래는 모든 장식을 벗어 던졌습니다. 자랑할 만한 그 어떤 옷도 장신구도 이제는 걸치고 있지 않습니다. 그 어떤 장식이라도 님과 나 사이를 가로막아, 우리의 하나됨을 방해할지 모르니까요. 장신구의 짤랑이는 소리가 님의 속삭임을 지워 버릴지 모르니까요.
> ― 타고르, 「기탄잘리」 부분 (장경렬 옮김)

시종일관 신에 대한 헌신과 경건함을 유려하고도 명상적인 언어로 보여주는 타고르의 작품이다. 이 작품은 「기탄잘리」 7번 시편의 일부이다.

> 마음은 옛처럼 천상적인 것들과 비슷하게 자라나고

그 다음에야 그들[신: 옮긴이]은 천둥치며 천둥치며 오리라. 그러나 이러는 사이 자주

우리처럼 친구도 없이 홀로 있느니 잠자는 것이 낫다는 생각을 한다.

그렇게 언제나 기다리며 그 사이 무엇을 하고 무엇을 말할지

나는 모른다. 이 궁핍한 시대에 시인은 무엇을 위해 사는 것일까?

그러나 시인들은 성스러운 한밤에 이 나라에서 저 나라로

나아가는 바커스의 성스러운 사제와 같다고 그대는 말한다.

— 횔덜린, 「빵과 포도주」 부분(장영태 옮김)

신과 인간의 문제에 대한 심오한 시선을 시로 보여 주는 웅장한 작품이다. 신이 부재하는 궁핍한 시대의 한계상황과 도래할 세계에 대한 희망을 보여 준다.

시상의 전개 2

화자 – 재료를 어떻게 요리할까 ②

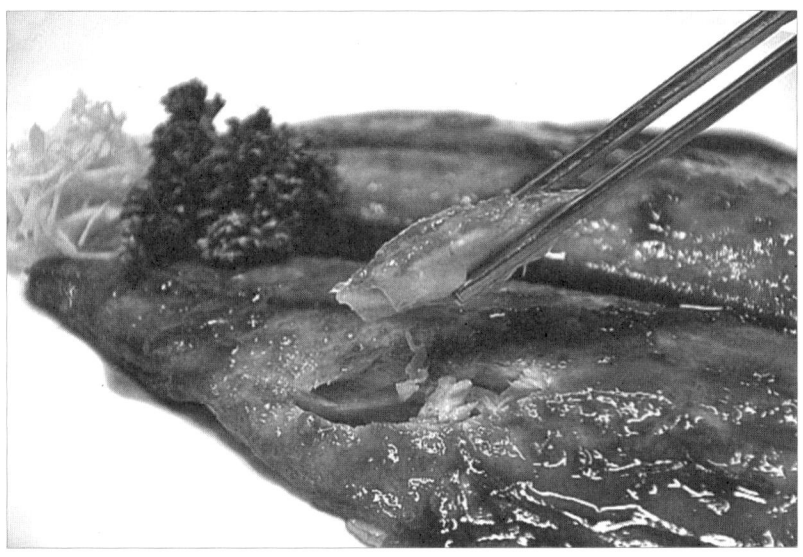

고등어구이가 맛있다는 평가를 받지 못하였다면, 이번에는 고등어조림으로 요리법을 바꾸어 보자. 무를 굵게 썰어 넣고 양념을 듬뿍 넣은 뒤, 은근한 불에 푹 졸이면 고등어의 새로운 맛을 느낄 요리가 탄생할 것이다.

비유를 사용하여 시가 제대로 되지 않았다면, 이번에는 시의 화자를 바꾸어 보자. 화자만 바꾸어도 시는 완전하게 다른 작품이 된다. 화자는 소재를 바라보는 시선의 완전한 변화를 의미하기 때문이다. 이때 소재의 면모를 가장 효과적으로 보여 줄 화자를 선택하는 일이 중요하다.

1. 화자의 세 가지 유형

엘리엇의 세 가지 목소리

화자는 시 속에서 전언을 전달하는 존재이다. 전문적으로 말하자면 화자는 실제 시인이 발화를 가장 적절하게 운용할 수 있도록 발화에 가장 적합한 존재로서 내세운 이상적인 발신자를 말한다.

화자는 여러 유형으로 나눌 수 있지만 엘리엇이 논한 세 가지 유형이 적절한 것으로 보인다. 시에 나타나는 목소리의 유형을 다루는 엘리엇의 글에 따르면 제1의 목소리는 시인 자신이 자신에게 말하는 경우로서, 서정시에 흔히 나타나는 바, 독백적인 어조가 강하다. 제2의 목소리는 시인이 청중에게 말하는 경우로서, 교훈 전달이나 풍자 등 목적성이 강한 어조를 지니게 된다. 제3의 목소리는 제3의 화자, 즉 페르소나(persona)를 통해 발화하는 방식으로, 화자의 설정에 따라 다양한 어조가 가능하다. 엘리엇이 말한 이 목소리는 곧 화자를 함축하고 있는데, 제1의 목소리는 1인칭 화자의 독백조, 제2의 목소리는 1인칭 대화조(더 정확히 말하자면 연설조), 제3의 목소리는 또 다른 인물 설정을 통한 다양한 인칭의 다양한 어조를 말한다.[1]

---

1. T.S. Eliot, 이창배 옮김, 「시의 세 가지 목소리」, 『T. S. 엘리엇 문학비평』, 동국대학교 출판부, 1999. 그가 말하는 제3의 목소리는 주로 극시에 해당하는 개념이다. 그는 "모든 시에서 하나 이상의 목소리가 들린다"(130쪽)고 본다.

이를 화자의 문제와 연결시키면 제1의 목소리는 자신에게 혼잣말을 하는 독백적 화자, 제2의 목소리는 타자의 존재를 인식하고 있는 대타적 화자, 제3의 목소리는 등장인물, 즉 페르소나를 통해서 그에 걸맞은 행동과 대사를 하는 극적 화자에 해당한다.

1) 독백적 화자

독백적 화자는 전통적인 서정시의 화자로서 1인칭 화자이며, 시인과 거의 동일한 존재로 인식된다. 우리나라 서정시의 대부분은 이런 유형의 화자라 할 수 있다.

나는 나 말고
무엇인가 되어야 한다고
나를 사랑하는 사람들이 말했다
나로서는 충분하지 않고
다른 무언가 되어야 한다고 했다

이제까지 나는 아무 것도 아니었구나
문 잠긴 초록 대문 앞에 앉아
길고 아득한 골목 끝을 바라보다 혼자 깨달았다

나는 나인데 나 말고 무엇이
왜
되어야 하는 걸까
세상에는 없는 게 없고 세상에 없는 건 나뿐인데
나는 나 말고 무엇이 되어야 하는 걸까
내가 나 말고 무엇인가 되어야 한다면 나는 무엇이 될 수 있을까

그날 오후 그 봄의 마지막 꽃들이 한꺼번에 지고 있었다
도둑고양이 한 마리가 담장 위에 웅크리고 앉아 나를 보고 웃고 있었다
노을이 골목에 밀려들 때까지 엄마는 돌아오지 않았다

그때 내가 무엇이 되겠다고 결심했었나 기억나지 않는다
다만 그때부터 나는 나 말고 무언가 되려고 애썼던 것 같다
그때부터 나는 더 이상 나도 아니고
아무 것도 아닌 게 되어갔다

— 윤지영, 「장래희망」 전문

이런 화자는 다음과 같은 장점을 지닌다. 첫째, 시인의 주관적 정서나 생각을 자연스럽게 전달하는 데 도움이 된다. 둘째, 자신의 경험을 솔직하게 전달하여 진정성을 획득할 수 있다.

2) 대타적 화자

대타적 화자는 청중을 인식하고 발화하는 화자이다. 자신의 메시지를 청중에게 전달하려는 의도를 강하게 지니고 있는 시인이 주로 사용하는 화자이다. 참여시에서 자주 사용하는 화자라 할 수 있다.

(가) 만인을 위해 내가 노력할 때
　　나는 자유이다
　　땀 흘려 힘껏 일하지 않고서야 어찌 나는 자유이다라고 말할 수 있으랴
　　만인을 위해 내가 싸울 때 나는 자유이다
　　피 흘려 함께 싸우지 않고서야 어찌 나는 자유이다라고 말할 수 있으랴
　　만인을 위해 내가 몸부림칠 때 나는 자유이다

피와 땀과 눈물을 나눠 흘리지 않고서야 어찌 나는 자유이다라고 말할 수 있으랴
사람들은 맨날
밖으로는 자유여, 형제여, 동포여! 외쳐대면서도
안으로는 제 잇속만 차리고들 있단 말인가
도대체 무엇을 할 수 있단 말인가
도대체 무엇이 될 수 있단 말인가
제 자신을 속이고서

— 김남주, 「자유」 전문

(나) 무슨 밥을 먹는가가 문제다
우리는 밥에 따라 나뉘었다
그 밥에 따라 양심이 나뉘고
윤리가 나뉘고 도덕이 나뉘고
또 민족이 서로 나뉘고

그래서 밥이 의식을 만든다는 것은
뇌의 생체학적 현상이 아니라
사회적이고 인류적이고
그래서 밥은 계급적이고

밥의 나뉨은 또 식품문화적 구별도
영양학적 구별도 아니고
보편의 언어요 이념이요 과학이요 인식이다

노동자의 가슴에

노동자의 피가 흐르는 것은
밥이 다르기 때문이다

그래서 호남과 영남은
밥에 따라 다시 나누어야 한다
그래서, 아메리카 아프리카 아시아도
종교가 아니라 국가가 아니라
밥에 따라 다시 나누어야 한다
그래서, 동서의 분단 남북의 갈라섬도
밥에 따라 다시 분단시켜야 한다

피땀 어린 고귀한 생산자의 밥의 나라냐
착취와 폭력의 수탈자의 밥의 나라냐

그대들은 무슨 밥을 먹는가
게으른 역사의 바퀴를 서둘러
움직일 수 있는 사람들 오직
지상의 모든 노동자들이여
형제들이여!

— 백무산, 「만국의 노동자여」 전문

  (가)는 나의 입장을 다루고 있지만, 그 전언의 대상은 문제점이 있는 다른 사람, 즉 "밖으로는 자유여, 형제여, 동포여! 외쳐대면서도/안으로는 제 잇속만 차리고들 있"는 '사람들'이다. (나)는 이와 달리 대타적 화자가 적극성을 띤 경우이다. 이 시는 밥의 특성에 초점을 맞추어 '먹고 사는 문제에 담긴 계급의식을 인식하자!'라는 자신의 견해를 주장하는 적극적 화자

를 내세우고 있다. 이런 화자는 자신이 생각하는 바를 뚜렷하게 드러내고, 다른 사례를 통하여 그것을 증명하고 설득하려는 의도를 강하게 지닌다. 이처럼 대타적 화자도 메시지를 직접적으로 강조하는 경우와 그것을 서정적으로 내면화하여 간접적으로 강조하는 경우로 나눌 수 있다.

　대타적 화자는 다음과 같은 장점을 지닌다. 첫째, 자신의 생각을 분명하게 전달할 때 도움이 된다. 둘째, 개인적인 문제가 아니라 사회적 문제를 다룰 때 유용하다.

3) 극적 화자

　극적 화자는 시인과 전혀 다른, 혹은 시인의 구체성이 탈각된 제3의 등장인물이 나타나 발화를 이끌어 가는 화자이다. 시인의 생각을 대신할 수 있는 모든 존재가 이런 화자가 될 수 있다. 극적 화자는 두 가지 경우가 있다. 첫 번째는 '제3의 인물 화자'이며, 두 번째는 '투명한 화자'이다.

(가) 나는 그 남자를 본다. 수돗가를 향해
　　　조그만 창이 나 있는 골방 속에 들어 있는 남자를
　　　나는 본다. 그는 심한 기침을 해대며
　　　나, 실크 커튼이 쳐진 작은 창이 달린
　　　골방 속에 산다. 그는 입을 오물거려 껌을 씹고
　　　몸은 움직이지 않는다. 가끔 파스 하이드라지드를
　　　입에 털어넣고 주전자째로 물을 마시는 남자.
　　　정말이지 나, 실크 커튼이 보기에 그는 전혀
　　　움직이지 않고 사는 것 같아 보인다.

　　　나는 본다. 그 남자를 보고, 또 한 여자를
　　　나는 본다. 그녀는 하루에도 수차례씩

비누를 들고 나와 수돗가에서 발을 씻는다.
발가락 사이 사이와 발꿈치 복숭아뼈를 거쳐
종아리와 정강이, 무릎에다 잔뜩 비누칠을 하고서
거친 수건으로 그것들을 세심히 문지르는 그녀.
나, 실크 커튼이 보기에 그녀는 마치
씻기 위해 사는 것처럼 보인다.

— 장정일, 「나, 실크 커튼」 부분

(나) 누가 이른 나이에 세상을 떴는지

화환도 없고
문상객도 겨우 두엇이다

특실로 가는 화환이 긴 터널을 이루는 동안에도
화환 하나 놓이지 않는 곳

신발들도 기대어 졸고 있는데
특실로 가는 문상객이 그마저 어깃장을 놓는다

성근 국화처럼
벽에 기대어 있는 젊은 아낙과, 문 뒤에 숨어
입구까지 덮쳐오는 긴 터널을 바라보고 있는 앳된 소녀

삼일장도 너무 긴

일반 4호실

— 이홍섭, 「일반 4호실」 전문

(가)에서 화자인 '나'는 실크 커튼이다. 실크 커튼을 제3의 인물로 만들어 화자로 내세운 경우이다. 고립적으로 생활하는 현대인의 은밀한 삶을 세밀하게 묘사하는 데 적합한 화자라 할 수 있다. '제3의 인물 화자'는 이처럼 의인화한 사물뿐 아니라, 실제 시인과 전혀 다른 인물 등을 내세워 메시지를 효과적으로 전달할 수 있다.

이와 달리 (나)는 시인의 주관적 개입을 최소화하여 대상을 객관적으로 그리는 화자, 즉 '투명한 화자'를 사용하고 있다. 이런 화자의 가장 전형적인 경우는 신문 기사이다. 신문 기사에서 화자는 너무나 투명하여 마치 화자가 없는 것처럼 느껴진다. 그래서 사건 자체를 주관의 개입이 없는, 냉정하고도 객관적인 대상으로 보이게 한다.

시 창작을 위한 토론

1. 다음 두 시에 나타나는 화자의 성격을 살펴보고, 어떤 차이가 나는지 설명해 보자.

(가) 굳어지기 전까지 저 딱딱한 것들은 물결이었다
　　　파도와 해일이 쉬고 있는 바닷속
　　　지느러미의 물결 사이에 끼어
　　　유유히 흘러다니던 무수한 갈래의 길이었다
　　　그물이 물결 속에서 멸치들을 떼어냈던 것이다
　　　햇빛의 꼿꼿한 직선들 틈에 끼이자마자
　　　부드러운 물결은 팔딱거리다 길을 잃었을 것이다
　　　바람과 햇볕이 달라붙어 물기를 빨아들이는 동안

바다의 무늬는 뼈다귀처럼 남아
멸치의 등과 지느러미 위에서 딱딱하게 굳어갔던 것이다
모래더미처럼 길거리에 쌓이고
건어물집의 푸석한 공기에 풀리다가
기름에 튀겨지고 접시에 담겨졌던 것이다
지금 젓가락 끝에 깍두기처럼 딱딱하게 잡히는 이 멸치에는
바다가 있다 그 바다에는 아직도
지느러미가 있고 지느러미를 흔드는 물결이 있다
이 작은 물결이
지금도 멸치의 몸통을 뒤틀고 있는 이 작은 무늬가
파도를 만들고 해일을 부르고
고깃배를 부수고 그물을 찢었던 것이다.

— 김기택, 「멸치」 전문

(나) 멸치가 싫다
　　그것은 작고 비리고 시시하게 반짝인다

　　시를 쓰면서
　　멸치가 더 싫어졌다
　　안 먹겠다
　　절대 안 먹겠다

　　고집을 꺾으려고
　　어머니는 도시락 가득 고추장멸치볶음을 싸주셨다
　　그것은 밥과 몇 개의 유순한 계란말이 사이에 칸으로 막혀 있었지만
　　뚜껑을 열어보면 항상 흩어져 있다

시인의 순결한 양식
그 흰 쌀밥에서 나는 숭고한 몸짓으로 붉은 멸치를 하나하나 골라내곤 했었다
시민의 순결한 양식
그 붉은 쌀밥에서 나는 결연한 젓가락질로 하얘진 멸치를 골라내곤 했다

대학에 입학하자 나는 거룩하고 순수한 음식에 대해
밥상머리에서 몇 달간 떠들기 시작했다
문학과 정치, 영혼과 노동, 해방에 대하여, 뛰어넘을 수 없는 반찬칸과 같은 생물들에 대하여
잠자코 듣고만 계시던 어머니 결국 한 말씀 하셨습니다
"멸치도 안 먹는 년이 무슨 노동해방이냐"

그 말이 듣기 싫어 나는 멸치를 먹었다
멸치가 싫다. 기분상으로, 구조적으로
그것은 작고 비리고 문득, 반짝이지만 결코 폼 잡을 수 없는 것

왜 멸치는 숭고한 맛이 아닌가
왜 멸치볶음은 죽어서도 살아있는가
이론상으로는 가닿을 수 없다는 반찬칸을 뛰어넘어 언제나 내 밥알을 물들이는가
왜 흔들리면서 뒤섞이는가

총체적으로 폼을 잡을 수 없다는 것
그 머나먼 폼

왜 이토록 숭고한 생선인가, 숭고한 젓가락질의 미학을 넘어서 숭고한가
멸치여, 그대여, 아예 도시락뚜껑을 넘어 흩어져주준다면,
밥알과 함께 쏟아져만 준다면
그 신비의 알리바이로 나는 영원토록 굶을 수 있었겠네

두 눈 속에 갇힌 사시의 맑은 눈빛으로
다른 쪽의 눈동자를 그립게 흘겨보는 고독한 천사처럼

— 진은영, 「멸치의 아이러니」 전문

2. 화자를 독특하게 설정한 시를 찾아 읽어 보고, 그런 설정이 시에 어떤 긍정적인 결과를 가져오는지 설명해 보자.

2. 화자를 바꾸면 시가 달라진다

화자 바꾸기는 시각 바꾸기

 화자의 유형보다 중요한 것은 화자의 새로운 설정이 시에 생명감을 불어넣어 주는 경우가 많다는 것이다. 시적 전개가 잘 풀리지 않을 때 화자를 바꾸어 보는 것도 하나의 해결 방법이 될 수 있다. 화자를 바꾸는 것은 대상을 바라보는 시각을 바꾸는 것이기 때문에, 지금까지와 전혀 다른 시점에서 대상을 바라볼 수 있게 된다. 화자에 초점을 맞추어 다음 시를 읽어 보자.

> 1947년 봄
> 심야(深夜)
> 황해도 해주(海州)의 바다
> 이남(以南)과 이북(以北)의 경계선 용당포
>
> 사공은 조심조심 노를 저어가고 있었다.
> 울음을 터뜨린 한 영아(嬰兒)를 삼킨 곳.
> 스무 몇 해나 지나서도 누구나 그 수심(水深)을 모른다.
>
> ― 김종삼, 「민간인」 전문

이 시의 화자는 앞에서 설명한 극적 화자 중 투명한 화자이다. 마치 신문 기사를 쓰는 듯한 냉정한 시선으로 시적 대상을 다루고 있다. 이 시의 대상은 월남하다가 아이가 울자 보초에게 들킬까 봐 갓난쟁이를 익사시킨 비극적인 사건이다. 이런 비극적인 사건에 화자는 주관적 개입을 전혀 하지 않고 무미건조하게 서술하고 있다. 이런 냉정한 시선이 비극적 사건을 더욱 강조하는 효과를 지닌다.

화자의 변화, 그리고 유의점

그런데 김종삼의 「민간인」의 화자를 바꾸어 보면 전혀 다른 시가 될 수 있다. 학생들이 쓴 다음 작품을 보자.

(가) 그러니께 시방 그 때가 1947년 봄이었지라. 밤에 칠흙만치로 컴컴항께, 암껏도 보이지 않았어라. 글씨, 황해도 해주 바다 말이지 그곳이 긍께 용당포, 쩌그 이남과 이북의 경계선이지라
　나는 그 띠 고냥이 맨드로 살곰살곰 놀르 젓는디 아 글씨 아새끼가 저그 에미애비 죽는 줄도 모르고 말이시 참말로 간이 쩍 달라붙응께 별수 있나 누구라도 그랬을꺼여
　아직 대갈도 덜 여문 아그를 던져뿌렸제 그 물이 어찌나 깊든지 말여… 말하면 뭐하 벌써 이십년 전 일잉께로 다 잊어 뿌렀지, 다 잊어뿌렸응께 묻지 말드라고.

― 정문정(학생), 「민간인」 전문

(나) 1947년 봄이었다
　　황해도 해주의 바다,
　　그 바다에 납작 엎드려

우리는 남으로 내려왔다
칠흑 같은 밤이었다

아들아,
왜 하필 그때 울음을 터뜨렸느냐
갓난쟁이 너를 삼킨 것은 바다가 아니었다
아무것도 모르는 너를 삼킨 것은 용당포가 아니었다
너를 삼킨 것은 나의 가슴이었다

아들아,
스무 몇 해가 지났어도
너는,
내 가슴 속에 가라앉고만 있구나

— 조민영(학생), 「민간인」 전문

    이 작품은 「민간인」의 3인칭 객관적 화자, 즉 투명한 화자를 각각 다른 화자로 바꾸어 놓고 있다. (가)는 그때 월남민을 실어 나른 나룻배 사공으로, (나)는 그런 비극적 상황의 주인공이 된 아기의 부모로 화자를 바꾸어 새롭게 구성한 작품이다. 이렇게 화자를 바꿈으로써 상황의 비극성을 다른 시점에서 강조할 수 있게 되었다. 화자가 바뀌면서 시의 분위기나 시적 효과 등이 완전하게 달라짐을 알 수 있다.
    화자를 특정한 대상으로 바꾸어 그 대상을 발신자로 삼을 경우, 시인 자신의 관념적인 말을 일방적으로 그 화자에게 강요하지 않는 것이 중요하다. 그것은 자신의 목소리로 대상을 억압하는 것이 된다. 최대한 대상의 목소리와 내용이 자연스럽게 흘러나오도록 만들어야 한다. 마치 1급 배우가 극의 상황을 가장 자연스럽게 소화하여 전달하듯이.

시 창작을 위한 토론

1. 다음 시의 화자를 살펴보고, 화자가 대상에 어울리는 목소리와 내용을 지녔는지 평가해 보자.

    지난 일들은 모두 잊어버리라고
    내 몸에 달디 단 기름을 발라 구우며
    그대는 뜨겁게 속삭이지만
    노릇하게 내 살점을 태우려 하지만
    까닭 없이 빈 갈비뼈가 안스러움은
    결코,
    이 빠진 접시 위에 오르고 싶지 않아서가 아님을
    비틀거리며 쏟아지는
    한 종지 왜 간장에 몸을 담그고
    목마른 침묵 속에
    고단한 내 영혼들이 청빈하게 익어갈 때면
    그 어느 것도 가늠할 수 없는 두려움에
    쓰라린 무릎을 끌어안고
    여기는 에미 애비도 없는
    서럽고 슬픈 저녁 나라이더냐
    들풀 같은 내 새끼들
    서툰 투망질에도 코를 꿰는 시간인데
    독처럼 감미로운 양념 냄비 속에 앉아
    나는 또 무엇을 잊어버려야 하며
    얼마만큼의 진실을 태워야 하는지

— 전연옥, 「멸치」 전문

2. 다음 시 중 하나를 선택하여 화자의 성격을 살펴보고, 이와 다른 화자를 사용하여 시를 다시 써 보자.

(가) 술 받으러 구멍가게에 갔다 덜컥 개에게 물렸다
　　헐렁한 몸뻬의 여주인이 개에게
　　"이 계집이, 이 다 큰 계집이"
　　야윈 어미 개를 내 앞에서 큰딸 혼내듯 했다
　　내게 되레 잘못한 일이 있었나 뜨끔했다
　　술을 받아 나올 때 여주인은
　　여태 눈도 못 뜨는 두 마리의 하얀 새끼 개를 들어보였다
　　따뜻한 배를 각각의 손으로 받쳐 들어 나에게 보여주었다
　　그 집으로부터 멀찍이 떨어져 겨우 다시 돌아보았을 때에도
　　　　　　　　　　　　　　　　— 문태준, 「물린 값으로」 전문

(나) 남모르는
　　내 작은 반지하방에
　　괭이 한 마리 살고 있었네
　　나 외롭고
　　괭이도 외로워
　　우리 서로 정 깊은 동무였네
　　외출에서 돌아오면
　　괭이는 내 품에 안겨들어
　　야옹, 소리 내고

제 볼을 내 가슴에 부비고
장난 그리운 아이 눈빛으로 나를 올려다보았다네
나밖에 모르고
하루 종일 나 없는 빈 방 지키며
나만 기다린 내 괭이,
나도 녀석의 목덜미 만져주고, 등허리 쓸어주고, 여린 발톱마저 애무해 주다 보면
시간은 나와 내 괭이 옆에 영원히 멈춰 서 있을 줄 알았는데
다 어디로 사라져 버렸을까
나만 알던 내 반지하방은
나만 기다리던 내 괭이는
내 괭이 위해 노란 수선화 안고 돌아와
그 긴 여름 장마 빗소리 밤새 듣던 나는
어디로 다 사라져 버렸을까

— 방민호, 「괭이」 전문

3. 6장에서 완성한 짧은 시의 시상을 바탕으로, 화자를 전혀 다르게 설정하여 한 편의 시를 완성해 보자(소재의 연속성이 있다면 시상 변경도 가능).

한 장을 마무리하는 시 한 편 8 — 독특한 화자 내세우기

* 다음 시를 예시로 삼아, 독특한 화자를 내세운 시를 완성해 보자.

거미

강은교

내가 세상에 줄 하나 던지는 것은
은빛, 얇은 줄 하나 던지는 것은
줄 하나 던지고 보이지 않는 한 켠에
응큼하게 웅크리고 있는 것은,

모든 날개들은
키 큰 나무 곁에서
펄럭이기 때문이다
펄럭이고 또 펄럭이면서
그림자 하나에 얹혀 올
너의 살 한 점
기다리고 있기 때문이다.

아,
우리는 모두
따뜻한 살 한 점
또는 그림자 하나
그립게 그립게
기다리고 있기 때문이다.

이 시의 화자 '나'는 시인이 아니라 제목에 나타나듯이 '거미'이다. 엘리엇의 규정에 따르면 제3의 목소리를 지닌 극적 화자이다. 시인은 거미를 화자로 내세워 자신의 생각(따뜻한 유대에 대한 간절한 그리움)을 효과적으로 전달하고 있다. 이처럼 독특한 화자는 시의 전언을 참신하게 만드는 효과를 지닌다.

■ 문학청년을 위한 세계 명시 산책 ⑧

상상과 환상

우리가 시를 읽으면서 느끼는 즐거움은 여러 가지가 있을 수 있겠지만, 그 중에 이채로운 상상과 환상을 보는 즐거움이 가장 클 것이다. 현실은 언제나 무미건조하기 일쑤이기 때문에, 시인이 던져 주는 낯설면서 몽상적인 언어들은 그 자체가 즐거움이 아닐 수 없다. 시인의 독창적인 상상과 환상을 따라가다 보면 새로운 세계에 발을 디딘 기쁨을 느끼게 되며, 그 결과 현실을 더욱 새롭게 바라볼 수 있게 된다.

워즈워스의 「가여운 수전(Susan)의 환상」
워즈워스는 사물이나 사건의 이면을 낭만적인 관점에서 보여 주는 시를 많이 썼지만, 전지적 작가 시점의 화자를 내세워 어떤 처녀의 환상을 엿보는 시를 남기기도 했다.

우드 가(街) 모퉁이에, 햇빛이 비칠 때면
목청 높이 우는 티티새 한 마리, 삼 년 동안 한결같았다.
가여운 수전이 이곳을 지나가다
고요한 아침에 새소릴 들었다.

황홀한 그 노래 소리. 무슨 일일까? 그녀는 본다,
솟아나는 산, 나무들의 환영(幻影)을.
빛나는 안개가 로스버리 거리를 미끄러져 가고,
강물이 칩사이드 골짜기로 흘러내린다.

그녀는 본다, 우유통을 들고 자주 오르내렸던 골짜기,
그 골짜기 한가운데 있는 푸른 목장을,
그리고 그녀가 이 세상에서 가장 사랑하는 단 하나의 집,
비둘기 둥지를 닮은, 유일한 작은 오두막을.

바라보던 그녀의 마음은 천국에 잠긴다, 하지만 모두 사라진다,
안개도, 강물도, 언덕도, 그늘도.
시냇물도 흐르려 하지 않고, 언덕도 솟아나지 않는다,
그리고 온갖 빛깔들도 그녀의 눈에서 모두 사라져버렸다!
— 워즈워스, 「가여운 수전(Susan)의 환상」 전문 (필자 옮김)

여기에 나오는 수전은 아마도 시골에서 도시로 올라와 남의 집 가정부 일을 하는 처녀일 것이다. 영국 은행 등과 같은 중요한 건물들과 높은 빌딩들이 모여 있는 런던의 중심가에서, 시골 처녀 수전이 티티새 노랫소리에 잠시 삭막한 도시를 떠나 고향 마을로 돌아가 평화를 되찾고 있다. 삶이 얼마나 고단하였으면 대도시의 거리가 순식간에 시골의 골짜기와 목장으로 보였겠는가. 이런 환상은 그녀의 고단한 삶을 더욱 안쓰럽게 만든다.

랭보의 「모음」

랭보는 상상과 환상을 자연스럽게 표출하는 능력을 지닌 시인이다. 아, 에, 이, 우, 오 이런 모음에서 느끼는 그의 능력을 살펴보자.

검은 A, 흰 E, 붉은 I, 푸른 U, 파란 O, 모음들이여,
언젠가는 너희들의 보이지 않는 탄생을 말하리라
A, 지독한 악취, 주위에서 윙윙거리는
터질 듯한 파리들의 검은 코르셋,

어둠의 만(灣) E, 기선과 천막의 순백(純白)

창 모양의 당당한 빙하들, 하얀 왕들, 산형화들의 살랑거림

I, 자주조개들, 토한 피, 분노나
회개의 도취경 속에서 웃는 아름다운 입술.
U, 순환주기들, 초록 바다의 신성한 물결침,
동물들이 흩어져 있는 방목장의 평화, 연금술사의
커다란 학구적인 이마에 새겨진 주름살의 평화.

O, 이상한 금속성 소리로 가득찬 최후의 나팔,
여러 세계들과 천사들이 가로 지르는 침묵,
오, 오메가여 그녀 눈의 보랏빛 테두리여!

— 랭보, 「모음」 전문(김현 옮김)

랭보는 시인이란 미지의 세계를 읽어 내는 '견자(見者),' 즉 '꿰뚫어 보는 자'가 되어야 한다고 주장한 바 있다. 위의 시는 모음의 본질을 꿰뚫어 보는 작품이다. '아'는 까망, '에'는 하양, '이'는 빨강, '우'는 초록, '오'는 파랑이다. 우리가 이런 상상에 동의하든 안 하든, 모음에서 색채를 읽어 내는 놀라운 상상은 이미 랭보만의 것이다.

생 종 페르스의 「눈 1」

언어와 언어 사이의 의미상 거리가 멀수록 상상력은 낯설고 몽상적인 것으로 다가오게 된다. 이를 가장 잘 보여 주는 시인 중의 하나가 생 종 페르스일 것이다.

그리고 나서 눈이 내리기 시작했다. 부재(不在)의 첫눈이, 꿈과 현실로 짜여진 거대한 피륙 위에; 괴로움은 모두 추억의 인간에게 맡겨지고, 우리의 관자놀이에는 아마포(亞麻布)의 보드라움만이 깃들어 있다. 그때는 아침, 새벽의 잿빛 소금에 깔린 6시, 조금 전 가박(假泊)의 항구처럼 침묵의 대송가(大頌歌)의 무리를 해방해

야 할 은총과 은혜의 장소였다.

그리고 밤새도록 우리가 오르는 사이에 이 날개의 위업 아래, 영혼의 폐허와 무거운 짐을 걸머지고 빛나는 곤충에 구멍 뚫린 경석(輕石)의 거대한 마을은 자기의 중량을 잊고 퍼지고 커지는 것을 잊지 않았다. 그 기억은 불확실하고 그 이야기는 과오가 많지만 곤충만이 거기에 대해서 무엇인가를 알고 있다. 이 어마어마한 일에 정신이 어떠한 역할을 했는지 나는 모른다.

아무도 입회하지 않고 알지도 못했다. 돌의 지붕 밑 통기창의 정상으로 이 비단 같은 시각의 최초의 하강을. 눈썹이 맞닿는 것과 닮은 저 연약하고 헛된 것의 최초의 하강을. 청동의 덮개 위에, 크롬강(鋼)의 탑 위에, 둔중한 도자기의 돌 위에, 두터운 유리기와 위에, 흑대리석의 차축(車軸) 위에, 은도금의 박차(拍車) 위에, 아무도 놀라게 하지 않고, 흐리게 하지 않았다.

빼어진 칼의 최초의 흔들림 같은 막 태어난 이 입김의 안개를… 눈은 계속 내리고 있었다, 지금 여기에 우리는 그 놀라움을 말하자: 날개 깃털에 싸여 침묵을 지키는 새벽은 정령의 입김에 사로잡힌 전설의 거대한 부엉이처럼 백다알리아의 몸을 부풀리고 있었다. 도처에서 기적과 축제가 우리를 향해서 왔다. 저 〈건축가〉가 지난 여름, 우리에게 쏙독새의 알을 보여준 저 테라스 위에 인사를 보내게 하라!

— 생 종 페르스, 「눈 1」 전문(민희식 옮김)

난데없이 갑작스럽게 시작하는 이 시의 서두, "그리고 나서 눈이 내리기 시작했다"라는 구절은 절묘하다. 아무 맥락도 없이 갑작스럽게 눈이 내리는 것과 어울리지 않는가! 모든 괴로움은 이 눈의 환상에 동참하지 못하는, 과거에서만 사는 추억의 인간에게 맡기고, 우리는 이 관자놀이에 닿는 눈의 차가운 감각만 느끼면 된다. 눈에 대한 상상은 위대한 찬가를 부르는 벌레 무리로, 곤충으로, 입김과 같은 안개로 퍼져 나가 독자로 하여금 눈 내리는 환상 속에 빠져들게 한다. 어렵게 느껴지지만 꼼꼼하게 읽어 보면 그 환상적인 느낌에 충분히 동참할 수 있을 것이다.

더 읽어야 할 작품들

시인이 창조한 낯선 상상과 환상의 세계를 보여 주는 시는 여럿 있지만, 그중에서 몇 편만 부분적으로 살펴보자.

> 어느 쓸쓸한 한밤중, 쇠약하고 지쳐서, 이미 잊혀진 학문의
> 별스럽고 기이한 여러 책들을 뒤적이며 생각에 잠겼을 때—
> 거의 잠들어 꾸벅거리고 있을 때 누군가 조용히
> 내 방의 문을 두드리는 듯 똑똑 치는 소리 갑자기 들려왔다.
> "손님이겠지." 나는 중얼거렸다. "내 방문 두드리는 건—
> 그것일 뿐, 더 이상은 아무 것도 아니다."
>
> — E.A. 포, 「큰 까마귀」 부분(이호성 옮김)

이 시는 에드가 앨런 포를 세계적인 시인으로 만든 작품의 서두이다. 한밤중에 찾아온 큰 까마귀(raven)와의 기이한 대화를 통해 자신의 상상을 마음껏 펼쳐 나가고 있다.

> 길가에 서 있는 자두나무 가지로 만든
> 매운 칼 같은 냄새,
> 입에 들어온 설탕 같은 키스들,
> 손가락 끝에서 미끄러지는 생기의 방울들,
> (…)
> 빗속에서 뒤집어엎은 램프처럼
> 탁탁 튀며 타오는 한창때
>
> — 네루다, 「젊음」 부분(정현종 옮김)

젊음의 본질을 예측할 수 없는 생생한 이미지들을 통해 표현하고 있다. 남

미에서는 초현실주의가 하나의 기교가 아니라 생활 자체라는 지적이 있는데, 이런 어휘들을 다루는 네루다의 솜씨를 보면 그 말에 수긍할 수밖에 없다.

> 부드러운 구월, 느리고 슬픈 미가일 축제일에
> 집집마다 용담꽃이 다 있는 것은 아니다.
>
> 크고 검은 바바리아의 용담꽃.
> 한낮에 어둡게 플루토의 우울을 푸르게 내뿜는 횃불 같은 꽃.
> 어둠에 활활 타서 푸르게 퍼진 이랑진 횃불 같은 꽃.
> 흰 대낮에 눌려 하체가 점으로 납작해진,
> 어둠을 푸르게 내뿜는, 플루토의 어둡게 푸른 혼미의 횃불꽃.
> ― D.H. 로렌스, 「바바리아의 용담꽃」 부분(정종화 옮김)

용담꽃을 꼭 검색하게 만드는 시. 용담꽃을 보며 떠올리는 상상들이 어둠과 밝음, 우울과 정열로 뒤섞여 있어 강렬한 인상을 남긴다. 하나의 대상을 이렇게 힘이 있고도 리얼하게 표현한 시를 발견하기도 쉽지 않다.

시상의 전개 3

리듬과 시형 – 재료를 어떻게 요리할까 ③

고등어구이도, 고등어조림도 좋은 평가를 못 받았다면, 이번에는 고등어 김치찜으로 요리법을 바꾸어 보자. 냄비에 김치를 한 겹 깔고, 김치에 돌돌 말은 고등어를 그 위에 얹고 또 다시 김치를 올리고 푹 익히면 고등어 김치찜이 완성된다.

비유도 시원찮고 화자를 바꾸어도 크게 좋아지지 않는다면, 리듬이나 시형에 의존하여 시상을 전개하는 방법도 괜찮다. 리듬감이 풍부하게 느껴지는 방식으로 시를 수정하면 최소한의 내용으로 시의 맛을 낼 수 있다. 시형도 리듬의 한 방식으로 주목할 만하다.

1. 리듬이 사라져 가는 시의 역사

노래로 만들어지는 서정시

과거에 시와 노래의 관계는 아주 밀접했다. 시를 노래라고 불렀던 그 시절의 영향으로 지금도 시를 해설할 때, '이 시는 가을의 고독을 노래하고 있다'고 표현하는 것이다. 현대에 노래로 만들어져 불리고 있는 시는 대부분 인간의 정서를 리듬감 있게 풀어내는 서정시가 대부분이다. 1980년대 중반과 2000년대 후반에 이루어진 연구에 따르면 노래로 만들어진 시를 가장 많이 가지고 있는 시인 상위 10위는 다음과 같다.[1]

순위	1986년 조사	2008년 조사
1	김소월(140곡)	김소월(237곡)
2	조병화(39곡)	박목월(116곡)
3	박목월(38곡)	조병화(64곡)
4	서정주(33곡)	이은상(63곡)
5	이은상(32곡)	조지훈(59곡)
6	김영랑(31곡)	김영랑(51곡)
7	조지훈(25곡)	김억(50곡)
8	양명문(22곡)	서정주(48곡)
9	박두진	김용택(40곡)
10	김춘수	이해인(40곡)

왜 서정시는 노래로 많이 만들어졌을까. 이 문제를 해명하는 데에는 매체의 특성을 이해하여야 한다. 시를 구현하는 데 사용되는 매체의 특성이 시적 특성을 결정적으로 좌우하기 때문이다. 매체를 참조하여 통시적으로 접근할 때 매체에 따라 발생하는 시적 유형은 전통시, 근대시, 탈근대시가 되고, 그 각각의 매체는 음성, 활자, 디지털 언어(html)가 된다.

매체와 시의 유형

먼저 전통시는 음성을 매체로 하여 이루어지는 시이다. 이때 시의 실현 가능성은 오로지 인간의 음성에 달려 있다. 그래서 시는 어떤 형태를 띠건 간에 음성의 실현태를 가정한 상태에서 만들어진다. 전통시의 문학적 특성은 음성이 지닌 시간성과 휘발성이라는 본질을 여러 형태로 반영하고 있다. 그것은 다음과 같이 정리될 수 있다.

(1) 리듬의 강조
(2) 반복에 바탕을 둔 다양한 수사학
(3) 표현의 상투성

(1) 발화의 용이성과 발화자와 청자의 쾌락을 위해 리듬이 강조되고, (2) 언어의 전달이 쉽도록 같은 내용을 반복해 주며, (3) 한 번 듣고 이해하기 쉽도록 상투적인 표현을 사용한다는 것이다. 그래서 전통시의 중심 감각은 청각이 된다. 이런 음성 매체의 시, 리듬 중심의 쉬우면서도 정서적인 시가 서정시의 본질을 형성한다. 서구에서 서정시(lyric)의 어원이 라이

---

1. 이 결과는 다음 두 논문에서 가져온 것이다. 이장직, 「한국시의 가곡화에 대한 분석」, 『문학예술』, 1986. 8; 신영섭, 「한국 현대시의 노래화 현황 연구」, 연세대학교 교육대학원 석사학위논문, 2009.

어(lyre)라는 악기에서 비롯되었다는 사실은 이런 경향이 보편적임을 암시해 준다.

근대시는 전통시를 탄생시킨 음독의 패러다임이 묵독의 패러다임으로 전환되면서 탄생한 장르이다. 근대시는 근대 문명의 전개에 따라 생활의 중심 매체가 음성에서 활자로 전환되면서 새로운 패러다임에 응하여 탄생하였다. 청자를 가정한 음독이 개인의 자율성이 보장된 고립된 공간에서의 묵독으로 대체될 때, 시는 활자라는 매체의 전면적인 등장에 많은 가능성을 타진해 보았다. 이에 따라 근대시의 특성은 다음과 같이 정리된다.

(1) 시의 형태 강조
(2) 난해성 증가
(3) 시각적 실험

이제 중심 감각은 청각에서 시각으로 넘어왔다. 그래서 활자를 이용한 시각적인 실험이 가능해진 것이다. 근대 출판술의 발달과 함께 아방가르드 실험시들이 전면적으로 등장한 것은 우연이 아니다. 활자 크기의 조절, 활자의 회화적인 배치 등은 음성 중심의 전통시에서는 전혀 생각할 수도 없는 시도였다. 우리 시에서 글자를 거꾸로 심거나 독서 순서가 거꾸로 배치된 작품, 혹은 사진이나 만화를 도입한 시들은 기존의 매체인 음성으로는 전혀 실현 불가능하다. 새로운 매체가 새로운 시의 개념 및 이념을 가져왔기 때문이다. 1930년대의 시인 이상이 이런 실험의 절정에 도달한 시인이다.

탈근대시는 디지털 언어(html)를 매체로 하는 하이퍼텍스트시 혹은 디지털시를 말한다. 현재 서구에서 다양한 시도들이 이루어지고 있지만 그것은 여전히 하나의 가능성으로서만 존재한다. 하이퍼텍스트시는 컴퓨터를 통하여 재현된다. 음악과 동영상, 혹은 가상 감각 등이 동원되어 탈근대시의 감각은 공감각이 될 수밖에 없다. 탈근대시는 음성과 활자를 동시에 구현하며 더 극단적으로 간단한 보조기구를 활용하여 촉각과 같은 것도 실현 가능하다. 이제 감각은 단순히 청각과 시각의 한계를 넘어선다. 그러나 탈근대는 와 있지만 아직 탈근대의 이념을 시로 형상화한 탈근대시는 나오지 않았다.

이런 매체의 특성에서 볼 때 음성을 매개로 하는 전통적인 서정시는 근본적으로 음악과 한 태생일 수밖에 없다. 음악적 요소가 서정시의 본질이 된 것도 이 때문이다. 서정시는 발화와 이해의 용이성에 초점을 맞추어 리듬을 형성하게 되는데, 앞에서 든 10위권의 시인들의 작품은 모두 이런 특성을 잘 구비하고 있다. 특히 대표적인 시인이 김소월이다. 그의 시가 노래로 만들어진 것이 압도적으로 많은 것도 이 때문이다. 그러나 현대에 들어서 서정시에서도 전통시적 리듬은 부분적인 것으로만 남아 있을 뿐이다. 매체의 변화로 시에서 리듬은 부차적인 것으로 물러났기 때문이다.

시 창작을 위한 토론

1. 다음 시를 읽고 가장 리듬감이 풍부한 작품이 어느 것이며, 그 이유는 무엇인지 말해 보자.

(가) 외부노출형으로 된 엘리베이터를 타고
　　　급히 죽전역 승강장을 오르는데
　　　유리벽 너머 저켠에서 한 아가씨가
　　　차를 놓칠세라 힘차게 달려오고 있었는데
　　　아 저 아가씨, 탐스러운 길다란 생머리가

온통 출렁거리고 있었는데 이런 식의,
출렁거림의, 역동성의 아름다움이란 생전
처음이었는데, 정말 숨이 막힐 지경이었다.
조물주가 저 아가씨의 몸을 만들 때는
이런 우수리의 아름다움 같은 건 계산에
넣지 않았을 것이다.
세상에는 때로 본체보다
본체에서 비롯하는 파생작품이 더 아름다울
때가 있다.

— 상희구, 「아, 출렁거리는 생머리의 저 아가씨」 전문

(나) 퇴직하면 산속 작은 암자에서 군불이나 지피는 부목살이가 꿈이었다 마당에 풀 뽑고 법당 거미줄도 걷어내며 구름처럼 한가하게 살 수 있다면 더 이상 바랄 게 없었다

요즘 나는 신사동 어디쯤에서 돼지꼬리에 매달려 파리 쫓는 일을 하며 지낸다 청소하고 손님 오면 차도 끓여내는데 한 노골이 보더니 굽실거리는 눈매가 제법이라 했다

떫은 맛이 조금 가시기는 했으나 아직 덜 삭았다는 뜻으로 들려 허리를 더 구부리기로 했다 지나온 길 들개처럼 자꾸 돌아보면 작은 공덕이나마 허사가 될 것 같아서다

— 홍사성, 「부목살이」 전문

(다) 아버지의 외박이 일주일째 계속되는 날, 어머니는 양파를 까자고 했다. 양파 중에서도 껍질이 잘 안 벗겨지는 가장 어리고 독한 것들만 골라 양파를 까

자고 했다. 나는 어머니와 마주앉아 무엇이든 함께하는 게 좋아 광주리 가득 양파를 담아 왔다. 양파를 까면서 우는 건 아무도 무어라 할 수 없는 당연한 일이므로 눈물 콧물 흘려가며 열심히 양파를 깠다. 껍질이 벗겨지면서 드러나는 양파의 눈처럼 희고 예쁜 속살은 언제 봐도 신기했다. 한참 그 미(美)에 빠져 문득 어머니를 올려다보니 어머니도 울고 있었다. 온몸이 울음바다로 변해 있었다. 그러나 어머니의 눈물은 양파 때문이 아니라 일주일째 집을 비운 아버지가 만든 진짜 눈물이었다. 어머니는 진짜 울고 있었다. 어린 눈에도 너무나도 서럽게 느껴지는 소리 없는 통곡이었다. 나는 못 본 척 숨죽이며 양파만 깠다. 너무나도 서러운 어머니의 눈물이 잦아질 때까지 속살이 하얗게 드러나는 앙증맞은 양파에만 시선을 맞추었다. 콧물이 떨어져도 가만히 있었다. 어머니가 왜 우는지, 어머니의 설움이 무엇인지 알기에 나는 꼼짝도 않고 양파만 깠다. 어머니는 저렇듯 남몰래 흘려야 할 눈물이 있을 때, 남몰래 흘려보내야 할 눈물이 필요할 때 양파를 까며 우신 거였다. 나는 내심 양파가 고마웠다. 어머니를 실컷 울게 만들어주고 그 울음으로 어머니의 온 마음을 씻어주는 채소 중의 채소, 엄마 중의 큰엄마인 양파가 정말 고마웠다. 어머니는 그렇게 양파를 까면서 울고 깐 양파를 썰면서 한참을 더 울었다. 그 때문인지 눈물 젖은 하얀 양파가 프라이팬에서 황갈색으로 익어가며 내뿜는 향기는 무어라 말 할 수 없이 달달하고 환상적인 맛을 풍겼다. 그동안의 모든 일들이 다 하찮아 보이고 아무 일도 아닌 듯 달콤 상쾌하게 느껴졌다. 양파는 정말 위대하다. 어머니의 마음 속 아픔을 모조리 끌어내 흘려보낸 후 어머니를 다시 평심(平心)의 세계로, 진짜 내 어머니로 되돌려 주고 또 되돌려 놓았다.

— 김상미, 「위대한 양파」 전문

2. 자신이 읽은 시 중에 리듬을 전혀 느낄 수 없었던 시를 예로 들어 리듬에 대해 설명해 보자.

2. 리듬으로 시상을 전개하는 방식

1) 동일한 어구의 반복

리듬도 시상을 전개시키는 하나의 방식이다. 리듬이 강조된 시는 내용보다는 언어들의 리드미컬한 율동이 시를 이끌어 가는 기본적인 요소가 된다. 그러나 인쇄 매체를 통해 수용되는 현대시에서 리듬은 잠재적 형태로 나타난다. 최소한의 반복을 통해 리듬을 만드는 것이다. 가장 많이 사용되는 것이 동일한 어구의 반복이다.

열다섯 살,
하면 떠오르는 삼중당 문고
150원 했던 삼중당 문고
수업시간에 선생님 몰래, 두꺼운 교과서 사이에 끼워 읽었던 삼중당 문고
특히 수학시간마다 꺼내 읽은 아슬한 삼중당 문고
위장병에 걸려 1년간 휴학할 때 암포젤엠 먹으며 읽은 삼중당 문고
개미가 사과껍질에 들러붙듯 천천히 핥아먹은 삼중당 문고
간행목록표에 붉은 연필로 읽은 것과 읽지 않은 것을 표시했던 삼중당 문고
경제개발 몇 개년 식으로 읽어간 삼중당 문고

급우들이 신기해하는 것을 보고 으쓱거리며 읽었던 삼중당 문고
표지에 현대미술 작품을 많이 사용한 삼중당 문고
깨알같이 작은 활자의 삼중당 문고
검은 중학교 교복 호주머니에 꼭 들어맞던 삼중당 문고
쉬는 시간 10분마다 속독으로 읽어내려 간 삼중당 문고
방학 중에 쌓아놓고 읽었던 삼중당 문고
일주일에 세 번 여호와의 증인 집회에 다니며 읽은 삼중당 문고
국기에 대한 경례를 하지 않는다고 교장실에 불리어가, 퇴학시키겠다던 엄포를 듣고 와서 펼친 삼중당 문고
교련문제로 고등학교 진학을 포기했을 때 곁에 있던 삼중당 문고
건달이 되어 밤늦게 술에 취해 들어와 쓰다듬던 삼중당 문고
용돈을 가지고 대구에 갈 때마다 무더기로 사 온 삼중당 문고
책장에 빼곡이 꽂힌 삼중당 문고
싸움질을 하고 피에 묻은 칼을 씻고 나서 뛰는 가슴으로 읽은 삼중당 문고
처음 파출소에 갔다 왔을 때, 모두 불태우겠다고 어머니가 마당에 팽개친 삼중당 문고
흙 묻은 채로 등산배낭에 처넣어 친구집에 숨겨둔 삼중당 문고
소년원에 수감되어 다 읽지 못한 채 두고 온 때문에 안타까웠던 삼중당 문고
어머니께 차입해 달래서 읽은 삼중당 문고
고참들의 눈치 보며 읽은 삼중당 문고
빤다 맞은 엉덩이를 어루만지며 읽은 삼중당 문고
소년원 문을 나서며 옆구리에 수북이 끼고 나온 삼중당 문고
머리칼이 길어질 때까지 골방에 틀어박혀 읽은 삼중당 문고
삼성전자에서 일하며 읽은 삼중당 문고
문흥서림에 일하며 읽은 삼중당 문고

레코드점 차려놓고 사장이 되어 읽은 삼중당 문고
고등학교 검정고시 학원에 다니며 읽은 삼중당 문고
고시공부 때려치우고 읽은 삼중당 문고
시 공부를 하면서 읽은 삼중당 문고
데뷔하고 읽은 삼중당 문고
시영물물교환센터에서 일하며 읽은 삼중당 문고
박기영 형과 2인 시집을 내고 읽은 삼중당 문고
계대 불문과 용숙이와 연애하며 잊지 않은 삼중당 문고
쫄랑쫄랑 그녀의 강의실로 쫓아다니며 읽은 삼중당 문고
여관 가서 읽은 삼중당 문고
아침에 여관에서 나와 짜장면 집 식탁 위에 올라앉던 삼중당 문고
앞산공원 무궁화 휴게실에 일하며 읽은 삼중당 문고
파란만장한 삼중당 문고
너무 오래되어 곰팡내를 풍기는 삼중당 문고
어느덧 이 작은 책은 이스트를 넣은 빵같이 커다랗게 부풀어 알 수 없는 것
이 되었네
  집채만 해진 삼중당 문고
  공룡같이 기괴한 삼중당 문고
  우주같이 신비로운 삼중당 문고
  그러나 나 죽으면
  시커먼 배때기 속에 든 바람 모두 빠져나가고
  졸아드는 풍선같이 작아져
  삼중당 문고만한 관 속에 들어가
  붉은 흙 뒤집어쓰고 평안한 무덤이 되겠지

― 장정일, 「삼중당 문고」 전문

이 작품은 '삼중당문고'라는 어휘를 반복하면서 리듬을 형성하고 있다. 삼중당문고라는 문고본 서적을 매개로 하여 자신의 삶을 정리하고 있다. 이런 시를 '삼중당문고'라는 어휘를 빼고 쓸 수도 있다.

> 열다섯 살,
> 하면 떠오르는 삼중당 문고
> 150원 했던 그 책
> 수업시간에 선생님 몰래, 두터운 교과서 사이에 끼워 읽었던 그 책
> 특히 수학시간마다 꺼내 읽은 아슬한 그 책

이렇게 하면 메시지 전달에는 아무 문제가 없지만, 시적 흥미는 확실하게 감소한다. 시가 메시지로만 만들어지는 것이 아님을 이런 변화에서 감지할 수 있을 것이다. 동일한 어구의 반복은 리듬의 맛도 살리면서 의미의 아우라를 강렬하게 만들어 주는 것이다.

2) 동일한 문장의 반복, 수미상관

다음 예는 동일한 문장을 반복하는 경우이다. 그리고 특히 첫 부분과 마지막 부분에서 동일한 문장을 반복하는 경우에는 이를 '수미상관'이라 부른다. 가장 대표적인 작품이 김소월의 다음 시이다.

> 엄마야 누나야 강변 살자.
> 뜰에는 반짝이는 금모래빛,
> 뒷문 밖에는 갈잎의 노래,
> 엄마야 누나야 강변 살자.

― 김소월, 「엄마야 누나야」 전문

이 작품은 동일한 형태의 구절을 첫 연과 마지막 연에 배치하고 있다. 이렇게 하여 하나의 작품이 완결되어 있다는 느낌을 주면서, 리듬감을 풍부하게 하여 낭독의 즐거움을 준다. 그러나 수미상관식 처리는 내용상으로 더 진전될 수 있는 어떤 것을 서둘러 봉합해 버린 듯한 아쉬움을 주기도 한다. 「엄마야 누나야」에서도 강변의 풍경 제시를 둘러싸고 있는 앞뒤의 반복되는 시행은 그 자체의 회화성과 따스한 정서를 잘 싸안고 있지만 단순한 그림을 넘어선 어떤 것을 기대한 사람에게는 이런 봉쇄가 불만일 것이다. 그래서 수미상관식 처리는 창작의 한계를 돌파하려는 치열한 내적 갈등이 허무하게 포기된 것으로 받아들여질 수도 있다. 내용의 불만을 형식의 안정성으로 대체한 경우가 될 수 있는 것이다.

3) 문장의 점층적 반복

   근래의 시는 문장을 그대로 사용하기보다는 변주를 통해 그 반복이 기계적으로 보이지 않게 하면서 리듬을 만들어 낸다. 즉, 문장의 점층적 반복이 그것이다. 앞에서 이미 다룬 김수영의 「눈」이 대표적인 예가 된다. 여기에서는 신경림의 다음 시를 살펴보자.

   조랑말이 돌아다닌다 탁자와 탁자 사이를
   양손에 5백씨씨 짜리 맥주잔을 들고서
   젖은 풀냄새 마른 흙냄새를 풍기며
   조랑말이 돌아다닌다 자본주의의 악취 사이를
   맑은 미소로 음흉한 눈길을 차단하면서
   날렵한 다리로 춤을 추듯 돌아다닌다
   새파란 하늘 작은 풀꽃들을 불러들이며
   말 떼 양 떼까지 친구로 불러들이며

자욱한 소음을 청명한 새울음으로 바꾸면서
조랑말이 돌아다닌다 탁자와 탁자 사이를
탁한 매연을 시원한 흙바람으로 바꾸면서
야크 떼 소 떼까지 휘파람으로 불러들이며
주점을 온통 새파란 초원으로 바꾸면서
마침내 자본주의의 시큼한 악취까지
향긋하고 상큼한 풀냄새로 바꾸면서

— 신경림, 「조랑말 — 몽골에서」 전문

    이 시는 '조랑말이 돌아다닌다'라는 문장에 부가적인 요소를 조금씩 덧붙이면서 리듬을 형성한다. 처음에는 '탁자와 탁자 사이를/양손에 5백씨씨 짜리 맥주잔을 들고서/젖은 풀냄새 마른 흙냄새를 풍기며/조랑말이 돌아다닌다'는 문장을 도치하여 반복되는 문장을 앞에 내세우고, 그 다음에는 조금씩 더 많은 내용을 덧붙인다. 중간에 '조랑말이 돌아다닌다'는 구절 중에서 '돌아다닌다'만 반복하여 리듬을 변주해 단조로움을 피하고 있다. 그리고 마지막에는 6행에 걸친 내용을 여기에 덧붙이며 시의 리듬을 심호흡을 하듯 길게 만들어 마무리하고 있다. 반복을 통해 내용과 리듬을 점층적으로 이끌어 가는 방식이라 할 수 있다.

시 창작을 위한 토론

1. 다음 시에서 리듬감을 느끼게 하는 요소들이 무엇인지 구체적인 구절을 들어 말해 보자.

    진눈깨비가 내리네
    속시원히 비도 못 되고
    속시원히 눈도 못 된 것
    부서지며 맴돌며
    휘휘 돌아 허공에
    자취도 없이 내리네
    내 이제껏 뛰어다닌 길들이
    서성대는 마음이란 마음들이
    올라가도 올라가도
    천국은 없어
    몸살치는 혼령들이

    안개 속에서 안개가 흩날리네
    어둠 앞에서 어둠이 흩날리네
    그 어둠 허공에서
    떠도는 피 한 점 떠도는 살 한 점
    주워 던지는 여기
    한 떠남이 또 한 떠남을 흐느끼는 여기

    진눈깨비가 내리네

속 시원히 비도 못 되고
속 시원히 눈도 못 된 것
그대여
어두운 세상 천지
하루는 진눈깨비로 부서져 내리다가
잠시 잠시 한숨 내뿜는 풀꽃인 그대여.

— 강은교, 「진눈깨비」 전문

2. 다음 시의 리듬 형성 방식을 살펴보고, 여기에 덧붙여 넣을 한 연을 만들어 보자.

딱! 콩꼬투리에서 튀어 나간 콩알이 가슴을 스치자, 깜짝 놀란 장끼가 건너편 숲으로 날아가 껑, 껑, 우는 서러운 가을이었다

딱! 콩꼬투리에서 튀어 나간 콩알이 엉덩이를 때리자, 초경이 비친 계집애처럼 화들짝 놀란 노루가 찔끔 피 한방울 흘리며 맞은편 골짜기로 정신없이 달아나는 가을이었다

멧돼지 무리는 어제 그제 달밤에 뒹굴던 삼밭이 생각나, 외딴 콩밭쯤은 거들떠보지도 않고 지나치는 산비알 가을이었다

내년이면 이 콩밭도 묵정밭이 된다 하였다 허리 구부정한 콩밭 주인은 이제 산등성이 동그란 백도라지 무덤이 더 좋다 하였다 그리고 올 소출이 황두 두말 가웃은 된다고 빙그레 웃었다

그나저나 아직 볕이 좋아 여직 도리깨를 맞지 않은 꼬투리들이 따닥따닥 제 깍지를 열어 콩알 몇 낱을 있는 힘껏 멀리 쏘아 보내는 가을이었다

콩새야, 니 여태 거기서 머하고 있노 어여 콩알 주워가지 않구, 다래넝쿨 위에 앉아 있던 콩새는 자신을 들킨 것이 부끄러워 꼭 콩새만한 가슴만 두근거리는 가을이었다

— 송찬호, 「가을」 전문

3. 다음 시는 수미상관에 대한 비판적 시선을 담고 있는 작품이다. 이 작품에서 비판하고 있는 것이 무엇인지 생각해 보자.

타협이지요, 영혼이
더 나아가지 못할 때 적당히
취하는 포즈지요
수미상관 말이에요
심연으로 가라앉는 시선의
무게가 없을 때
밑천 드러나지 않게
짐짓 던져놓는 훈수지요
영혼은 흔들림인데
세계는 원래가 허(虛)와 공(空)인데
수미는 어디 있고
상관은 어디 있나요
발라먹은 뼈 같은
은폐 뒤에

남는 건 죽은 황금비율이지요
이봐요,
지상의 놀이터엔
영원히 평행인 시소가 없는데
당신은
그림자 없는 평화를 꿈꾸었나요

— 박현수, 「그림자 없는 평화」 전문

3. 시형, 리듬의 시각화

시형은 리듬을 그린 것이다

  현대시의 시형은 주로 띄어쓰기, 행갈이, 연 나눔 등으로 이루어진다. 이런 시형은 청각적인 노래를 시각적인 시로 재편하면서 리듬을 그린 것, 즉 시각화한 것이다. 행갈이는 짧게 쉬는 순간의 시각화이며, 연 나눔은 길게 쉬는 순간의 시각화라 할 수 있다.
  행갈이가 있기 전에 띄어쓰기가 등장한다. 띄어쓰기가 시적 차원에 적극적으로 도입되면서 행갈이가 나타나며 근대의 시형이 나타난다. 띄어쓰기는 행갈이의 선구적 형태인 것이다. 행갈이는 근대시에서 서서히 소멸해 가는 리듬의 존재 양상을 보여 준다. 호흡 단위가 행 단위로 처리되면서 시각적 형태와 의미상의 변화가 나타난다.
  행갈이는 산문을 시로 전환하는 중요한 수단이다. 행갈이는 산문적 진술을 시적 발화로 변화시키며 독자로 하여금 시에 반응할 준비를 하게 만드는 시의 일차적 표지이다. 안도현 시인의 다음 시를 보자.

  가파른 벼랑 위에 길이, 겨우 있다 나는 이 옛길을 걸으며 짚어보았던 것이다 당신의 없는 발소리 위에 내 발소리를 들여놓아 보며 얼마나 오래 발소리가 쌓여야 발자국이 되고 얼마나 많은 발자국이 쌓여야 조붓한 길이 되는지 그해 겨울 당신이 북쪽으로 떠나고 해마다 눈발이 벼랑 끝에 서서 울었던 것은, 이 길이, 벼랑의 감지 못한 눈꺼풀이기 때문이라고 생각해보았던 것이다
— 안도현, 「문경 옛길」 전문

이 작품은 문경 옛길 중 가장 험난하기로 이름난 토끼비리라는 길을 소재로 한 것이다. 한 사람이 겨우 지나갈 수 있는 아슬아슬한 좁은 벼랑길에 옛사람들이 걸어간 자국이 신발자국처럼 남아 있다. 오랜 세월 동안 밟은 자리를 또 밟고 지나가서 벼랑바위에 자국이 패인 것이다. 시인은 이 발자국을 '벼랑의 감지 못한 눈꺼풀'이라고 부르며 의미를 부여하고 있다. 이런 형식으로도 그 의미나 정서가 어느 정도 전해진다. 그러나 시인이 애초에 설정한 다음과 같은 형식일 때 그 효과는 더욱 커진다.

가파른 벼랑 위에 길이, 겨우 있다

나는 이 옛길을 걸으며 짚어보았던 것이다
당신의 없는 발소리 위에 내 발소리를 들여놓아 보며 얼마나 오래 발소리가 쌓여야 발자국이 되고 얼마나 많은 발자국이 쌓여야 조붓한 길이 되는지

그해 겨울 당신이 북쪽으로 떠나고
해마다 눈발이 벼랑 끝에 서서 울었던 것은,

이 길이, 벼랑의 감지 못한 눈꺼풀이기 때문이라고
생각해보았던 것이다
— 안도현, 「문경 옛길」 전문

이렇게 형식을 취하면 '가파른 벼랑 위에 길이, 겨우 있다'라는 구절이

독립적인 가치를 지니며 시선을 오래 머무르게 한다. 이를 통해 독자는 그 이미지를 충분하게 상상하게 된다. 그리고 이렇게 배치를 해야 이 구절에 놓인 쉼표가 충분히 제 역할을 할 수 있다. '길이 겨우 있다'와 '길이, 겨우 있다'는 정서적 차이가 크다. 그러나 산문시형으로 표현했을 때 그 차이는 그다지 크지 않다. 이처럼 배치를 하면 쉼표를 통해 벼랑을 가로질러 가는 길, 있으리라고 미처 예상하지도 못한 길이 간신히 나타난 풍경이 살아나는 것이다.

한 행이 한 연이 되는 경우

이처럼 동일한 표현이라 해도 어떤 형식을 취하느냐에 따라 한 편의 시는 전혀 다른 시처럼 느껴지기도 한다. 행갈이나 연 나눔을 통해 시의 가능성이 전혀 다르게 발현되기 때문이다. 이처럼 시는 내용만으로 구성되지 않고 형식에 의해 좌우되는 미묘한 부분이 많다. 이런 점에 주목한 탓인지 근래에는 짧은 시에서 한 행을 한 연으로 만드는 방식이 많이 사용되고 있다.

배고픈 소가

쓰윽

혓바닥을 휘어

서걱서걱

옥수수 대궁을 씹어 먹을 듯

— 함민복, 「초승달」 전문

이 시는 초승달을 소의 혀에 빗대어 표현한 작품이다. 형식상 이 시는 한 행을 한 연으로 만들고 있다. 짧은 시이기에 각각의 행에 더 많은 시선을 잡아 두기 위한 의도일 것이다. 가령 다음과 같이 한 줄로 쓴 것과 비교해 보자.

배고픈 소가 쓰윽 혓바닥을 휘어 서걱서걱 옥수수 대궁을 씹어 먹을 듯

이런 식으로 행을 배치할 경우 시적 정감이 제대로 느껴질 수 없다. 원래처럼 짧은 구절이 한 행이 될 때 정감이 틈입할 공간이 그만큼 더 늘어나게 되어 시적 효과가 더 커질 것이다. 이렇게 하면 한 줄의 산문으로 읽을 때와 그 느낌이 많이 달라진다. 또한 더 나눌 수도 있을 마지막 행을 한 번에 붙여 쓴 것은 지금까지의 긴장을 반복할 경우 피로해지기 때문일 것이다. 마지막 부분에서 잦은 행갈이가 역효과를 내는 것을 막기 위한 미학적 전략이라 할 수 있다. 시의 형식은 독서의 완급, 정서의 흡입, 구절의 강조 등 매우 중요한 기능을 담당한다. 이것을 제대로 인식하지 못 하면 시는 마지막에 와서 실패할 가능성이 높다.

시 창작을 위한 토론

1. 다음은 황동규 시인의 「나는 바퀴를 보면 굴리고 싶어진다」는 시와 임의적으로 그 형식을 바꾼 작품들을 섞어놓은 것이다. 이 중 시의 내용과 가장 어울리는 것을 선택하고, 그 이유를 말해 보자.

(가) 나는

바퀴를 보면 굴리고 싶어진다.
자전거 유모차 리어카의 바퀴
마차의 바퀴
굴러가는 바퀴도 굴리고 싶어진다.
가쁜 언덕길을 오를 때
자동차 바퀴도 굴리고 싶어진다.
길 속에 모든 것이 안 보이고 보인다,
망가뜨리고 싶은 어린날도
안 보이고 보이고,
서로 다른 새떼 지저귀던 앞뒷숲이
보이고 안 보인다,
숨찬 공화국이 안 보이고 보인다,
굴리고 싶어진다.
노점에 쌓여있는 귤,
옹기점에 엎어져 있는 항아리,
둥그렇게 누워 있는 사람들,
모든 것 떨어지기
전에 한 번 날으는 길 위로.

(나) 나는 바퀴를 보면 굴리고 싶어진다.
자전거 유모차 리어카의 바퀴
마차의 바퀴

굴러가는 바퀴도 굴리고 싶어진다.
가쁜 언덕길을 오를 때
자동차 바퀴도 굴리고 싶어진다.

길 속에 모든 것이 안 보이고 보인다,
망가뜨리고 싶은 어린날도 안 보이고 보이고,
서로 다른 새떼 지저귀던 앞뒷숲이 보이고 안 보인다,
숨찬 공화국이 안 보이고 보인다,

굴리고 싶어진다. 노점에 쌓여있는 귤,
옹기점에 엎어져 있는 항아리,
둥그렇게 누워 있는 사람들,

모든 것 떨어지기 전에 한 번 날으는 길 위로.

(다) 나는 바퀴를 보면 굴리고 싶어진다.

자전거 유모차 리어카의 바퀴
마차의 바퀴
굴러가는 바퀴도 굴리고 싶어진다.
가쁜 언덕길을 오를 때
자동차 바퀴도 굴리고 싶어진다.

길 속에 모든 것이 안 보이고
보인다, 망가뜨리고 싶은 어린날도 안 보이고
보이고, 서로 다른 새떼 지저귀던 앞뒷숲이
보이고 안 보인다, 숨찬 공화국이 안 보이고
보인다, 굴리고 싶어진다. 노점에 쌓여있는 귤,
옹기점에 엎어져 있는 항아리, 둥그렇게 누워 있는 사람들,

모든 것 떨어지기 전에 한 번 날으는 길 위로.

(라) 나는 바퀴를 보면 굴리고 싶어진다.

자전거 유모차 리어카의 바퀴 마차의 바퀴 굴러가는 바퀴도 굴리고 싶어진다. 가쁜 언덕길을 오를 때 자동차 바퀴도 굴리고 싶어진다. 길 속에 모든 것이 안 보이고 보인다, 망가뜨리고 싶은 어린날도 안 보이고 보이고, 서로 다른 새떼 지저귀던 앞뒷숲이 보이고 안 보인다, 숨찬 공화국이 안 보이고 보인다, 굴리고 싶어진다. 노점에 쌓여있는 귤, 옹기점에 엎어져 있는 항아리, 둥그렇게 누워 있는 사람들,

모든 것 떨어지기 전에 한 번 날으는 길 위로.

2. 6장에서 완성한 짧은 시의 시상을 바탕으로, 리듬과 시형을 새롭게 설정하여 한 편의 시를 완성해 보자(소재의 연속성이 있다면 시상 변경도 가능).

| 한 장을 마무리하는 시 한 편 9 | 리듬과 시형을 고려하기 |

* 다음 시를 참고로 하여, 리듬과 시형을 잘 고려한 시를 한 편 써 보자.

저녁 햇빛에 마음을 내어 말리다
― 섬진강에서

장석남

어미소가 송아지 등을 핥아준다
막 이삭 피는 보리밭을 핥는 바람
아, 저 혓자국!
나는 그곳의 낮아지는 저녁해에
마음을 내어 말린다

저만치 바람에
들국(菊) 그늘이 시큰대고
무릎이 시큰대고
적산가옥
청춘의 주소 위를 할퀴며
흙탕물의 구름이 지나간다

아, 마음을 핥는 문밖 마음

이 시는 크게 세 개의 연으로 나누어져 있는데, 그중 마지막 연은 유독 하나의 명사절로 이루어진 한 행으로 처리되어 있다. 시의 흐름상 1연(따듯한 배려)과 2연(상처의 세계)은 길항 관계에 놓인다. 3연은 이런 관계를 새로운 차원에서 해결하는 중요한 역할을 한다. "마음을 핥는 문밖 마음"은 문밖에 있는 성숙한 마음, 혹은 자연의 마음이 시인의 마음을 위로해 주는 합일의 경지를 보여 주는 구절이다. 그래서 이 구절은 독립된 연으로 처리하여 강조해 줄 때 그 의미가 더욱 빛나게 된다.

■ 문학청년을 위한 세계 명시 산책 ⑨

나눔과 연대

시는 공감을 기본으로 한다. 이 공감은 본질적으로 다른 사람과의 정신적 유대에 기반하고 있다. 시의 본질 중의 하나인 '서정성'이라는 것도 사실상 이런 정신적 유대의 다른 표현이라 할 수 있다. 그래서 많은 시인들이 개인의 고립성을 떠나 다른 사람과의 나눔과 연대의 세계로 나아갈 것을 요구하는 것이다.

존 던의 「누구를 위하여 종은 울리나」
다른 사람과의 연대를 강조하는 가장 대표적인 작품은 존 던의 다음과 같은 산문 형태의 시일 것이다.

> 누구든, 그 자체로 온전한 섬은 아니다. 모든 인간은 대륙의 한 조각이며, 대양의 일부이리라. 만일 흙덩이가 바닷물에 씻겨 내려가면, 구라파는 그만큼 작아지며, 만일 모래톱이 그리되어도 마찬가지, 그대의 친구들이나 그대 자신의 영지(領地)가 그리되어도 마찬가지이다. 어느 사람의 죽음도 나를 감소시킨다. 왜냐하면 나는 인류 속에 포함되어 있기 때문이다. 그러니 누구를 위하여 종이 울리는지를 알고자 사람을 보내지 말라. 종은 그대를 위해 울린다.
> ― 존 던, 「누구를 위하여 종은 울리나 ― 기도문 중에서」 전문(심명호 옮김)

여러 기도문 중 하나인 이 작품은 인간은 누구라도 하나의 온전한 섬으로 존재할 수 없다는 단순한 진리를 간결하게 전달하고 있다. 마지막에 "누구를 위하여 종이 울리는지를 알고자"라는 표현은 설명이 필요하다. 이때의 종은 조종(弔鐘), 즉 누군가 죽었을 때 울리는 추모의 종을 말한다. 기독교 사회에서 이 조종은 누군가 죽었다는 사실을 공동체에게 알리는 역할을 한다. 그래서 죽은 이가 누군지 궁금한 사람은 교회에 아이라도 보내 알아보기도 할 것이다. 그러나 존 던은 그가 누구인지 알 필요도 없다고 한다. 그는 인류의 일부분이어서, 누군가의 죽음은 바로 나의 일부의 죽음이 되기 때문이다. 이 시가 대중적으로 널리 알려진 것은, 인류애적 연대 의식으로 스페인 내전에 참전한 헤밍웨이가 그 경험을 다룬 소설 제목을 이 시에서 따와 『누구를 위해 종은 울리나』라고 붙인 이후이다.

R. 프로스트의 「담장 고치기」
프로스트는 자신의 경험을 서술하면서 간접적으로 이 문제를 다룬다.

> 담장을 싫어하는 무엇이 있어
> 그 아래 언 땅을 부풀게 하여
> 위에 있는 돌멩이들을 햇빛 속에 쏟아뜨린다
> 두 사람이 지나도 될 틈을 만든다.
> 사냥꾼들이 저지른 일은 별개의 것이다
> 나중에 나는 와서 그들이 마구
> 헐어 놓은 돌멩이들을 바로 고쳐 놓는다
> 허나 그들은 숨어 있는 토끼를 쫓아내려고 그랬다
> 울부짖는 사냥개들을 즐겁게 해주려고.
> 내가 말한 틈이란 아무도 모르는 사이에
> 생긴 것으로 봄철에 고칠 때에야 드러나는 것이다.
> 언덕 너머 이웃에게 나는 알려 주어
> 어느 날 서로 만나
> 또 다시 우리 사이에 담장을 쌓는다.
> 담장을 사이에 두고 나아가는 것이다.
> 자기 쪽 돌멩이들을 각자가 책임진다.
> 빵덩어리 같은 놈도 있고 거의 공처럼 둥근 놈도 있어

제자리에 앉히려면 주문을 외야 한다.
'돌아설 때까지만은 제자리에 있어다오!'
돌 다루는 이 일에 손가락이 거칠어진다.
한편에 한 사람씩 일종의 야외경기
그 이상은 아니다
담장은 실상 필요 없는 까닭이다
그는 솔밭이요 나는 사과밭.
내 사과가 건너가
솔방울을 주워 먹겠느냐고 말해 보지만
그는 '울타리가 튼튼해야
이웃 사이가 좋지요.'라고 말할 뿐이다.
봄이 나를 장난스럽게 만들어 한번
그를 시험해 본다.
'왜 그렇다는 말이요? 그건 소가
있는 곳에 맞는 말이 아니요? 여기엔 소가 없소.
담장을 세우기 전에 그 용도를 알고 싶고
누가 손해 볼 사람인가도 알고 싶은 것이오.
담장을 싫어하는 무엇이,
허물어뜨리고 싶어 하는 무엇이 있소.'
요정이라고 말해도 되겠지만 요정은 아니고
그 스스로 알아주기를 바랐던 것이다.
그는 양손에 돌대가리를 꽉 쥐고
구석기시대 야만인처럼 무장하여 다가온다.
내가 보기에는 그는 어둠 속에 움직이고 있다.
그 어둠은 숲과 나무 그림자의 어둠만은 아니다.
그는 아버지의 말씀을 어기지 않으려는 것이다.
때마침 잘 생각했다고 그는 또 한번
주장한다. '울타리가 튼튼해야 이웃 사이가 좋지요.'

— R. 프로스트, 「담장 고치기」 전문(이영걸 옮김)

프로스트는 이웃과 자신의 토지 경계를 나타내는 담장을 통해 분할과 격리가 아니라 통합과 연대를 옹호하고 있다. 그는 담장이 무너진다는 사실이 단순한 사건이 아니라, 그 속에 자연이 우리에게 전하는 메시지가 들어 있다고 생각한다. "담장을 싫어하는 무엇이 있어/그 아래 언 땅을 부풀게 하여" 담장을 일부러 무너뜨린다는 것은 경계짓기에 대한 거부가 자연의 본성이라는 말이다. 그러나 이웃 사람은 이런 생각을 부정한다. 그는 오래된 잘못된 소유 관념을 지니고 있기 때문이다. 시인이 그를 "어둠 속에 움직이고 있다"고 본 것도 이 때문일 것이다.

투르게네프의 「거지」

투르게네프는 누군가와의 연대가 반드시 물질적인 것을 동반할 필요가 없다는 것을 다음 산문시를 통해 말하고 있다.

거리를 걷고 있노라니… 늙어빠진 거지 하나가 나의 발길을 멈추게 한다.

눈물 어린 충혈된 눈, 파리한 입술, 털북숭이 누더기 옷, 더러운 상처… 오오, 가난은 어쩌면 이다지도 처참히 이 불행한 인간을 갉아먹는 것일까!

그는 빨갛게 부풀은 더러운 손을 나에게 내밀었다… 그는 신음하듯 중얼거리듯 동냥을 청한다.

나는 호주머니란 호주머니를 모조리 뒤지기 시작했다… 지갑도 없다. 시계도 없다. 손수건마저 없다… 나는 아무것도 가진 것이 없었다.

그러나 거지는 기다리고 있다… 나에게 내민 그 손은 힘없이 흔들리며 떨리고 있었다.

당황한 나머지 어쩔 줄을 몰라, 나는 힘없이 떨고 있는 그 더러운 손을 덥석 움켜잡았다…

"용서하시오. 형제. 아무것도 가진 게 없구려."

거지는 충혈된 두 눈으로 물끄러미 나를 바라보았다. 그의 파리한 두 입술에 가

느다란 미소가 스쳐갔다 — 그리고 그는 자기대로 나의 싸늘한 손가락을 꼭 잡아 주었다.

"괜찮습니다. 나리" 하고 그는 속삭였다. "그것만으로도 고맙습니다. 그것도 역시 적선이니까요."

나는 깨달았다 — 나도 이 형제에게서 적선을 받았다는 것을.

— 투르게네프, 「거지」 전문(김학수 옮김)

거지에게 뭔가를 나누어 주려고 하는데, 본인도 가진 것이 없을 때 무엇을 나누어 줄 것인가. 시인은 따뜻하게 손을 잡아 주는 것도 일종의 나눔이라 한다. 이것이 한갓된 변명으로 들릴 수도 있겠지만, 거지의 더러운 손을 잡아 주는 일이 어쩌면 동전을 던져 주는 것보다 더 어려울지도 모른다. 윤동주 시인도 이와 유사한 경험을 산문시로 다루며, 그 시에 「투르게네프의 언덕」이라는 제목을 붙이고 있다. 함께 읽어 볼 만하다.

더 읽어야 할 작품들

나눔과 연대를 다룬 시는 많다. 부정적 현실을 비판하며 바람직한 세계를 생각하게 하는 시들이 모두 여기에 속한다. 그중 몇 편을 보자.

삶은 하늘과 같아, 미겔, 우리가 사랑하며
그 속에서 싸울 때, 말(언어)은 빵과 포도주이고,
그 말을 그들은 지금까지도 끌어내리지 못하는데, 왜냐하면
우리가 시와 총을 가지고 거리로 걸어나갔기 때문이야,
그들은 우리를 어떻게 해야 할지 몰라, 미겔.
그들이 뭘 할 수 있겠어 우리를 죽이는 것밖에는. 헌데 그것조차도 좋은 흥정이 못 될 테니 — 그들은 그저
길 건너에 방을 하나 얻어 드는 수밖에 없을 거야, 그래서
우리를 미행하며 우리처럼 웃고 우는 걸 배울 수 있을 거야.

— 네루다, 「카라카스에 있는 미겔 오테로 실바한테 보내는 편지」 부분(정현종 옮김)

네루다는 현실의 문제에 적극적으로 뛰어든 시인으로서 정치가가 된 적도 있다. 이 작품에서 그는 같은 의식을 지닌 시인에게 공감을 표현하고 있다.

> 나는 공책들 위에
> 나의 책상 그리고 나무들 위에
> 모래 위에 눈 위에
> 나는 너의 이름을 쓴다
>
> 읽은 책 모든 페이지 위에
> 비어 있는 모든 페이지들 위에
> 돌 피 종이 혹은 잿더미 위에
> 나는 너의 이름을 쓴다
>
> — 엘뤼아르, 「자유」 부분(김현곤 옮김)

자유에 대한 갈망을 다양한 사물들 위에 쓰는 행위로 표현하고 있다. 김지하 시인의 「타는 목마름으로」도 이와 유사한 발상으로 이루어져 있다.

> 오, 선장! 나의 선장! 우리의 무서운 항해는 끝났다,
> 배는 모든 난관을 돌파해 왔다, 우리가 찾던 바 그 보람은 얻었다,
> 항구는 가깝다, 우리는 종소리를 듣는다, 사람들은 모두 기쁨에 들뜨고 있다,
> 그 동안에도 우리의 눈은 실하고 당당한 용골을,
> 완강하고 대담한 배를 바라본다,
> 그러나 오 가슴이여! 가슴이여! 가슴이여!
> 오, 붉게 듣는 피,
> 갑판 위에 나의 선장은 쓰러져 있다,
> 차갑게 숨이 끊어져 누워 있다.
>
> — 휘트먼, 「오, 선장! 나의 선장!」 부분(신동집 옮김)

미국 대통령 링컨의 죽음에 대해 다루고 있다. 미국은 배에, 링컨은 선장에 비유하며, 그의 죽음을 안타까워하고 있다. 이 시에서 링컨은 나눔과 연대의 상징적인 존재이다.

파격적인 시상 전개도 있다
색다른 요리법의 시도

고등어구이, 고등어조림, 고등어 김치찜과 같은 방식으로만 고등어를 요리해야 할까. 이런 방식과는 전혀 다른 파격적인 요리법은 없을까. 피자나 햄버거와 결합하는 퓨전 요리는 어떨까. 이런 고민이 요리를 전혀 새롭게 만들 수 있다.

마찬가지로 자연스러운 시적 전개, 완결된 의미 구조와 같은 기존의 시 창작법을 완전히 무시한 새로운 시 창작법도 가능하다. 궁극에는 언어가 아니라 그림이나 기호만의 시도 가능할 수 있다. 파격적인 실험시는 이렇게 탄생할 수 있다.

1. 좋은, 새로운 시는 없다

김억 vs 이상

지금까지는 주로 서정시의 입장에서 시 창작 문제를 다루어 왔다. 가령 첫 장에서 강조한 구체성, 응집성, 긴밀성 등은 서정시에서 가장 중시하는 개념이다. 그러나 앞에서 이미 밝혔듯이 시에는 서정시만 있는 것이 아니다. 이제 지금까지와 전혀 다른 시상 전개, 실험적인 시상 전개도 가능함을 제시하여 시의 지평을 확장시키도록 하겠다.

시의 새로운 지평을 이야기하기 위해서는 시의 패러다임을 이해하여야 한다. 시에는 그 시를 존재하게 만든 어떤 인식론적 틀, 즉 패러다임이 있다. 패러다임이 다르면 동일한 시를 바라보는 관점 자체가 달라진다. 이를 가장 잘 보여 주는 예가 서정시인 김억(金億)과 모더니즘 시인 이상(李箱)의 대립이다. 이상이 「정식(正式)」이란 시를 발표하였을 때, 김억은 『매일신보』에 「시는 기지(機智)가 아니다」라는 평문을 발표하여 「오감도」 연재로 세상을 떠들썩하게 만들었던 이상의 시에 대하여 전무후무한 혹평을 하였다.

이 「정식(正式)」의 작자는 그래도 시랍시고 이 산문을, 가장 조선말답지 못한 이 산문을 — 발표하였을 것이외다. 그리고 그 자신은 이것으로써 시가에서 새로운 길을 찾았다고 소위 자처할 것이외다. 어느 곳에 이것이 시로서의 시적 소질이 있는지 도무지 알 수가 없는 일이외다. (…) 의미조차 분명히 알 수 없는 한 개의 더듬이 말에 지나지 아니하니 생각하면 현대처럼 이 작자에게 좋은 때는 없을 것이외다. (…)

얼마만한 정도의 것이라야 비로소 그것에 대하여 이러니 저러니 하면서 말할 거리가 되는 것이외다. 워낙 도가 너무도 달라지면 우리는 그것에 대하여 어떠하다는 의견조차 말할 수가 없게 되니 넓은 세상에는 〈이러한 것〉 — 시라고 하는 말을 붙이고 싶지 아니하여 — 도 있거니 할 뿐이외다.¹

김억은 이상의 「정식」을 시로 인정하지 않는다. 그는 이것을 시로 인정하기 싫어하여 '시'라는 명칭 대신 '이러한 것'이라 부르면서, 단적으로 산문, 그것도 "가장 조선말답지 못한 산문"이라고 단정한다. 그가 「정식」을 시로 인정하지 않는 것은 평문의 전체 내용을 감안할 때 형식, 내용의 면에 걸쳐 있는 것으로 보인다. 먼저 형식 면에서는 행갈음을 하지 않은 배열 방식과 그 속에 드러나지 않은 리듬, 그리고 구두점 없이 그대로 붙여 쓴 것 등이 문제된다. 그리고 내용상으로 이 시가 지향하는 것이 일종의 빈정거림과 기지(機智)와 경구(警句) 이상이 아니라는 점이 지적된다. 그는 「정식」을 "천황씨 이후의 최대관(最大觀)"이라고 비꼬면서 이 작품을 시라고 부른다면 그 자체가 "시가에 대한 다시없는 모독"이라고 하며 시에 대한 각성을 촉구하는 것으로 이 글을 마무리 짓는다. 도대체 어떤 시이기에 그는 이렇게 흥분하였을까. 그중 몇 부분만 살펴보자.

Ⅲ

웃을수있는시간을가진표본두개골에근육이없다

---

1. 김안서, 「시는 기지가 아니다 — 이상 씨 「정식」」, 『매일신보』, 1935. 4. 11.

Ⅳ
　너는누구냐그러나門밖에와서門을두다리며門을열라고외치니나를찾는一心
이아니고또내가너를도모지모른다고한들나는참아그대로내어버려둘수는없어
서門을열어주려하나門은안으로만고리가걸린것이아니라밖으로도너는모르게
잠겨있으니안에서만열어주면무엇을하느냐너는누구기에구태여닫힌門앞에탄
생하였느냐

— 이상, 「정식」 부분

「정식」Ⅲ은 인생의 아이러니에 대한 통찰이 담겨 있는 재기 넘치는 작품이라 할 수 있다. "웃을 수 있는 시간을 가진 표본두개골"에는 고통과 고난으로 점철되어 웃을 수 있는 시간을 전혀 가지지 못하는 인간의 삶에 대한 풍자가 담겨 있다. 그러나 이 고해의 생이 끝난 후에 비로소 웃을 수 있는 시간을 가지게 된 두개골은 이제 웃을 때 필요한 근육을 이미 지니고 있지 못하다. 결국 이승에서건 저승에서건 인간은 웃을 수 있는 기회를 가지지 못하는 것이다. 이런 아이러니가 인생의 본질과 닿아 있다는 인식이 이 시에 들어 있다. 「정식」Ⅳ는 인간이 지닌 근원적인 소외 의식을 다룬 것으로 적절한 상황 설정이 주제를 잘 드러낸 작품이라 할 수 있다.

　김억은 자기 시의 위치를 이상의 작품이 나타났을 때 분명하게 인식하지 않았을까. 자신의 세계관으로 전혀 이해할 수 없는 어떤 것이 시라는 이름으로 버젓이 등장하였을 때, 시단의 권위자로서 그는 자신의 세계를 위해 분투했어야 했을 것이다. 그의 분투는 어디에 근거한 것일까. 그리고 왜 이상의 시를 두고 "워낙 도가 너무도 달라지면 우리는 그것에 대하여 어떠하다는 의견조차 말할 수가 없게" 된다고 했을까. 그것은 바로 시를 바라보는 인식틀, 즉 패러다임 때문이다.

패러다임의 문제

시라는 것은 궁극적으로 패러다임의 범주를 벗어날 수 없다. 태어나면서부터 자신만의 장르를 개척하여 작품을 쓰는 사람은 거의 없다. 습작 과정을 거치면서 그는 기존의 전범을 통해 어떤 기준을 습득하게 된다. 기존에 좋은 작품으로 평가받은 시들을 읽고 그 작품들에 내재된 시의 개념을 익히게 된다.

시에 있어서 패러다임은 그 범주의 층위를 다양하게 설정할 수 있어서 크게는 시 전반에 작용하는 것으로 볼 수도 있고 미세하게는 시의 표현 방식에 국한시킨 것으로 볼 수도 있다. 그동안 시 장르에 있어서 사소한 실험들이 있었다. 그러나 '신체시'니 '언문풍월'이니 '양장시조'니 하는 것이 널리 확산되지 못한 것은 이것들이 새로운 패러다임에 뿌리를 둔 것이 아니라 기존의 패러다임 내의 사소한, 그리고 별 흥미 없는 변주이기 때문일 것이다.

패러다임은 이해할 수 있는 성질의 것이 아니다. 그것은 수용과 거부 양극단적인 반응만을 유도한다. 한쪽의 관점에서 다른 쪽의 작품은 시로 인정될 수가 없다. 왜냐하면 시의 기본적인 자질을 전혀 갖추고 있지 않다고 판단하기 때문이다. 김억이 이상의 시에 대하여 "워낙 도가 너무도 달라지면 우리는 그것에 대하여 어떠하다는 의견조차 말할 수가 없게" 된다고 한 것은 바로 이런 패러다임의 속성을 잘 드러내는 말이다.

시를 시가(詩歌)라고 부르는 김억은 기존의 서정시적 패러다임을 유지하고 있는 시인이다. 그는 시에 있어서 기존의 전통을 잘 계승하여 현대적으로 재해석한다. 이상은 이런 패러다임과 전혀 다른 곳에 시적 기반을 두고 있다. 그가 「오감도」를 신문에 연재했을 때 보인 독자들의 공격적인 반응에서 그가 서 있는 지점을 짐작할 수 있다. 그때 이상의 시는 실험으로 가득 차 있는 기괴한 것들 투성이였다. 그의 시는 완결성의 거부, 시적 소재나 주제의 무제한적 선택, 표현의 과격한 자유로움 등을 공격적으로 추구하였으며, 이로 인하여 이후 조향, 송욱 등이 자신의 작품을 별다른 저항 없이 자유롭게 발표할 수 있었다. 그때는 시의 새로운 패러다임이 낯설지 않게 되었기 때문이다.

새로운 패러다임에는 혹독한 비평가와 열렬한 추종자가 있다. 패러다임의 추종자는 늘 광신적일 수밖에 없다. 그것은 세계관의 문제이기 때문이다. 옹호자로서 이상에게는 김기림, 박태원이 있었고 보들레르에게는 플로베르와 위고가 있었다. 그러나 혹독한 비평과 열렬한 옹호의 근원은 동일한 것이다. 혹평과 찬사에 쉬이 실망하지도 쉬이 기뻐하지도 말 일이다.

'좋은 시'와 '새로운 시'

시를 패러다임이란 틀로 보는 이상 주목할 만한 시는 두 가지 경우밖에 없다. '좋은 시'와 '새로운 시'가 그것이다.

첫 번째, '좋은 시'는 기존 패러다임을 가장 모범적으로 명세화한 경우이다. 이를 위해서는 기존에 좋은 시로 평가받은 시들을 열심히 읽고 베끼면서 그와 유사한 세계를 창조하는 것이 필요하다. 마치 박재삼 시인이 서정주 시인의 시를 열심히 따라하였듯이.

기존의 시작법 서적을 열심히 읽는 것이 이에 도움이 된다. 시를 어떻게 쓸 것인가, 주제와 소재는 어떻게 다루어야 할 것인가, 화자는 어떻게 설정할 것인가, 묘사와 비유는 어떻게 하고 시의 구조와 형식은 어떻게 할 것인가 등등 시에 대한 모든 것이 그런 시론서에 일목요연하게 정리되어 있다. 시에 대한 사용 설명서가 시키는 대로 해보면서 점차 자신의 색채를 만들어 가면 된다. 그것이 그 세계를 벗어나지 않으면서 좋은 시를 쓰는 방식이다.

두 번째, '새로운 시'는 기존의 패러다임을 철저하게 부정하는 경우이다.

패러다임은 일종의 운명론적 구도를 지니고 있다. 그렇다면 새로운 시는 불가능할 것이 아닌가. 김억의 시가 김소월의 시를 낳는 것은 당연하다. 그렇다면 이상, 보들레르의 시는 어떻게 탄생할 수 있었을까. 그것은 아마도 기존의 패러다임에 복속되지 않은 아웃사이더 기질이 강한 자들에게 맡겨진 운명일 것이다.

  기존의 좋은 시라는 것들을 읽으면서 이런 시들이 왜 좋은지 도무지 이해가 가지 않을 때, 또는 머리로는 이해가 가지만 가슴으로는 전혀 수긍할 수 없을 때 새로운 시는 그 속에서 탄생할 것이다. 그러나 그 시는 아직 주목할 만한 시라고 할 수는 없다. 새로운 패러다임의 시들이 어느 정도 규준을 보여 줄 정도로 쌓일 때 그 속에서 새로운 시는 발견될 것이다. 그래서 기존 패러다임에서 볼 때 새로운 시는 '시 같지도 않은 시'가 될 수밖에 없다. 그래서 이런 새로운 패러다임의 시에서 중요한 것은 '시 같은 시'를 쓰지 않는 일이다. '시 같은 시'는 어느 정도의 기법만 익히면 대충 쓸 수 있을 것이다. 정말 어려운 것은 자신의 한계를 넘어선 새로운 세계를 엿보는 것이다.

  '좋은 시'이면서 '새로운 시'라는 것은 사실상 불가능하다. 우리는 둘 중의 하나를 선택하여야 한다. 기존의 패러다임에 입각하여 그 기준을 명세화하고 충족시키는 시를 쓰거나, 아니면 아예 기존의 패러다임과 전혀 다른 지점에서 이단과 같은 시를 쓰거나.

  '새로운 시'를 위해서도 기존의 시작법 서적을 열심히 읽는 것이 도움이 된다. 시를 어떻게 쓸 것인가, 주제와 소재는 어떻게 다루어야 할 것인가, 화자는 어떻게 설정할 것인가, 묘사와 비유는 어떻게 하고 시의 구조와 형식은 어떻게 할 것인가 등등 시에 대한 모든 것이 그런 시론서에 일목요연하게 정리되어 있다. 이런 시론서에 쓰인 것과 정반대되는 것을 쓰면 된다. 예를 들어 지금까지 강조해 온 구체성, 응집성, 긴밀성을 일부러 파괴하며 시를 전개하는 것도 하나의 새로운 시 창작 방법이 될 수 있다는 것이다.

물론 자연스럽게 생리적으로 기존의 패러다임과 전혀 다른 지점에서 시를 쓰는 것이 바람직하겠지만, 연습 삼아 새로운 시를 억지로 써 보고자 한다면 이런 시론서의 주장을 거부하는 것이 도움이 될 것이다. 기존의 시론서가 보여 주는 것은 기존 패러다임의 일목요연한 규범 목록이다. 그것들과 조목조목 반대되는 것들을 시도해 본다면 거기에 뭔가 새로운 것, 우리가 지금 발견해 내지 못한 것이 있을 것이다. 과거에 이미 폐기처분된 것도 있겠지만 미래에 발견될 것들도 거기에 있을 것이다.

  낯선 시를 두려워해서는 안 된다. 그 속에 무엇이 들어 있을지 아무도 모른다. 지금 배척받고 조롱받는 그 시가 언제 다시 우리 시의 전면에 화려하게 등장할지 아무도 모른다. 마치 16세기 형이상학파 시인 중의 하나인 존 던(John Donne)이 400년 후 엘리엇에 의해 20세기에 화려하게 부활했듯이.

시 창작을 위한 토론

1. 다음 그림은 보는 사람에 따라 두 개의 서로 다른 인물로 보이도록 그린 것이다. 최초에 무엇이 보이는지 말해 보고, 이후 다른 것으로 보이는 과정을 비트겐슈타인의 설명을 참조하여 설명해 보자.

  우리는, 두 개의 머리(오리 혹은 토끼로 보이게 만든 그림의 머리: 인용자)를 서로 중복시켜, 비교하는 것 따위는 한 번도 생각해 본 적이 없다. 왜 그런가 하면, 이 두 개는 각각 별개의 시각이 요구되었기 때문이다.

'이처럼' 보인 머리는 '저처럼 보인 머리'와는 아무런 유사성도 없다. 설사 그 두 개가 동일한 것이라 할지라도.

— 비트겐슈타인, 『철학탐구』

2. 아래 그림에서 창을 던지는 사람이 겨누고 있는 동물은 무엇인지 말하고, 패러다임의 관점에서 그 이유를 설명해 보자.

3. 다음 시에서 말하는 글자 인식의 중요한 특성이 무엇인지 말하고, 이런 특성이 발생하는 이유에 대하여 설명해 보자.

    캠릿브지 대학의 연결구과에 따르면, 한 단어 안에서 글자가 어떤 순서로 배되열어 있는가 하것는은 중하요지 않고, 첫째번와 마지막 글자가 올바른 위치에 있것는이 중하요다고 한다. 나머지 글들자은 완전히 엉진창망의 순서로 되어 있지을라도 당신은 아무 문없제이 이것을 읽을 수 있다. 왜냐하면 인간의 두뇌는 모든 글자를 하나 하나 읽것는이 아니라 단어 하나를 전체로 인하식기 때문이다.

너는 전후에 존재한다. 고로 나는 가운데 토막이다

— 강희안, 「탈중심주의(脫中心注意)」 전문

4. (가)의 해설을 기준으로 삼아 (나)가 '좋은 시'와 '새로운 시' 중 어디에 속하는지 말해 보자.

(가) 「강 3」은 사실적인 인식으로부터 출발하고 있는 작품이다. 장식적이지도 않고, 현학적이지도 않다. 관찰을 통해 감각한 사실적 풍경과 심상을 작품으로 재구성해놓고 있다. (…) 그러니까 이 작품을 가장 좋다고 느낀 사람이 시에 관한 바른 인식을 갖고 있는 경우이다.

— 오규원, 『현대시작법』

(나) 멈추지 않는 지하철 안에 얼룩말들이 달리고 있었다 검은색과 흰색을 좋아하는 사람들은 움직이는 선명한 색을 잡으려고 날뛰었다 잡힌 가죽은 흑과 백으로 잘려졌다 좀더 많은 가죽을 차지하려고 사람들이 다투는 동안 벌거벗은 아이들의 얼굴이 증발하고 있었다 가죽이 벗겨진 머리에 회색 시멘트가 부어지고 얼굴 없는 아이들은 알몸으로 자전거를 탔다 아이들의 살갗에 얼룩무늬가 새겨지고 있었다 자신의 손과 얼굴에서 흐르는 피를 핥아먹던 사람이 자전거를 붙잡으며 결벽증에 걸린 비누에 칼과 유리가 박혀 있었다고 고함을 질렀다 아이들이 다른 칸으로 달리고 있었다

— 정재학, 「얼룩말」 전문

5. 현재의 시적 패러다임과 전혀 다른 지점에 놓였다고 생각하는 시를 찾아 소개하고, 그 의의를 설명해 보자.

2. 무중력의 시 쓰기

구체성, 응집성, 긴밀성이라는 중력

지금까지의 시 창작 방법은 하나의 중심, 하나의 중력을 중심으로 안정된 질서를 유지하는 방식이었다. 구체성, 응집성, 긴밀성 등은 바로 이런 중력의 다른 이름이다. 그렇다면 이런 중력을 일부러 거부하며 시를 전개하면 어떤 종류의 시가 가능할까.

먼저 구체성을 제거한 경우를 생각해 보자. 구체성은 상황이나 사건, 대상 등의 사실적인 면모를 누구나 알 수 있도록 드러내는 진술 상의 특징을 말한다. 그런 진술 방식에서 구체적인 대상을 제거해 버리면 언어의 고공 비행이 시작된다. 구체적인 사물, 사건에 구속되지 않는 자유로운 이미지의 흐름이 가능해지는 것이다. 김춘수의 다음 시를 읽어 보자.

　　샤갈의 마을에는 삼월에 눈이 온다.
　　봄을 바라고 섰는 사나이의 관자놀이에
　　새로 돋는 정맥이
　　바르르 떤다.
　　바르르 떠는 사나이의 관자놀이에
　　새로 돋는 정맥을 어루만지며

눈은 수천수만의 날개를 달고
하늘에서 내려와 샤갈의 마을의
지붕과 굴뚝을 덮는다.
삼월에 눈이 오면
샤갈의 마을의 쥐똥만한 겨울 열매들은
다시 올리브빛으로 물이 들고
밤에 아낙들은
그해의 제일 아름다운 불을
아궁이에 지핀다.

— 김춘수, 「샤갈의 마을에 내리는 눈」 전문

  이 작품은 샤갈의 마을이라는 곳에 대한 묘사로 이루어져 있다. 이 작품이 대상으로 삼고 있는 것은 샤갈의 「나와 마을」이라는 유명한 작품일 것이다. 샤갈의 그림이 자신의 고향이라는 대상을 구체적으로 지니고 있는 데 반하여, 이 작품은 구체적인 대상이 없다. 어떤 뚜렷한 주제나 의도를 드러내지 않고 환상적인 풍경만을 묘사하고 있다. 그러기 때문에 꼬리에 꼬리를 물고 이어지는 언어들에서 존재 이유를 찾을 수밖에 없다.
  구체성의 거부는 당연히 응집성이나 긴밀성에 대한 거부와도 연결된다. 구체적인 것이 지니고 있는 질서가 무시되거나 재배열되면서 내용의 다초점이나 의도적인 불연속이 가능해지는 것이다. 다음과 같은 최근의 작품에 이런 특성이 잘 나타나 있다.

  빨강 초록 보라 분홍 파랑 검정 한 줄 띄우고 다홍 청록 주황 보라. 모두가 양을 가지고 있는 건 아니다. 양은 없을 때만 있다. 양은 어떻게 웁니까. 메에 메에. 울음소리는 언제나 어리둥절하다. 머리를 두 줄로 가지런히 땋을 때마다 고산지대의 좁고 긴 들판이 떠오른다. 고산증. 희박한 공기. 깨어진 거울처럼 빛나는 라마의 두 눈. 나는 가만히 앉아서도 여행을 한다. 내 인식의 페이지는 언제나 나의 경험을 앞지른다. 페루 페루. 라마의 울음소리. 페루라고 입술을 달싹이면 내게 있었을지도 모를 고향이 생각난다. 고향이 생각날 때마다 페루가 떠오르지 않는다는 건 이상한 일이다. 아침마다 언니는 내 머리를 땋아주었지. 머리카락은 땋아도 땋아도 끝이 없었지. 저주는 반복되는 실패에서 피어난다. 적어도 꽃은 아름답다. 적어도 나는 그렇게 생각한다. 간신히 생각하고 간신히 말한다. 하지만 나는 영영 스스로 머리를 땋지는 못할 거야. 당신은 페루 사람입니까. 아니오. 당신은 미국 사람입니까. 아니오. 당신은 한국 사람입니까. 아니오. 한국 사람은 아니지만 한국 사람입니다. 이상할 것도 없지만 역시 이상한 말이다. 히잉 히잉. 말이란 원래 그런 거지. 태초 이전부터 뜨거운 콧김을 내뿜으며 무의미하게 엉겨 붙어 버린 거지. 자신의 목을 끌어안고 미쳐버린 채로 죽는 거지. 그렇게 이미 죽은 채로 하염없이 미끄러지는 거지. 단 한번도 제대로 말해본 적이 없다는 사실이 안심된다. 우리는 서로가 누구인지 알지 못한다. 말하지 않는 방식으로 말하고 사랑하지 않는 방식으로 사랑한다. 길게 길게 심호흡을 하고 노을이 지면 불을 피우자. 고기를 굽고 죽지 않을 정도로만 술을 마시자. 그렇게 얼마간만 좀 널브러져 있자. 고향에 대해 생각하는 자의 비애는 잠시 접어두자. 페루는 고향이 없는 사람도 갈 수 있다. 스스로 머리를 땋을 수 없는 사람도 갈 수 있다. 양이 없는 사람도 갈 수 있다. 말이 없는 사람도 갈 수 있다. 비행기 없이도 갈 수 있다. 누구든 언제든 아무 의미 없이도 갈 수 있다.

— 이제니, 「페루」 전문

이 작품 역시 구체적인 대상을 두지 않고 있다. 제목이 '페루'인 것으로 보아 대상이 페루와 연계될 가능성이 있다. 빨강 초록 보라 등의 색깔은 아마도 페루의 전통 무늬이거나 옷감의 심상일 것이며, 양, 고산증, 라마, 머리땋기 등도 모두 페루와 연관된 심상일 것이다. 그러나 이 작품은 페루의 묘사에 관심이 없다. 다만 구체적인 대상과 멀어져서 언어들이 만들어 내는 세계에서 즐거움을 느낀다. 이런 시는 논리적인 의도에 구속되는 시적 전개에 대한 저항으로서 의미를 지닌다고 할 수 있다.

실험적인 시는 이해하는 것이 아니다.

독자로서 이런 시는 어떻게 읽어야 할까. 이에 대한 아주 훌륭한 대답이 프랑시스 퐁주(Francis Fonge)라는 독특하고도 실험적인 시를 쓰는 시인에 의해 이루어진 적이 있다.

> 어린아이들이 제 글을 좋아하는 것처럼 사람들이 제 글을 읽어주면 좋겠습니다. 흔히 사람들은 제 글의 단순함 뒤에 무엇인가 다른 것이 숨겨져 있다고 생각하고 "이건 무얼 뜻합니까?"라고 묻곤 합니다. 그러면 저는 이렇게 대답하지요. 그게 뜻하는 걸 뜻한다고. 피카소가 남긴 유명한 일화를 들어 설명하는 것이 낫겠군요. 2차 세계대전 때 독일 점령군의 장교들이 그의 아틀리에에 와서 물었지요. "이게 무얼 뜻하죠?"라고요. 그러자 그는 이렇게 대답했습니다. 독일에 아주 아름다운 숲이 있고, 그 숲에 종달새가 살고 있습니다. 그 종달새가 울 때 당신은 그게 뭘 뜻하는지 알고 있나요? 종달새 소리를 좋아하느냐 좋아하지 않느냐가 문제이지, 종달새 울음소리의 의미를 아느냐 모르느냐가 중요한 것은 아니라는 말이지요. 마찬가지로, 어떤 시를 좋아하느냐 좋아하지 않느냐가 문제이지, 그 시의 의미를 이해하는가 이해 못 하는가는 중요한 문제가 아니라고 생각합니다.[1]

퐁주의 이런 충고는 모든 시에 통용될 수 있겠지만, 이상이나 송욱 등의

---

[1] 프랑시스 퐁주와 허정아의 인터뷰, 프랑시스 퐁주, 『테이블』, 책세상, 2004, 142쪽.

실험적인 시에 가장 적절할 것이다. 새로운 시에서 예측 불가능한 내용의 흐름, 이미지의 갑작스런 배반과 비약 등은 이해의 대상이 아니라 즐김의 대상인 것이다. 이런 시 역시 시의 역사를 이끌어 가는 중요한 동력임에는 틀림이 없다.

시 창작을 위한 토론

1. 시상의 전개 방식에 초점을 맞추어 다음 시를 읽고, 어떤 점이 새로운지 말해 보자.

    첫번째는 나
    2는 자동차
    3은 늑대, 4는 잠수함

    5는 악어, 6은 나무, 7은 돌고래
    8은 비행기
    9는 코뿔소, 열번째는 전화기

    첫번째의 내가
    열번째를 들고 반복해서 말한다
    2는 자동차, 3은 늑대

    몸통이 불어날 때까지
    8은 비행기, 9는 코뿔소,

마지막은 전화기

숫자놀이 장난감
아홉까지 배운 날
불어난 제 살을 뜯어먹고

첫번째는 나
열번째는 전화기.

— 박상순, 「6은 나무 7은 돌고래, 열번째는 전화기」 전문

2. 다음 시는 함기석의 「오렌지 기하학」이라는 시다. 이 시를 읽고 느낀 점을 자유롭게 이야기해 보자.

야옹 야옹 비가 내린다
인간의 뇌혈관 실핏줄 같은 비
비의 발톱이 정원을 쥐새끼처럼 찢어놓는다
나는 3층 2층 1층 0층을 차례로 올라가
공중의 지하실에 도착한다
거기서 비의 공격성이
인체와 정신에 미치는 충격을 수량화한다
시 대신 기하학 문제를 풀며 오렌지랑 논다
3차원의 내가 1차원의 나를 초대해
2차원 마을에 사는 나를 찾아가는 상상을 한다
상상은 피로 물든 백지와 함께 나를 찾아온다
나는 눈을 감고 귀를 막는다

그래도 야옹 야옹 비가 내린다 오렌지는 웃고
기하학은 기하학을 살해한다

— 함기석, 「오렌지 기하학」 전문

3. 다음에 소개된 초현실주의자들의 '우아한 시체' 놀이에 따라 한 편의 시를 써 보고, 그 결과를 평가해 보자.

초현실주의 문인들은 자동기술의 한 방법으로 '우아한 시체'(cadavre expuis)를 고안해냈다. 이는 종이 위에 글을 적거나 그림을 그린 후 그것을 접어서 넘기면, 뒷사람이 앞사람의 것을 보지 못한 채 계속 글이나 그림을 이어 나가는 장난이었다. '우아한 시체'라는 이름은, 그 놀이를 통해 제일 처음 얻어진 문장, 즉 "우아한 시체가 새 와인을 마시리라"에서 유래한다.

— 진중권, 『진중권의 서양미술사 — 모더니즘 편』에서

3. 언어가 아니라도 좋다

우리는 일반적으로 시가 언어를 바탕으로 이루어지는 예술이라고 배워 왔다. 그러나 이런 명제에 반기를 든 시인이 이미 여럿 있어 왔다. 전위시인 이상(李箱)을 비롯하여 수많은 실험적인 시인들이 우리에게 새로운 시를 보여 주었다. 김억 시인이 이것을 보았다면 또 한 바탕 난리를 쳤을 것이다.

여기에서는 앞(1장)에서 소략하게 다룬 실험시에 대하여 소개하고, 새로운 시의 가능성을 가늠해 보자. 실험시는 그 범위가 넓기 때문에 매체를 중심으로 간단하게 두 가지로 나누어 보여 주기로 한다. 하나는 인쇄 매체를 최대한 활용한 인쇄 매체 실험시(인쇄시), 다른 하나는 하이퍼텍스트를 이용한 하이퍼텍스트 실험시(하이퍼시)이다.

1) 인쇄 매체 실험시

리듬을 다루면서 이미 살펴보았듯이, 음성을 매체로 하는 전통 서정시는 인쇄 매체가 등장하면서 상당한 변화를 겪게 된다. 근대 출판 기술이 발달하면서 기존의 서정시에서는 전혀 불가능하였던 실험적인 방법들이 시에 도입되었다. 활자 크기의 다양한 활용, 글자를 그림처럼 사용하거나 활자를 거꾸로 심는 회화적인 배치, 사진이나 만화 등의 도입 등이 그것이다. 우리의 경우 그런 가능성을 가장 높이 평가한 이가 바로 이상(李箱)이라 할 수 있다.

— 이상, 「오감도 시제4호」 전문

이런 시는 모더니즘, 더 정확하게 말하자면 아방가르드시가 유럽에서 본격적으로 발표된 이후 전 세계적으로 파급되기 시작하였다. 독일에서는 60, 70년대에 '구체시(concrete poetry)'라는 이름으로 이런 실험이 다시 부활하였고, 우리의 경우도 1980년대에 다시 나타났다.

```
ebbeebbeebbeebbeebbefl ut
ebbeebbeebbeebbeebbeebbe
ebbeebbeebbeebbeebbefl ut
ebbeebbcebbeebbefl uuuuut
ebbeebbeebbefl uuuuuuuut
ebbeebbefl uuuuuuuuuuuut
e bbefluuuuuuuuuuuuuuut
fluuuuuuuuuuuuuuuuuuuut
ebbefl uuuuuuuuuuuuuuut
```

— 얀들, 「밀물썰물」

2) 하이퍼텍스트 실험시

근래 문학의 매체에 또다시 변화가 생겼으며 이를 바탕으로 새로운 실험시가 등장하였다. 바로 디지털 언어(html)를 매체로 하는 하이퍼텍스트시 혹은 디지털시가 그것이다. 하이퍼텍스트 문학은 본질적으로 장르 융합적이어서 시 갈래를 나누는 것이 부적절할지 모른다.

하이퍼텍스트시는 컴퓨터나 디지털 기기를 통하여 재현된다. 음악과 동영상, 혹은 가상 감각 등이 동원되어 탈근대적 공감각이 적극적으로 활용된다. 이런 시의 작동 원리를 가장 간단하게 보여 주는 텍스트로, 다음의 MIT 학생 작품을 보자.

<pre>
        VIOLENCE
      S O O O
      E O O O
      X O O O
</pre>

— N. 몬트폴트, 「소녀와 늑대(The Girl and the wolf)」

이것을 시로 볼 수 없으나(하이퍼텍스트에 오면 장르 개념은 불필요해진다), 하이퍼시의 작동 원리를 보는 데 도움이 된다. 이 작품은 「소녀와 늑대」(혹은 「빨간 모자」)를 가지고 하이퍼텍스트 작품을 만든 것이다. 여기에는 9개의 텍스트가 배치되어 있는데, 오른쪽으로 갈수록 폭력 강도가 세지고, 아래쪽으로 갈수록 성적 강도가 강해진다. 독자는 각자의 관심에 따라 선택하면 된다. 어떻게 읽어도 상관이 없다. 여기에 음악과 동영상 등이 첨가되어 인쇄 매체로는 재현할 수 없는 세계를 보여 준다.

하이퍼텍스트시는 기존의 시가 갖는 작품의 완결성을 부정한다. 생산의 측면에서 기존의 작품은 내용과 형식에 있어서 하나의 완결된 형태를 지닌다. 또한 독자는 한 편의 시 전체를 읽었다는 의식을 통해 독서의 완결성을 지닌다. 그러나 탈근대시는 링크로 연결되는 여러 개의 텍스트들로 구성되어 있지만, 그것들이 다양한 링크를 고려하여 배치되어 있기 때문에 전체가 완결된 형태를 지니지 않는다. 독자 역시 자신이 가고 싶은 링크의 경로로만 접근하면서 독서 행위를 수행하기에 독서도 완결성을 지니지 않는다.

하이퍼텍스트시도 이런 기본적인 원리를 가지고 시를 새로운 세계로 옮겨 놓는다. 로버트 켄덜(Robert Kendall)의 「분리(Dispossession)」라는 작품을 보자.

로버트 켄덜의 「분리(Dispossession)」 첫 화면

첫 화면에서 '시 시작하기(Begin Poem)'를 클릭하면, 'winter, new, ahead, door' 등 12개의 단어가 활성화된 상태로 놓여 있다. 이 중에 하나를 선택해 들어가면 또 다른 텍스트가 등장한다.

이 중 '겨울(winter)'을 선택하면 다음과 같은 화면이 뜬다. 그러나 항상 같은 화면이 뜨는 것은 아니다. 다음과 같은 두 화면이 번갈아 가면서 뜬다.

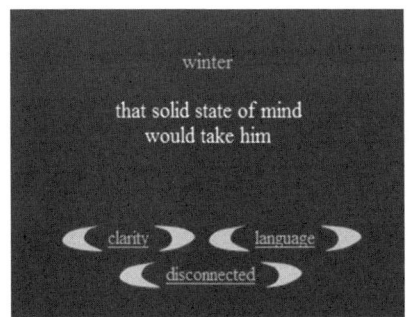 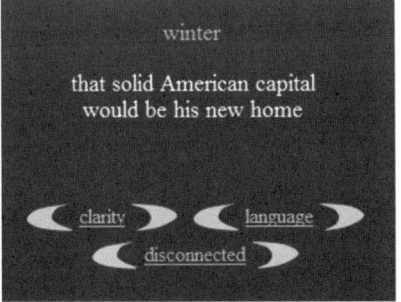

그리고 아래에 제시된 어휘를 누르면 다시 다른 화면으로 이동하게 된다. 이렇게 제시되는 텍스트를 조합하여 독자는 자신의 시 텍스트를 완성하여 읽어야 한다. 여기에 움직임과 음향(음악, 소리) 등이 가미되면 더 풍부한 작품이 가능할 것이다.

실험시의 정신과 유의사항

지금까지 다룬 실험시는 기존 문학에 대한 반발, 새로운 매체의 가능성에 대한 기대를 통해 이루어지고 있다. 인쇄 매체 시는 서정시가 지닌 음성 중심적 패러다임을 거부하고 있으며, 하이퍼텍스트시는 인쇄 매체 시가 지닌 시각 중심적 패러다임을 거부하고 있다. 이 두 작품은 모두 기존 시의 서정성과 완결성을 거부하고 있다. 그리고 새로운 매체가 지닌 가능성을 적극적으로 활용하고 있다. 기존 패러다임에 대한 이런 저항, 새로운 매체의 가능성에 대한 적극적인 타진이 실험시의 핵심이다.

다시 한 번 말하거니와, 실험 정신의 기반은 '이 세계에는 공인할 만한 어떤 규범도 존재하지 않는다'라는 점을 확신하는 데 있다. 모든 규범은 한계 내의, 결함을 지닌 규범이다. 그래서 그 규범에 대한 존경심, 혹은 그로부터 오는 억압감 같은 것도 느낄 필요가 없다. 그러니 어떤 시도도 가능해지는 것이다. 중력으로부터 자유로운 정신이 바로 실험 정신이다.

그러나 실험시를 시도할 때 반드시 유의할 사항이 있다. 즉, '실험의 타당성과 불가피성'에 대한 고민이다. 이런 내용을 전달하는 데에는 이런 실험적 방법 외에는 대안이 없다고 생각이 들 정도의 절박함이 있어야 하는 것이다. 그러나 학생들이 제출한 여러 실험적인 작품들을 살펴보면 메시지와 어울리지 않는 시도들이 많이 발견된다. 굳이 이렇게 하지 않아도 될 것을, 무조건 과격하게 보이기 위하여, 혹은 새롭게 보이기 위하여 '실험을 위한 실험'을 강행하는 경우가 대부분이다. 실험을 소비하고 있는 것이다. 실험적인 작품을 쓰기 전에 '그 실험이 의도를 실현하기 위한 필연적인 시도인가' 하는 물음을 스스로에게 던져 보아야 한다.

시 창작을 위한 토론

1. 다음은 실험시의 선구자 아폴리네르의 「비」라는 작품이다. 이 작품이 형식과 내용의 필연성을 구비하고 있는지 생각해 보자.

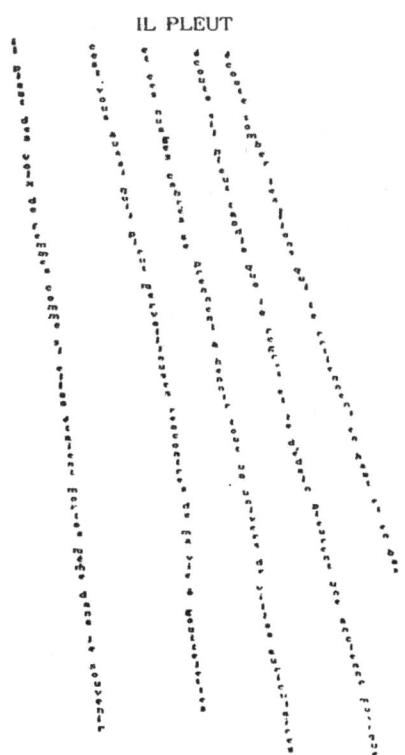

(번역)

추억 속에서 마치 죽어버린 것 같은 여인들의 목소리로 비가 내린다
내 인생의 기묘한 해후들로 내리는 당신 오 물방울이여
휘몰아치는 구름은 음향의 도시의 우주에서 울음을 터뜨린다
오래된 음악처럼 후회와 자조가 비로 내리는 그 소리를 들어보아라
당신을 묶어놓는 인연의 끈이 아래 위로 떨어지는 소리를 들어보아라

2. 다음은 시집에 실린 작품이다. 이것을 실험시로 본다면 어떤 점에서 의미가 있는지 설명해 보자.

한 꼴라쥬에 인용된 작품: 권이현의 〈무엇을 위하여〉, 윤두서의 〈자화상〉, 신디 셔먼의 〈무제〉

— 신현림, 「유쾌한 충돌 1」

3. 문학사적 의미를 지니는 새로운 실험시로 어떤 것이 가능할지 생각해 보고, 한 편의 실험시를 써 보자.

한 장을 마무리하는 시 한 편 10 · 실험시 쓰기

* 다음 시를 참고로 하여, 실험적인 방식을 사용한 작품을 써 보자.

숙자는 남편이 야속해
―KBS 2TV · 산유화(하오 9시 45분)

황지우

길중은 밤늦게 돌아온 숙자에게 핀잔을 주는데, 숙자는 하루 종일 고생한 수고도 몰라주는 남편이 야속해 화가 났다. 혜옥은 조카 창연이 은미를 따르는 것을 보고 명섭과 자연스럽게 이야기를 나누게 된다. 이모는 명섭과 은미의 초라한 생활이 안쓰러워…….

어느 날 나는 친구 집엘 놀러 갔는데 친구는 없고 친구 누나가 낮잠을 자고 있었다. 친구 누나의 벌어진 가랭이를 보자 나는 자지가 꼴렸다. 그래서 나는…….

이 실험시에 실린 것은 시인의 새로운 창작물이 아니다. 1연은 신문에 나오는 드라마 소개 기사이며, 2연은 당시 시외 버스터미널 화장실 등에서 많이 볼 수 있는 낙서이다. 이 각각의 것에는 창조성이 없지만, 이 두 가지를 동시에 병치시켜 놓는 것 자체에 기막힌 창조성이 있다. 이런 병치를 통해 티브이 드라마의 정치적 저속성이 풍자된다. 혹 시에 저속한 단어가 쓰였다고 역겨워진다면 시를 포기하기 바란다. 시는 고상한 사치품이 아니다.

■ 문학청년을 위한 세계 명시 산책 ⑩

도전과 실험

사실 모든 참다운 시는 도전과 실험의 소산이다. 이미 존재하는 세계로부터 필사적으로 달라지고 새로워져야만 하는 것이 시의 가장 중요한 임무이기 때문이다. 그러나 여기에서 살펴볼 것은 그중에서도 더욱 적극적으로 그런 임무를 수행한 시인들의 작품들이다.

후안 브로사의 「체를 위한 비가」

A　B　　D　　F
G　　I　J　K　L
M　N　O　P　Q　R
S　T　U　V　W　X
Y　Z

— 후안 브로사, 「체를 위한 비가」 전문

스페인 시인 후안 브로사의 이 작품은 남미의 영웅 체 게바라(Che Guevara)를 애도하는 조시(弔詩)이다. 절대적인 존경을 받던 한 사람의 혁명가가 하루 아침에 적의 총탄에 의해 비참하게 운명하였을 때, 그것을 표현할 수 있는 언어에는 엄청난 한계가 있을 수밖에 없다. 이 시는 그 한계 때문에 비언어적인 방식을 택하고 있다. 알파벳 A에서 Z까지 나열된 것 중, 체(Che)의 이름에 해당하는 철자만 뻥 뚫려 있다. 이렇게 할 때 그의 죽음은 우주적 상실로 읽힐 수 있다. 왜냐하면 A와 Z는 우주의 알파요 오메가일 수 있기 때문이다. 존경받는 한 인물이 이 세계에 살다가 갑자기 사라진, 받아들이기 힘든 그런 단절을 이런 실험적인 시도가 아니면 어떻게 표현하겠는가!

자크 프레베르의 「메시지」

쉬운 언어를 사용하면서도 보폭이 넓은 상상력을 보여 주는 자크 프레베르의 다음 시도 실험적인 시도라 할 수 있다.

> 누군가 연 문
> 누군가 닫은 문
> 누군가 앉은 의자
> 누군가 쓰다듬은 고양이
> 누군가 깨문 과일
> 누군가 읽은 편지
> 누군가 넘어뜨린 의자
> 누군가 연 문
> 누군가 아직 달리고 있는 길
> 누군가 건너지르는 숲
> 누군가 몸을 던지는 강물
> 누군가 죽은 병원.
>
> ― 프레베르, 「메시지」 전문(김화영 옮김)

이 시에는 어떤 서사적인 이야기가 담겨 있지만, 시인은 그것을 구구절절 드러내지 않고 전보문과 같은 아주 간단한 서술로 축약해서 보여 준다. 아마 이것을 산문적으로 풀어 보면 다음과 같이 될 것이다. 누군가(우체부일까) 문을 열고 어떤 사람의 편지를 전해 준다. 그것을 읽은 사람은 문을 열고 달려 나가 강물에 몸을 던지는데, 누군가에 의해 구조되어 병원에 옮겨지지만 끝내 죽음에 이르고 만다. 이 시는 이런 비극적인 이야기를 담고 있지만, 그것을 감정적 개입 없이 냉철한 시선으로 전달한다. 언어를 사용하고 있지만, 이때의 언어는 언어의 맛을 최대한 제거한 무미건조한 도구로만 느껴진다. 이 점이 이 시의 실험성이라 할 수 있다.

마야코프스키의 「바지 입은 구름」

러시아 시인의 상상력도 만만치 않다. 러시아 최고의 실험적인 시인, 마야코프스키의 시를 보자.

물렁해진 대가리에 떠오른 당신네들 생각,
기름때 묻은 소파 위에 누워있는 비곗덩어리 하인 같은
당신네들 생각을
내 피 흘리는 심장 조각에 대고 긁고 비빌거야
실컷 조소할거야, 뻔뻔스럽고 신랄한 나는.

내 영혼 속에는 센 머리카락이란 한 오라기도 없어
또 늙어빠진 부드러움도 없어!
목청을 돋우어 세상에 천둥을 때리며
나는 간다 — 아름다운
스물두 살의 나는.

부드러운 자들이여!
당신들은 사랑을 바이올린에 켜지만
거칠은 나는 사랑을 북으로 때려.
나는 당신들과 달라, 나는 몸통을 확 뒤집어서
온통 입술만이 되게 할 수 있어!

와서 좀 배우시지—
살롱에서 나오셔서, 풀먹인 리넨드레스를 입은

천사 연맹의 점잔 빼는 관리 부인님.

또 요리사가 요리책의 책장 넘기듯이
입술들을 태연히 제끼는 여자분도.
원한다면 나—
내 고깃덩어리 전체로
—하늘처럼 색깔을 바꾸면서 미친 듯 날뛸 수 있어.
원한다면 나—
흠잡을 수 없이 부드럽게 애무할 수 있어.
그럴 때 난 남자라기보다는—바지 입은 구름이야.

나는 꽃피는 니스를 믿지 않아!
나 이제 다시 찬미할거야
병원처럼 오래 누워있는 남자들과
속담처럼 닳아버린 여자들을.

— 마야코프스키, 「바지 입은 구름」 부분(최선 옮김)

러시아혁명의 시인, 마야코프스키의 유명한 장시의 서문 부분이다. 마야코프스키는 열서너 살쯤부터 러시아혁명에 열광하여, 미성년자로서 세 번의 체포와 독방 구금을 당한 시인이다. 그는 러시아 미래파라는 전위예술에 심취하여 고리타분한 러시아 문학에 새로운 시어들을 끌어들였다. 바로 의미와 소리가 새로운 차원에서 제 기능을 실현하는 실험적인 언어가 그것이다. 4부작으로 이루어진 이 장시는 파격적인 발언과 비유, 장쾌하고도 도발적인 흐름으로 읽는 이의 열정을 사로잡는다. 실험적임에도 불구하고 서정적인 감흥에 의해 밑줄을 그을 만한 구절이 많다.

"나 내 마음으로 한 번도 오월까지 살지 못했다오.
내가 살아온 삶 속에는

사월만이 백 번도 더 있었었소."

"야, 당신!
하늘!
모자 벗어!
내가 나가니까!"

이런 구절들에서 시인의 시적 재능과 자신감이 잘 느껴진다. 전체적으로 이 시는 혁명적인 열기와 분위기, 그리고 도발적 언어들이 절묘하게 맞아떨어져 실험적인 작품의 모범이 될 만하다.

더 읽어야 할 작품들
여기에서 더 소개할 작품은 엄청나게 긴 시들이다. 그러나 문학사적으로 중요하기 때문에 알아둘 필요가 있다.

사월은 가장 잔인한 달,
죽은 땅에서 라일락을 키워내고,
기억과 욕망을 뒤섞으며,
봄비로 잠든 뿌리를 뒤흔든다.
차라리 겨울은 우리를 따뜻하게 했었다.
망각의 눈으로 대지를 싸 감고
마른 구근(球根)으로 가냘픈 생명을 키웠으니,
여름은 소나비를 몰고 슈타른베르가제 호상(湖上)을 건너와
우리를 놀라게 했다.
— T.S. 엘리엇, 「황무지」 부분(이창배 옮김)

현대 영시의 걸작 「황무지」의 첫 부분이다. 생명과 변화를 싫어하는 존재에게 봄비와 함께 세계를 변화시키어 언 땅 속의 구근을 움트게 하는 4월은 잔

인할 수밖에 없다. 이 시는 난데없이 등장하는 대화나 낯선 어휘, 현재와 과거의 뒤섞임 등으로 가득하다. 모더니즘 작품의 고전인 만큼 한 번은 읽어야 할 작품이다.

  링

    靈
 우리 왕조는 위대한 감성으로 인해 생겨났도다.
 모든 것은 이인의 시대 때   伊
 모든 뿌리는 이인의 시대 때 이루어졌느니.
 갈릴레오는 1616년에 금서 목록에 들어갔고,   尹
 웨링턴은 워털루 이후 평화를 이루었구나
    止   치
   해시계 바늘
 우리의 학문은 그림자들을 관찰함으로써 얻어진 것,
       — 파운드, 「칸토스 LXXXV」 부분(이일환 옮김)

에즈라 파운드의 「칸토스」 역시 장시로서, 불연속적인 이미지들의 돌연한 결합, 각종 인용구들의 혼란스러운 등장, 각종 상형문자들의 배치 등으로 실험 정신을 잘 드러내는 작품이다. 비록 그가 친파시즘적 이력으로부터 자유롭지 않지만, 실험적인 면에서 이 작품을 눈여겨볼 필요가 있다.

 라트레 사전에서 찾아볼 말들.

 설립하다Établir 설립되다s'établir 설립된établi
 앞치마le tablier   (다리)
 그리고-당연히
      그림tableau
      도표tablature
  그리고 동사 식탁에 앉다tabler

외양간Étable?

— 프랑시스 퐁주, 「테이블」 부분(허정아 옮김)

    퐁주의 모든 시는 실험적이다. 하지만 「테이블」이란 작품은 시편 전체가 온통 몽상적이면서 냉철한 실험으로 가득 차 있다.
    그 외 말라르메의 「주사위 던지기」가 있지만 작품 자체를 이해하기 힘들고, 또 그 작품의 번역이 잡지에만 수록되었을 뿐, 구하기 쉬운 책자에 실린 것이 없으므로 생략한다. 실험 정신에 모든 것을 건 문청이라면 이런 작품들을 찾아서 읽어 보기 바란다.

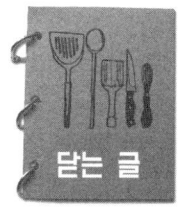

묘사 그 자체, 묘사 이전, 묘사 너머

'시 창작을 위한 레시피'는 시의 입문에 다소 도움을 주기 위해 기획되었다. 시는 여기에서 시작하여 더 심오한 풍경으로 나아가야 한다. 그 후 이 책은 아무 미련 없이 버려야 할 물건일 뿐이다. 이 책을 마무리하면서 우리 최근 시가 지닌 한계와 나아가야 할 길에 대하여 논한 글을 다소 다듬어 여기에 옮겨 놓고자 한다. 시에 대한 생각거리를 제공하고자 함이다.

1. 미적 완결성이라는 근대성의 착각

나는 근래 어느 잡지에 최근 시의 한계에 대해 말한 적이 있다. 최근 시는 미학적 완결성을 지녔고, 그래서 잘 쓴 시들이 많은 것 같지만, 바로 그 점 때문에 시들이 왜소하게 느껴진다고. 미적으로 완결된 작품이 많음에도 그로부터 왜소함과 결핍감을 느끼는 이유는 무엇일까. 이 문제 제기는 중요하다. 왜냐하면 근대 문학의 본질에 대한 질문일 수 있기 때문이다.

미학적 완결성은 근대 문학의 최고의 규범이었다. 그 완결성 때문에 근대 이전의 시와 소설은 문학 이하로 폄하되었다. 근대 문학은 한 편의 작품 내에서 인과적 완결성을 지니고 있어야 한다. 그래서 자살하려는 사람이 우연히 누군가를 만나 도움을 받고 살아나는 소설 장면은 두 사람의 노선에 인과성이 없는 한 근대성 결핍의 증거일 뿐이었다. 우연성을 남발한다는 비판이다. 그래서 그 장면 자체의 설득력은 중요하지 않고, 그 장면에 도달하는 이의 현실적 행로가 중요하게 여겨졌다.

이런 치밀함은 서양 영화에서 극치를 보여 준다. 서양 영화의 문법에서 소도구 하나도 그냥 다루어지는 법이 없다. 할리우드 영화에서 이것은 불문율인 듯하다. 가령 처음 등장할 때 극중 인물의 단순한 버릇이나 소품이 마지막에 반드시 중요한 역할을 하는 것으로 끝이 난다. 극중 인물이 건망증을 잊기 위해 자신의 행동을 말로 표현하는 습관(자신의 행위를 스스로 인지하기 위해 "총은 왼쪽에, 수갑은 오른쪽에"와 같은 말을 하는 버릇)은 마지막 중요 장면에서 주인공의 위기 탈출에 응용된다. 즉, 곁에 있던 사람이 그 사람의 주머니에 든 총을 사용하여 적대적 인물을 제거하는 것이 그것이다. 이런 설정이 없다면, 남의 주머니 어느 쪽에 총이 들어 있다는 것을 알 것인가!

시에 있어서 미적 완결성의 대표적인 예가 수미상관법이다. 수미쌍관, 수미상련, 수미상응, 수미호응 등으로 불리는 이런 수사법은 근대 시학의 새로운 발명품이라 할 수 있다. 수미상관이란, 작품의 앞부분과 뒷부분, 즉 시작과 끝에 유사한 구절을 다양한 방식으로 반복함으로써 작품이 하나의 형식 속에 통일되어 있는 것처럼 보이게 하는 수사법이다. 김소월의 시에 전형적으로 사용되고 있다.

수미상관이 고전문학에 흔한 것처럼 생각하기 쉽지만 우리 고전 시가에서 현대적 의미의 수미상관을 발견하는 것은 쉽지 않다. 고려시대까지 문학을 통틀어 보아도 향가에서 「풍요」 정도, 고려가요에서 「청산별곡」, 「가시리」 정도이다. 그러나 엄격하게 말하자면 이것은 한 편의 완결된 작품이 아니라 하나의 제목 아래 한 연 정도에 나타나고 있어 한 편 전체와 무관하다. 따라서 수미상관이라기보다 시편 일부에서 이루어지는 단순한 반복법이라 할 수 있다. 조선시대 시조에서도 수미일관은 거의 발생하지 않는다.

고전 시가의 경우 노래로 가창되었기 때문에 동일한 장단의 반복을 통해 형식적인 완결성이 이미 확보된 상태였다. 따라서 수미상관을 통하여 작품의 완결성을 따로 추구할 필요가 없었다. 그래서 내용의 정체(停滯)가 아니라 전개가 더 필요하였기 때문에 운율을 간직한 상태에서 내용을 진전시키는 데 주력한 것이다. 한시의 기승전결, 시조의 기전결의 시적 구조는 이런 내용 진전을 위한 방식이다. 만일 한시나 시조에서 동일한 구절이 시작과 끝에 있다면 그것은 내용의 빈약으로 보일 수밖에 없을 것이다.

따라서 현대시의 수미상관은 외적 리듬을 상실한 현대시가 미적 완결성을 위해 발명한 것이라 할 수 있다. 정형성을 탈피하여 많은 내용을 자유롭게 거두어들일 수 있는 현대시는 산만하게 흘러가는 내용에 완결성을 부여하기 위해 수미상관적 구조를 형식적 표지로 사용한 것이다. 그러나 이런 방식은 짧은 시의 경우 더 진전될 수 있는 내용을 서둘러 봉합해 버린 듯한 아쉬움을 남긴다.

이런 미적 완결성은 세상이 과학적 인과성 내에 완결되어 있다고 믿은 근대인의 착각에 바탕을 두고 있다. 수학적 정확성으로 세계를 완벽하게 해석할 수 있다고 믿은 근대 과학과 그에 바탕을 둔 부르주아 정신이 발명한 것이 이런 형식이라 할 수 있다. 즉, 이것은 미적 자율성이라는 범주 내에서 시가 근대성에 적응하기 위해 시도한 나름의 방식에 불과하다는 것이다.

그러나 이런 형식은 현실 세계의 복잡성과 리얼리티에 어울리지 않는다. 현실에서는 소설처럼 앞부분의 설정이 뒷부분에서 그대로 이어지는 경우는 거의 없다. 무한한 변화가 개입되어 있는 현실에서 초기의 사건이 며칠 지난 후의 사건과 연계되는 경우는 거의 없다. 현실은 오히려 우연성이 지배적이기 때문이다. 어쩌면 수미상관은 현실의 우연성이라는 본 얼굴을 회피하기 위한 수단의 하나로 강구되었을지 모른다(현대소설이 단편소설 중심으로 흐른 것도 이와 연관이 있을 것이다. 주어진 시공간이 협소할수록 인과성을 부여하기 쉽기 때문이다).

2. 묘사 그 자체, 묘사의 닫힌 철문

최근 시는 이런 미적 완결성을 묘사의 치밀함을 통해 표현한다. 주어진 대상을 하나 잡고 그것을 가능한 한 극사실주의적으로 그려 나가는 방식이 그것이다. 수미상관식의 표현이 없어도 하나의 소재 안에 시가 존재하고 있다는 점이 완결성을 확실하게 보장해 준다. 이는 소재의 완결성이면서 동시에 내용의 완결성이자 형식의 완결성이라 할 수 있다. 하나의 소재에 집착하면서, 그것을 미적으로 세련되게 묘사하는 것이 이런 시의 특성이다. 김기택의 시가 이런 유형을 가장 잘 보여 준다.

> 똑똑 눈이 땅바닥을 두드린다
> 팔에서 길게 뻗어 나온 눈이 땅을 두드린다
> 땅속에 누가 있느냐고 묻는 듯이
> 곧 문을 활짝 열고 누가 뛰어나올 것만 같다는 듯이
>
> 눈은 공손하게 기다린다
> 땅이 열어준 길에서 한 걸음이 생겨날 때까지
>
> 팔과 손가락과 지팡이에서 돋아난 눈이 걷는다
> 한 걸음 나아가기 전까지는
> 거대한 어둠덩어리이고 높은 벽이고 아득한 낭떠러지다가
> 눈이 닿는 순간

단 한 발자국만 열리는 길을 걷는다

더듬이처럼 돋아난 눈은 멀리 바라보지 않는다
하늘을 허공을 올려다보지 않는다
나아갈 방향 말고는 어느 곳도 곁눈질하지 않는다
눈에 닿은 자리, 오직 눈이 만진 자리만을 본다

어쩌다 지나가는 다리를 건드리거나
벽이나 전봇대와 닿으면
가늘고 말랑말랑한 더듬이 눈은 급히 움츠려든다

눈이 두드린 길이 몸속으로 들어온다
온몸이 눈이 되고 길이 된다
허리가 잔뜩 줄어들었다가 쭉 펴지며 늘어난다
몸 안으로 들어온 길만큼
한 평생의 체중이 실린 또 한 걸음이 나아간다

— 김기택, 「눈 먼 사람」 전문

    이 시는 맹인이 지팡이를 사용하여 앞으로 나아가는 모습을 극사실주의적으로 묘사하고 있다. 이 작품의 장면이 어떤 사진이나 동영상보다 치밀하게 묘사되었다는 데 이견이 없을 것이다. 그러나 이 작품은 이 이상으로 나아가지 않는다. 이런 작품을 여러 편 보아온 사람이라면 이렇게 풍경을 치밀하게 제시하는 것이 무슨 의미가 있을까 고민하게 된다. 맹인이 한 걸음 걸어가는 이 장면이 왜 우리에게 중요한 것인가. 이것을 넘어선 어떤 것이 있어야 되지 않을까 하는 회의, 이것은 바로 미적 완결성에 대한 회의이다. 물론 이런 회의를 방어하기 위해 마지막 연의 내면화가 존재하는 것으로 해석할 수도 있다. 마지막 연이 단순한 묘사를 넘어 삶의 해석으로 나아가는 부분이지만, 이 역시 감각적 묘사에 얹히면서 앞부분의 연장선상에 있다는 점은 부정할 수 없다.

　묘사 그 자체를 위해 존재하는 듯한 이런 시는 김기택 시인 외에 누구도 흉내 낼 수 없는 높은 경지를 보여 주는 작품임에는 틀림이 없다. 그러나 이런 묘사는 사물의 표면에, 지상의 겉면에 밀착되어 있어, 마치 닫힌 철문 앞에 서 있는 것과 같은 답답함을 준다. 닫힌 철문에 대한 끊임없는 묘사는 그 철문을 열고 다른 세계로 나아가기 위한 화두가 되어서는 안 될 것인가. 물론 이런 생각은 필자만의 생각일 수 있다. 이런 관점에서 철문을 자세하게 묘사하는 것이 철문의 존재를 인식시키는 역할을 충분히 할 수 있다고 하는 옹호가 있을 수 있다. 그러나 이 역시 필자 생각의 연장선상에 서 있는 관점이다. 오히려 깊이를 거부하고 표면을 강조하는 철학적 사유의 옹호가 필요할지도 모른다. '표면이 곧 깊이이다!' '깊이에 대한 요구는 지적 허영의 강요일 뿐이다!' 와 같은 슬로건이 그것이다. 그러나 여러 작품, 여러 시인의 이런 완결된 작품이 우리를 피로하게 만드는 것은 사실이다. 이 그림책의 다음 페이지가 우리는 궁금할 뿐이다.

3. 묘사 이전, 전언의 가치

　묘사 그 자체에 대한 견제로 묘사 이전의 시를 제시할 수 있다. 이런 시는 묘사를 포기하고 자신의 전언을 적극적으로 전달하는 시이다. 묘사에 초점을 맞추는 것이 아니라 자신의 전언에 초점을 맞춘다. 닫힌 철문을 묘사하는 것이 아니라 어떻게 하면 철문을 넘어설 수 있을까에 대해 설명하고 주장한다. 김백겸 시인의 다음 작품을 예로 들 수 있다.

　'태초에 빛이 있으라 하매 빛이 생겨났다'는 문장처럼 말씀과 사물이 한 몸

이었던 행복한 시대의 말이 있었다
　에덴으로부터 지상으로 내던져진 말들은 흙으로 돌아가야 하는 아담의 몸처럼 썩고 부서지는 낙엽의 운명이 되었다
　말들이 인간의 의식에서 태어났으나 대양으로 흐르는 시간의 강에 뜬 물살의 거품이었다
　말들은 심연으로부터 솟구친 바위 같은 세계풍경에 걸리며 인간의식에 굴곡과 무늬를 만들어냈다

　아라베스크 문양의 회교 사원처럼
　사각형과 원이 중첩된 티벳 만다라 그림처럼
　말과 말이 결승문자처럼 얽힌 만화경이 문명이었다
　말의 역사 속에서 상징의 피라미드, 은유의 크레타 미궁, 이미지의 알렉산드리아가 세워졌다가 무너졌다

　인간의 생각들이 말의 요람에서 태어나 말들의 무덤에서 죽었다
　제도와 법률과 화폐와 인간이 프로그램한 모든 도구들이 부장품처럼 묻혔다
　인류의 의식은 흙의 잠 속에서 도서관의 책들과 박물관의 미이라 같은 말의 꿈을 꾼다
　죽은 생각들이 진시황의 병마총처럼 묻혀 드라큘라의 수혈 같은 재생의 시간을 갈구한다

　나는 독자들을 비경으로 안내하는 헤르메스처럼 지도와 랜턴을 준비해서 캄캄한 흙의 시간으로 내려가 문명의 모든 기억을 들여다본다
　　　　　　　　　　　　　　　　　　— 김백겸, 「기호의 고고학」 전문

이 작품은 우리 시대 언어의 특징과 시인의 역할에 대해 설명하고 있다. 무한성과 완전성을 상실한 지상의 언어는 낙엽이거나 거품에 불과하고 인간 의식에 굴곡을 가져다주는 필요악과 같은 존재이다. 그러나 인간은 이러한 유한한 언어를 넘어서지 못한다. 말과 함께 인류의 의식은 잠이 들었고, 생각들은 죽어 흙 속에 묻혔다. 이런 시대에 시인의 역할은 무엇일까. 그것은 "지도와 랜턴을 준비해서 캄캄한 흙의 시간으로 내려가 문명의 모든 기억을 들여다"보는 것일 뿐이다. 언어는 영원성을 간직할 수 없기에, 마치 고인돌 아래 묻혀 있는 사람과 같이 부식되어 버린다. 그러나 썩지 않고 남은 몇 조각의 인골을 잘 읽으면 그로부터 하나의 문명을 세울 수 있다. 그것이 바로 유한한 언어의 유한하지 않은 힘이다. 시인은 이처럼 캄캄한 흙 속을 뚫고 내려가는 존재라는 게 시인의 전언이다. 흙의 표면을 읽는 것이 아니라, 흙을 파헤치면서 그 속에 묻힌 것을 들여다보는 존재라는 것이다. 이런 생각 때문에 시적 형식은 그다지 안정되어 보이지 않는다. 그것은 이 시 자체가 형식의 안정성이 아니라 전언의 가치에 주목하기 때문일 것이다.

4. 묘사 너머, 사회적 층위의 결합

표면을 꿰뚫어 깊이를 보는 다른 방식도 있다. 그것은 묘사 너머의 세계를 묘사에 슬쩍 얹혀두는 것이다. 묘사적 요소를 유지하면서, 자신의 전언을 그 위에 스며들게 하는 방식이다. 이런 시는 고정된 표면 너머 무엇인가 그 이면 같은 것이 겹쳐져 있어 초점이 어긋난 것 같은 느낌을 줄 수도 있다. 그러나 이것은 고정된 대상을 동적인 것으로 만든다는 점에서 의도적인 어긋남이라 할 수 있다. 묘사가 주로 고정된 소재에 집착하는 것도 동적인 것과 묘사는 어울리지 않기 때문이다. 말이 달리는 장면의 묘사도 순간을 미세하게 나누어 포착한다는 점에서 묘사의 본질로부터 멀어지지 않는다. 동영상도 결국 한 장면의 집적일 뿐이다. 이런 고정된 장면 너머의 세계는 풍경을 꿰뚫어보는 시선과 연계되어 있다. 이 때문에 시는 표면과 다른 층위를 함께 지닌다. 이 점에서 이런 방식의 시도 묘사 이전의 시와 마찬가지로 미적 완결성의 경계를 흔든다고 할 수 있다.

만년 대제국의 망국 선언이다

망국 백성들의 즐거운 환호성이다

이제 나라 같은 건 다시 안 한다

머지않아 사라질

새 나라의 화려한 건국기념일이다

― 이덕규, 「폭설」 전문

이 작품은 폭설 풍경을 시적 대상으로 하고 있다는 점에서 묘사가 사용되고 있는 시라 할 수 있다. 바로 "망국 백성들의 즐거운 환호성"은 폭설 풍경의 시적 번역이다. 그러나 이 시는 폭설의 풍경에 머물러 있지 않는다. 폭설은 국가의 문제를 제기하는 시적 화두이기 때문이다. 폭설은 맨 얼굴을 드러내고 있는 리얼리즘의 세계, 즉 현실의 대제국을 한 번에 무너지게 만드는 백색의 쿠데타를 가리킨다. 그러니 백성들이 그 억압으로부터 벗어나 환호할 수밖에 없을 것이다. 그러나 폭설이 만들어 낸 새 나라도 또 다른 나라일 뿐이 아닌가. 이 나라 역시 초발심을 잃고 새로운 억압을 바탕으로 변성할 수밖에 없을 것이다. 그래서 시인은 이 "새 나라" 앞에 "머지않아 사라질"이라는 단서를 단다. 폭설의 나라는 제 빛깔이 더러워지기 전에 사라질 것이다. 하나의 고정된 권력으로 고착되기 전에 사라지는 나라만이 진정한 나라일 것이다. 아나키즘적 사유와 통할 수도 있는 이런 시선이 풍경 위에 겹쳐져 있다. 이것은 국가라는 허구적이고 강고한 체계에 대한 반성이 아닐 수 없다. 그리고 이런 사유를 이렇게 짧은 시로 표현하는 것도 쉽지 않을 것이다. 묘사 너머 이런 시인의 사유가 이 시에 또 다른 층위를 만들어 깊이의 숨통을 뚫는다. 박소유 시인의 다음 시도 이런 점에서 유사하다.

　　어머니를 따라 강에 간 적이 있었지요
　　열 몇 살 때 피난 가서 빨래했다는 한탄강은 친정 없는 어머니의 평생 피난처였어요
　　아무리 멀어도 못 갈게 없는 기억은 그래서 순식간입니다
　　죽은 병사의 손도 발도 꽃잎처럼 떠내려 오는데
　　그걸 휘휘 내저으며 빨래했다는 꽃다운 나이는 그 자리 그대로 있었던가요

　　너무나 오래 들었던 이야기를 처음 듣는 사람처럼
　　보고
　　또 보고
　　흘러가는 강물이 끊임없이 나를 지켜보고 있었지요
　　　　　　　　　　　　　　　　　　　　　—박소유, 「강」 전문

　비극적인 풍경 묘사 위에 그것을 넘어선 시인의 시선이 겹쳐져 있기 때문에 이 시는 단순하지 않다. 묘사의 대상 자체가 고정된 사물이 아니기 때문에 묘사에 그칠 수도 없다. 그 대상은 어느 한 공간에 고정된 사물이 아니라 시간적 흐름 속에 놓인 사건이기 때문이다. 그것을 우리는 사회나 역사라고 한다. 사물의 표면을 넘어서기 위해 역사라는 층위가 도입된 것

이다. 이런 방식은 완결된 묘사 위주의 시에 익숙한 우리에게 시의 존재 의의에 대해 다시 생각하게 만든다. 이런 작품들이 미적 근대성 혹은 미적 완결성을 넘어설 가능성의 조짐일 것인지 아닌지는 앞으로 더욱 지켜보며 판단할 문제일 것이다.